Amour, enfant, boulot...
comment sortir la tête de l'eau

Anne Gatecel
Carole Renucci

Amour, enfant, boulot... comment sortir la tête de l'eau

Albin Michel

Collection « Questions de Parents »
dirigée par Mahaut-Mathilde Nobécourt

22, rue Huyghens, 75014 Paris

www.albin-michel.fr

ISBN : 2-226-11661-3
ISSN : 1275-4390

À Marc, Flora et Théo
À Stéphane, Jules et Louise

Sommaire

Avant-propos

« La grosse fatigue des mères actives »... « Carrière ou bébé, les femmes ne veulent plus choisir »... « Trop, c'est trop ! Le blues des mères actives »... « Non, les mères qui travaillent ne sont pas coupables... » Depuis quelques mois, la difficulté des mères actives à vouloir concilier amour-enfant-boulot fait les gros titres des journaux et des magazines. À grand renfort d'études, de sondages, de témoignages... des journalistes, des médecins, des psychanalystes et des sociologues s'expriment sur la difficile équation que les femmes sont amenées à résoudre chaque jour, mais aussi – et c'est nouveau ! – sur la souffrance engendrée par un quotidien pas toujours très rose.
Mais comment pourrait-il en être autrement ? En effet, toutes dénoncent le coût élevé et le caractère rigide des modes de garde, les pressions plus ou moins explicitement formulées du côté de leur employeur lorsqu'elles deviennent mères, une flexibilité qui les atteint plus que les hommes et qui ne leur facilite pas la tâche, des mesures gouvernementales (comme le congé parental d'éducation) qui leur sont *a priori* favorables, mais qui ne font que différer les problèmes et créer, pour les moins diplômées, une rupture définitive avec la vie active.
Et que dire de la culpabilité qu'elles éprouvent vis-à-vis de leurs enfants avec lesquels elles partageront, bien souvent, tout juste une dizaine d'heures au cours de la semaine ?

Si les femmes ont toujours massivement travaillé (à la ferme, aux côtés de leur époux artisan...), elles ont investi depuis une trentaine d'années le secteur tertiaire, friand de leurs aptitudes et compétences. Cette implication leur a permis de ne plus être seulement la « femme de... » mais d'acquérir une autonomie financière, un espace bien à elles. Soutenues, dans les années soixante-dix, par une idéologie forte, elles se sont volontairement placées aux côtés des hommes et ont prouvé qu'elles pouvaient réussir et s'épanouir. Les années passant et la crise aidant, elles ont dû se montrer de plus en plus présentes et de plus en plus efficaces au travail. Dans les années quatre-vingt, certaines d'entre elles ont même sacrifié leur maternité sur l'autel de leur carrière... pour s'en mordre les doigts la quarantaine passée.

Les jeunes femmes d'aujourd'hui veulent tout – des enfants, un travail épanouissant, une vie conjugale harmonieuse –, et ce désir n'est pas démesuré. Il est l'aboutissement logique de leur histoire. Au cours des dernières décennies, elles ont acquis la confiance, l'expérience et des résultats suffisamment probants pour s'inscrire en toute légitimité dans le monde du travail. Pour le reste – maternité et vie conjugale –, elles avaient fait leurs preuves depuis longtemps.

Cette préoccupation, nous la comprenons d'autant mieux que nous la partageons aussi. Nous avons toutes les deux à cœur de réussir notre vie conjugale, familiale et professionnelle et nous en connaissons bien les écueils... mais nous voulons rester résolument positives et optimistes. Oui, le parcours est difficile, oui il est semé d'embûches mais le jeu en vaut certainement la chandelle. Alors, à côté de chiffres peu encourageants mais bien réels (un couple sur deux divorce en Île-de-France, un sur trois en province... la vente des antidépresseurs a progressé de 40 % depuis le début des années quatre-vingt-dix et concerne surtout les femmes – 70 % des prescriptions – ... 80 % du travail domestique est à la charge des femmes...) et de discours politiques prometteurs auxquels plus aucune d'entre nous n'ose croire, nous avons décidé de prendre

une à une les difficultés du quotidien (l'exercice a été facile : nous en avons recensé une centaine en moins d'une heure !) et essayé de les résoudre. Au-delà, des recettes, trucs, astuces, conseils aussi nécessaires qu'inévitables que nous donnons tout au long de ces pages, nous avons avant tout souhaité offrir des pistes de réflexion. Chaque individu se construit à sa façon, selon une histoire qui lui est propre, et les choix qu'il est amené à faire au cours de sa vie ne dépendent pas que de ses seules envies ni de sa seule volonté. Bien souvent, ceux-ci relèvent plus de l'inconscient que d'un dessein mûrement réfléchi. Alors tenter de donner quelques clés pour mieux comprendre son propre fonctionnement nous a paru essentiel. Au travers de situations variées qui correspondent plus ou moins au quotidien des unes ou des autres, nous pensons et espérons que chacune trouvera quelques idées à méditer et qu'elle s'en trouvera un peu soulagée.
Parfois, certains de nos propos sembleront peut-être « simplistes » ou marqués du sceau de l'évidence, mais nous savons toutes combien des phrases en apparence sans grande profondeur peuvent avoir d'heureuses répercussions si elles sont énoncées au moment opportun avec ces mots très simples du quotidien, souvent plus efficaces que les grands et beaux discours savamment saupoudrés.
Comment partir légère au travail quand le simple fait de lacer ses chaussures déclenche les pleurs du petit dernier ? Que répondre à un enfant qui reproche à sa mère de ne jamais prendre le temps de jouer ou à une ado qui veut « déjà » se maquiller alors qu'on l'a à peine vue grandir ?
Les mères d'aujourd'hui, à la lumière des travaux de Françoise Dolto, pas toujours bien digérés, doivent materner, écouter, accompagner leurs enfants... une mission qui implique une certaine disponibilité et une sacrée organisation. D'où la nécessité de faire appel aux relais. Les grands-parents sont aujourd'hui très impliqués dans la vie de leurs enfants : aide aux devoirs, baby-sitting, prise en charge des petits-enfants pendant les vacances, mais leur

présence, bien que précieuse et nécessaire, peut parfois engendrer des confusions dans la répartition des rôles. Qui est qui ? Qui a le pouvoir ? L'autorité ? Qu'est-ce qu'une grand-mère peut dire ou ne pas dire à sa fille ? Autant de limites à déterminer. De même, avec les relais moins familiaux mais tout aussi nécessaires que sont les nounous, assistantes maternelles, baby-sitters ou personnels de crèches. Comment être certaine de choisir le mode de garde qui conviendra le mieux ? En fonction de ses horaires, de ses exigences mais aussi de sa capacité à se séparer de ses enfants et à laisser une place à celles qui s'en occuperont en son absence ?
Avec les années, les besoins des enfants évoluent. Pour réussir leur scolarité, il leur faut, même s'ils sont brillants, se sentir soutenus. Comment les encourager, montrer – sans trop en faire – son intérêt pour leurs progrès, suivre les devoirs du soir sans que cela tourne au pensum ? Comment encore leur permettre d'acquérir la bonne dose d'autonomie pour qu'ils se sentent à l'aise ? Tout un programme que nous abordons autant pour les petits de maternelle que pour leurs aînés du collège et dans lequel nous revendiquons haut et fort, comme dans tous les autres chapitres de notre livre, la présence incontournable, nécessaire et structurante du père.

Les nouveaux pères arrivent et nous nous en réjouissons, mais sachons leur laisser une place digne de ce nom. En un mot : cessons de jouer les mères toutes-puissantes et apprenons à dé-lé-guer en veillant à ce que chacun y trouve son compte. Un enfant se conçoit à deux et doit être élevé par ses deux parents, qu'ils soient séparés ou qu'ils vivent sous le même toit. Ceci implique un respect réciproque et la vérification quasi constante par les deux conjoints que chacun est heureux et épanoui dans la place qu'il occupe au sein de la famille. Savoir s'accorder du temps pour en parler mais aussi pour partager des moments de détente et de sensualité avec son compagnon nous semble tout aussi indispensable.

Nous n'avons pas omis d'évoquer les relations avec l'employeur, les collègues, qui peuvent parfois s'avérer très compliquées et très douloureuses. En France, toutes les femmes enceintes connaissent ce petit pincement au cœur qui précède l'annonce de leur grossesse à leur patron. Et que dire des femmes cadres qui tout à coup, du simple fait de leur maternité, se fragilisent professionnellement et cela, quel que soit le sexe de leur employeur ? Comment évoluer dans un monde façonné par les hommes sans trop se brûler les ailes, tout en revendiquant la place qui nous revient ?

Nous n'avons bien évidemment pas la prétention de tout résoudre. D'ailleurs, comment le pourrions-nous sans l'aide des politiques et sans une profonde réflexion où tous les partenaires sociaux s'impliqueraient ? Dans une interview au journal *Elle*, la psychanalyste et écrivain Julia Kristeva disait : « L'avenir de la civilisation est en danger si on s'obstine à dissocier la liberté des femmes de leur vocation de mère. C'est l'enjeu d'aujourd'hui, c'est même un combat. »

De notre côté, nous espérons que cet ouvrage, qui a mêlé les compétences professionnelles de deux jeunes mamans, saura aider les autres femmes à déjouer les pièges du quotidien et à trouver du plaisir et du bonheur auprès de leur compagnon, de leurs enfants mais aussi dans leur travail... Un programme, à l'heure actuelle, il est vrai, très ambitieux !

A.G. et C.R.

I

LES ENFANTS

1

Il me manque dans la journée

Vous venez de reprendre votre travail après dix semaines de congé maternité. Ce retour à la vie professionnelle était prévu et vous ne l'avez jamais remis en question. Mais, lorsque vous êtes au travail, vous ressentez une certaine angoisse : votre tout-petit vous manque terriblement.

Ce que vous éprouvez...

Dans le meilleur des cas, vous avez eu la chance de pouvoir choisir le mode de garde que vous souhaitiez et vous faites entièrement confiance à la personne (assistante maternelle, nourrice à domicile, auxiliaire de crèche...) qui s'occupe de votre enfant.
Mais, lorsque vous êtes au travail, il vous arrive en pensant à votre bébé de ressentir une bouffée d'angoisse soutenue par toutes sortes de questions. Que fait-il ? Et s'il lui arrivait quelque chose de grave ? Et si tout à coup il vous cherchait désespérément ? Vous pensez à lui et éprouvez une irrépressible envie de le serrer fort tout contre vous.
Parfois même, vous êtes obligée de vous éloigner de votre bureau pour sécher vos larmes. Vous êtes tenaillée par ces angoisses et ne voyez comme autre issue que celle de rester aux côtés de votre tout-petit.

Que se passe-t-il au juste dans votre tête ?

Vous avez accepté intellectuellement la séparation mais pas de façon affective. Confrontée à la réalité qui impose un éloignement d'au moins neuf heures par jour de votre bébé, vous vous heurtez à un autre scénario que celui que vous aviez imaginé. Cette réaction trouve souvent son origine dans une autre séparation vécue précédemment (adaptation brutale et mal acceptée à la rentrée à l'école, divorce de ses propres parents, déménagements fréquents au cours de l'enfance...)
Elle peut aussi être reliée au vécu d'une grossesse difficile hantée par la peur de perdre son bébé (grossesse allongée, enfant né prématurément, enfant conçu par AMP (aide médicale à la procréation, etc.)

Comment réagir ?

Ne dramatisez pas : cette situation n'est peut-être que passagère. Si vous parvenez à prendre suffisamment de recul pour constater que votre enfant se porte à merveille et qu'il s'adapte bien à son nouveau rythme de vie, vous devriez rapidement reprendre le dessus. En revanche, si, au bout d'un mois, vous ne vous sentez pas mieux, cherchez avec votre compagnon des aménagements possibles pour que vous souffriez un peu moins de cette situation : passage à un tiers-temps voire un mi-temps, recherche d'un mode de garde plus proche de votre lieu de travail, aménagement de vos horaires journaliers ou même interruption de votre activité professionnelle par un congé parental (voir chapitres 85 *Depuis que j'ai des enfants, je m'investis moins dans mon travail* et 55 *Il veut être père au foyer*) qui laissera un peu de temps à votre enfant et à vous-même pour vous préparer à une reprise définitive. En effet, dans une telle situation, il n'est pas rare que les enfants finissent par ressentir très fortement le malaise de leur maman et qu'ils le manifestent par des perturbations du sommeil, des troubles alimentaires ou d'autres types de somatisation.

UNE DIRECTRICE DE CRÈCHE RACONTE...

« Il nous a fallu quelques semaines avant de constater que Sylvie, la maman du petit Paul, vivait très mal la séparation. C'est l'auxiliaire qui s'occupait du bébé et qui pointait les jours de présence qui, après quelques mois, a constaté que l'enfant fréquentait la crèche selon un rythme bien particulier. La première semaine, on ne le voyait pas parce qu'il était malade, la deuxième semaine, c'était au tour de sa maman d'être souffrante et elle gardait son bébé avec elle à la maison. On ne les retrouvait donc tous les deux qu'en troisième semaine. Et, dès la quatrième, le cycle se remettait tout naturellement en place : le bébé malade pour une semaine, ensuite c'était au tour de la maman, puis retour à la crèche. On avait aussi observé que Sylvie traînait toujours un peu avant de quitter les lieux. Elle se cachait souvent derrière un poteau pour voir comment son enfant réagissait. Le petit Paul observait ses camarades sans manifestation particulière. Et puis il finissait par découvrir que sa maman n'était pas loin et se mettait, immanquablement, à pleurer. Sylvie obtenait ainsi la confirmation que son bébé avait besoin d'elle et qu'il était malheureux dès qu'elle s'éloignait.

« Avec la psychologue et l'auxiliaire, nous avons décidé de venir à son secours. Nous lui avons soufflé qu'elle vivait peut-être mal cette séparation, ce dont elle a convenu sans aucune difficulté, paraissant même soulagée que d'autres expriment ce qu'elle-même n'osait s'avouer. Elle a alors décidé de différer son retour au travail et, quelques mois après, nous avons appris que c'était une nourrice qui s'occupait du petit Paul. Ce mode de garde convient souvent mieux à ces mamans fragilisées parce qu'il ne leur offre qu'une seule et unique interlocutrice et que le contexte est familial, peut-être plus chaleureux et plus rassurant que la collectivité. »

2

Je vais retravailler et je ne pourrai plus allaiter

Vous voici presque au terme de votre congé maternité et vous manifestez une certaine anxiété à l'idée de cesser de donner le sein. Vous craignez que votre bébé le vive mal. Autour de vous, quelques amies ont bien poursuivi en tirant leur lait mais cette pratique vous semble trop contraignante.

Chassez les idées fausses

Jusqu'à présent, les tétées représentaient pour vous un vrai moment de bonheur avec votre bébé et vous regrettez de devoir renoncer à ce plaisir. Mais ne vous résignez tout de même pas trop vite. En effet, en fonction de vos horaires de travail, vous allez encore pouvoir, pendant quelque temps, donner la première tétée du matin ainsi que celle du soir.

Avant votre reprise, vous commencerez par introduire les biberons. C'est vous et vous seule qui devrez le faire de façon à ce que la transition soit la plus douce possible. Vous constaterez ensuite que les besoins et les rythmes de votre tout-petit se modifieront très vite. Et que bientôt, peut-être, il ne prendra plus le sein le soir, comme s'il vous disait à sa façon qu'il est prêt à passer à une autre étape...

Mais, vous, comment vivez-vous ce sevrage ?

Si vous redoutez une certaine rupture entre lui et vous parce que vous cessez d'allaiter, si vous n'acceptez pas qu'une distance s'opère, c'est que vous êtes alors encore dans une relation très proche (voir chapitre 1 *Il me manque dans la journée*) et que sevrer votre bébé maintenant risque de vous poser problème. De ce fait, votre tout-petit ne peut que le ressentir et manifester ce malaise lorsque vous devez vous séparer de lui (il pleure, crie, refuse de s'endormir tout seul...).

Pourquoi est-ce si difficile ?

Dès les premiers instants qui ont suivi la naissance, votre bébé a été déposé sur votre ventre et vous avez pu ressentir l'un et l'autre le plaisir de ce peau à peau à la fois tendre et charnel. Aujourd'hui encore, lors de l'allaitement, vous retrouvez vos odeurs, vos chaleurs respectives. Et si, à travers le sein, votre tout-petit satisfait son besoin d'être nourri, il redécouvre sans cesse aussi le plaisir de la succion. De votre côté, vous constatez qu'il se calme et s'endort parfois, tout à fait rassuré, avec le sein en bouche, certain que vous ne lui échapperez pas. Cette situation vous apporte à l'un comme à l'autre une certaine plénitude à laquelle vous avez bien du mal à renoncer. Il est en effet difficile de suspendre ce temps imaginé, quelque part, éternel.

Il est peut-être temps de passer à autre chose...

La reprise de votre travail constitue un moyen de vous faire sortir de la bulle (à condition que vous opériez en douceur) dans

laquelle vous vous étiez confortablement installée mais qui vous coupait du monde et même parfois de vos proches.
Néanmoins, cette étape doit être franchie avec une certaine souplesse et votre participation active. Si vous la subissez, si vous la vivez comme une contrainte, vous ne pourrez pas sevrer votre bébé de façon satisfaisante et positive.
N'hésitez pas à parler à votre compagnon de vos craintes et de vos hésitations. À deux, vous y verrez forcément plus clair.

... ou peut-être pas encore tout à fait

Si vous ne vous sentez vraiment pas prête, voyez avec votre médecin, votre employeur (dans certaines entreprises un prolongement du congé maternité est accepté pour allaiter), votre compagnon (si vous envisagez de prendre un congé parental) de quelle façon vous pouvez retarder votre retour à la vie active.
Enfin, sachez que le Code du travail (article L. 224-2) prévoit, pour toutes les femmes qui le souhaitent, la possibilité de poursuivre l'allaitement sur leur lieu de travail. Vous pouvez donc prendre une heure en cours de journée (une demi-heure le matin et une demi-heure l'après-midi) pour donner le sein à votre bébé. Cette possibilité n'est malheureusement pas toujours compatible avec la vie des femmes actives, ne serait-ce que par l'éloignement fréquent entre le domicile et le travail ou les mentalités. Mais consultez la convention collective de votre entreprise : un accord peut prévoir une réduction d'horaire plus importante, une rémunération (aucune obligation n'est faite à l'employeur de payer cette heure)...
Le saviez-vous ? Une loi de 1917 prévoit que les entreprises qui emploient plus de cent femmes doivent mettre à leur disposition une chambre d'allaitement...

Et en plus...

Quelques contacts

Vous trouverez soutien, information et aide auprès des accueils téléphoniques suivants (notamment si vous souhaitez tirer votre lait en travaillant).

Association Solidarilait, 26, bd Brune, 75014 Paris.
Tél. : 01 40 44 70 70.

La Leche League France, BP18, 78620 L'Étang-la-Ville.
Tél. : 01 39 58 45 84.

À lire

L'Allaitement, de la naissance au sevrage, Dr Marie Thirion, Albin Michel, nouvelle édition 1999.

Le Guide de l'après accouchement, Sylvia Gaussen avec Hélène de Gunzbourg, « Bibliothèque de la Famille », Albin Michel, 2000.

3

Depuis qu'il a 9 mois, mon petit Théo pleure quand je pars au travail

Chaque matin, c'est la même histoire. Dès que vous attrapez votre manteau ou dès que la nounou franchit le seuil de la porte, votre tout-petit se met à pleurer. Vous êtes déchirée et vous vous sauvez pour écourter la scène.

Pourquoi se met-il soudain à pleurer ?

Depuis que vous avez repris votre activité professionnelle, les rythmes de votre bébé ont changé. Au début, vous lui donniez le biberon le matin avant de partir. Ensuite, vous avez connu la période où il se réveillait après votre départ et où vous ne le voyiez pas. Depuis quelques semaines, il se réveille 15 minutes avant que vous ne vous envoliez pour toute la journée. Votre bébé ne supporte pas de vous voir partir alors qu'il se réveille tout juste et qu'il n'a pas eu le temps de profiter suffisamment de vous. Vous essayez d'éviter cette situation en mettant votre tout-petit dans les bras de la nourrice et en partant presque aussitôt.

Vous vous repassez la scène de la séparation plusieurs fois par jour

Vous vivez mal ce moment. Vous êtes déchirée, culpabilisée et vous essayez de vous réfugier dans le travail pour oublier. Les psychologues savent qu'une maman fragile a tendance à éviter ou à banaliser la séparation alors que celle-ci est indispensable à la construction de l'identité de son enfant.
Dans votre cas précis, la situation est peut-être particulièrement difficile parce que vous avez été confrontée en un autre temps et en d'autres lieux à une situation de séparation que vous avez mal vécue, qui a généré en vous de l'anxiété.

Avez-vous fait le bon choix professionnel par rapport à votre profil psychologique ?

Le problème vient peut-être du fait que vous ne savez pas trop quoi privilégier dans votre vie (voir chapitre 100 *Au travail ou en famille, j'ai l'impression de ne jamais être à la bonne place*). Il ne s'agit pas de renoncer à travailler, ni de jouer pleinement votre rôle de mère ou de compagne mais de faire des choix. Vous êtes-vous demandé si des aménagements d'horaires étaient possibles. Commencer un peu plus tard le matin de façon à pouvoir profiter un peu plus de votre bébé, opter pour un mi-temps pendant quelques mois, ou même un quatre-cinquième, si vos moyens vous le permettent... Sans remettre tout votre fonctionnement en question, ces simples mesures vous permettraient de profiter un peu plus de votre bébé et vous donneraient un peu moins le sentiment de passer à côté de sa première année. Si vous ne pouvez l'envisager dans votre entreprise peut-être le pouvez-vous dans une autre ?

Faire le ménage dans sa tête : essentiel !

Si vous ne parvenez pas à faire le point sur cette situation, vous aurez l'impression de vivre un véritable dilemme et vous ne parviendrez pas à créer une harmonie entre votre vie professionnelle et votre vie familiale. Vous en souffrirez, éprouverez de l'anxiété et vous vous épuiserez moralement. Peut-être devez-vous reconnaître que vous avez mis la barre un peu haut pour l'instant. Cela ne remet pas en cause vos capacités à être une bonne mère. Vous avez simplement besoin d'un peu plus de temps que d'autres.

Si votre enfant pleure au moment où vous partez, c'est qu'il ne fait qu'exprimer ce qui est caché en vous. Les enfants sont souvent les révélateurs de ce que nous ne voulons pas entendre ou de ce que nous avons enfoui à un moment ou à un autre de notre vie. Acceptez les pleurs de votre enfant comme un cadeau puisqu'il vous conduit à vous poser les bonnes questions. Il vient en écho à votre propre malaise. Si ses pleurs vous affectent, vous font pleurer aussi et déclenchent en vous une certaine agressivité lorsque vous tentez d'échapper à cette situation, c'est que vous n'êtes pas insensible à cette pression émotionnelle.

Alors n'hésitez pas à la partager avec lui en essayant de trouver les mots qui pourraient vous apaiser l'un et l'autre.

L'ANGOISSE DU HUITIÈME MOIS, C'EST QUOI AU JUSTE ?

L'angoisse du huitième mois, appelée aussi peur de l'étranger, se manifeste en votre présence lorsqu'une personne peu familière s'approche de votre enfant. Votre bébé se met alors à pleurer, se réfugie au creux de votre épaule... Il comprend que, si d'autres personnes sont différentes de vous, c'est qu'il l'est lui aussi et cela le perturbe. Entre 7 et 10 mois, il sort peu à peu d'une relation dite fusionnelle (lui et vous ne faites qu'un) et cela ne se passe pas sans quelques angoisses qui ne sont pas liées directement à la séparation dans la réalité mais à une séparation psychique entre l'enfant et sa mère.

4

À chaque fois que je dois me séparer de mon bébé né prématurément, c'est une véritable épreuve

À la maternité, vous avez été séparée de votre bébé (né avant terme) pour des raisons de santé. Depuis, vous avez l'impression qu'il vous en veut, que vous n'avez pas assuré et vous vivez comme un drame la moindre séparation. Séparation qui se produit chaque jour depuis que vous avez repris le travail...

Pourquoi c'est douloureux

Vous vivez une souffrance terrible et sans doute vous êtes-vous repassé cent fois le film de l'accouchement et de la naissance. Même si, d'un point de vue médical, il ne pouvait en être autrement, cette séparation a laissé une trace indélébile semblable à un traumatisme. Aujourd'hui, pour vous dédouaner, vous vous contraignez à vous rendre très disponible et vous supportez très mal de ne pas être aux côtés de votre bébé.
Vous avez le sentiment d'avoir été responsable de cette situation même s'il n'en est rien. Vous n'étiez pas en mesure de contrôler la naissance de votre bébé. Malgré cette évidente réalité, vous avez le sentiment de ne pas avoir accompagné votre enfant jusqu'au bout et donc de ne pas être une bonne mère.
Vous vous sentez profondément blessée de ne pas avoir été à la hauteur. Il est, pour vous, évident que votre bébé a ressenti un

terrible manque d'amour dont, aujourd'hui encore, il ne s'est pas remis. Et chaque absence vous rappelle ce traumatisme.
Vous êtes vraiment tombée de haut. En effet, vous aviez imaginé cette naissance d'une tout autre façon : votre bébé près de vous dans sa petite grenouillère jaune poussin, vos proches ne tarissant pas d'éloges de toutes sortes. Au lieu de cela, vous avez dû supporter des regards navrés, un peu déçus. Votre imagination ne vous avait pas conduite sur les images des services de néonatologie (malgré les soins prodigués avec attention et professionnalisme) avec leur cohorte de couveuses, bips et sondes en tout genre.

Comment vous luttez

En toutes circonstances, vous veillez à donner le maximum à votre enfant. Sa garde-robe regorge de vêtements : un manteau mais aussi une doudoune, une combinaison-pilote, un imperméable molletonné... Et que dire de l'attirail d'articles de puériculture que vous avez rassemblé ! Vous voulez vraiment avoir la certitude qu'il ne manque de rien. Côté présence, vous vous rendez aussi disponible physiquement que possible mais vous avez toujours la tête un peu ailleurs. Enfin, vous vivez mal les séparations et les semaines qui passent n'arrangent rien. Votre quotidien est un vrai calvaire.

Ce que ressent votre bébé

Si votre enfant a souffert de votre absence, il souffre encore plus de votre silence. Il a besoin de connaître son histoire afin que ce manque affectif vécu à sa naissance (du fait de votre impossibilité d'être présente) prenne un sens. Il vous faut trouver les mots pour l'aider à comprendre.

L'unique solution

Faire appel à un psychologue clinicien qui vous permettra de retracer l'histoire de votre grossesse et de la naissance en reliant à ces deux événements les émotions du moment.

COMMENT TROUVER UN PSY ?

Votre entourage professionnel, vos amis seront peut-être disposés à vous indiquer un professionnel de leur connaissance. Mais, avant même de prendre rendez-vous, assurez-vous que cette personne réserve le meilleur accueil à ses patients, c'est-à-dire se montre suffisamment disponible pour accueillir les parents (ou le parent) avec leur jeune enfant. Quand ce dernier a plus de 6 ans, des consultations séparées peuvent être envisagées.
Choisissez, de préférence, un psychologue spécialisé dans la petite enfance. Si personne ne peut vous diriger, interrogez le service Protection maternelle et infantile (PMI) de votre ville, arrondissement ou quartier (adresse à la mairie). Recontactez l'assistante sociale ou le psychologue de la maternité. L'un ou l'autre devrait pouvoir vous conseiller. Vous pouvez aussi consulter le pédiatre de votre enfant. Mais surtout, et quelle que soit la personne choisie, dédramatisez : vous traversez un moment difficile. Il ne s'agit donc ni de folie ni de troubles graves de la personnalité. Enfin dites-vous bien que le psychologue a besoin de votre entière collaboration. Il ne fera rien pour vous, sans vous !

À lire
Le Sourire de la Joconde, Catherine Mathelin, Denoël, 1998.

5

Depuis que j'ai repris mon travail, le sommeil de mon bébé est perturbé

Alors qu'il dormait bien, votre tout-petit se réveille maintenant presque systématiquement toutes les nuits. Vous vous demandez bien quelles en sont les raisons. Mais, peut-être vous dites-vous, est-ce tout simplement parce qu'il dort trop au cours de la journée ?...

Ce qui a changé

Ses habitudes ont été bouleversées. Vous le réveillez chaque matin alors qu'avant c'était lui qui le faisait spontanément. Par commodité, vous avez peut-être progressivement reporté d'une heure le dernier biberon... le bain du matin a lieu désormais systématiquement le soir, horaire plus adapté à votre nouvelle vie.
Il a fait connaissance avec de nouvelles personnes, a découvert de nouveaux lieux. Ces changements le troublent, l'excitent, le fatiguent et l'éveillent aussi.
Ses rythmes biologiques se modifient chaque jour. Les phases de veille et de sommeil s'allongent : il dort plus longtemps mais moins fréquemment.

Sachez l'observer

□ S'il se réveille après minuit...

Lorsque votre bébé était dans votre ventre, il dormait le jour et veillait la nuit. Son rythme biologique était donc radicalement différent de ce que vous souhaitez qu'il soit aujourd'hui.
À partir de 6 mois, un tout-petit commence sa nuit par une phase de sommeil lent, ou calme, à la façon des adultes. Au cours de cette phase, sa respiration est régulière, son visage est paisible et rien, ou presque, ne peut troubler ce repos. En revanche, lorsqu'après minuit surviennent, environ toutes les heures, des périodes de sommeil paradoxal (sommeil des rêves), les réveils peuvent être nombreux. Certains bébés se rendorment seuls, sans même appeler leurs parents, d'autres en revanche les sollicitent vigoureusement.

□ S'il se réveille systématiquement toutes les nuits en pleurant...

Les premiers cauchemars apparaissent entre 7 et 10 mois. C'est aussi le moment où votre bébé commence à comprendre qu'il est une personne à part entière, différente de vous. Vous et le papa êtes les premiers à remarquer qu'il prend conscience peu à peu de cette réalité puisque son comportement change. Par exemple, il a peur des étrangers et les nouveaux visages ne l'enchantent guère (voir encadré du chapitre 3).
Ne redoutez pas ses cauchemars, même s'ils provoquent cris et pleurs. Dites-vous qu'ils participent à cette prise de distance nécessaire et structurante : votre enfant doit saisir qu'il n'est pas en totale fusion avec vous. Si ce processus psychique se déroule en même temps qu'une séparation réelle (votre reprise du travail),

cela peut accentuer certaines manifestations : réveils nocturnes, cauchemars, perte de l'appétit.

Pourquoi la qualité de son sommeil est essentielle

Le rêve est un régulateur biologique et psychique. Il intervient comme une soupape face aux différents événements, graves ou légers, de la vie. Si la qualité du sommeil est insuffisante, elle peut nuire au bon fonctionnement du rêve. Cela débouche parfois sur toutes sortes de troubles comme, par exemple, les somatisations (expression, par le biais du corps, de perturbations relationnelles).

Que faire ?

□ Avant la reprise...

Préparez-le. Expliquez-lui que, désormais, ses journées seront un peu différentes, qu'une autre dame s'occupera de lui pendant quelques heures mais que, tous les soirs, il retrouvera une maman heureuse de rentrer à la maison pour le prendre dans ses bras et lui raconter sa journée.
Procédez à une période d'adaptation. Quel que soit le mode de garde retenu, allez-y progressivement. Commencez par rester une heure ou deux avec la personne qui va s'en occuper puis laissez-lui peu à peu votre enfant : d'une demi-heure au début, passez à une, puis deux, puis trois heures... ceci étalé sur deux semaines.

□ Après la reprise...

Levez-vous, bercez votre bébé lors des premiers réveils nocturnes afin de l'aider à se rendormir mais ne vous éternisez pas et surtout ne devenez pas coutumière du fait. Votre mari peut prendre le relais. Attention à ne pas tomber dans le piège du rendez-vous régulier. En effet, les mamans finissent parfois par trouver dans ces levers intempestifs un certain plaisir puisqu'ils leur donnent l'occasion de voir un peu plus leur tout-petit. Mais, au bout de quelques semaines, elles sont épuisées et la dépression les guette (voir chapitre 97 *Depuis la naissance de ma fille, je suis épuisée et j'ai le sentiment d'être ni une bonne mère, ni une bonne épouse, ni une bonne « pro »*).

Parlez à votre bébé, dites-lui que vous avez besoin de bonnes nuits de repos auprès de votre compagnon et qu'il peut, pendant ce temps, dormir tout à fait sereinement.

Attendez un peu avant de faire irruption dans sa chambre. En effet, après un ou deux cauchemars, votre tout-petit peut constater que ses cris vous font venir et que, finalement, il en est plutôt content. Alors méfiance...

Ne tombez pas dans le piège des somnifères qui procurent un sommeil de mauvaise qualité (dit « lent léger », au détriment du sommeil « lent profond » et du sommeil paradoxal) nuisible à l'équilibre psychologique, à la croissance de votre bébé et à l'installation harmonieuse de ses rythmes de sommeil.

Interrogez-vous sur votre propre fonctionnement si cela perdure. Si, au cours de la journée, vous ressentez des moments d'angoisse, reconnaissez que la situation n'est pas facile à vivre pour vous. Mais ne vous jugez pas trop sévèrement. Vous avez peut-être besoin de plus de temps qu'il n'en faut à d'autres mamans pour accepter cette nouvelle situation.

Sachez, enfin, que la séparation peut être pénible à vivre. Si vous, ou le papa, avez vécu difficilement d'autres séparations auxquelles vous n'accordez, pourtant, aujourd'hui qu'une importance relative (la perte d'animaux domestiques, la séparation momentanée avec ses propres parents au cours de l'enfance, des déménagements répétés...), sachez que ces expériences peuvent peser de tout leur poids. Pire, cette fragilité peut remonter à des deuils mal vécus au cours des générations antérieures, que vous portez comme un fardeau, en en ignorant même parfois l'origine.

Si la situation ne s'améliore pas, deux solutions possibles

– Vous pouvez en parler au pédiatre qui vous dirigera peut-être vers un homéopathe, un ostéopathe...
– Si vous avez le sentiment que le problème est plutôt d'ordre psychologique, consultez un psychologue qui vous recevra avec votre enfant. C'est important pour qu'il puisse bien évaluer toutes les données du problème. (Voir encadré du chapitre 4 *À chaque fois que je dois me séparer de mon bébé né prématurément, c'est une véritable épreuve*).

ET EN PLUS...

À lire

Les Problèmes de sommeil des enfants, Dr Susan E. Gottlieb, les Éditions de l'Homme, 1999.
Le Sommeil, le rêve et l'enfant, Marie Thirion et Marie-Joseph Challamel, Albin Michel, 1995.
L'Enfant et son sommeil, Hélène de Leersnyder, « Réponses », Robert Laffont, 1988.
Le Sommeil de votre enfant, Pr André Khan, « Santé au quotidien », Odile Jacob, 1998.
Mon bébé dort bien, Dr Edwige Antier, guide France info, Balland/Jacob-Duvernet, 1999.
Le Sommeil des bébés, Isabelle Gravillon, « Les Essentiels. Du côté des parents », Milan, 1999.

6

Il a fait ses premiers pas avec sa nourrice

Quand la personne qui garde votre enfant vous a annoncé, triomphante, qu'il avait fait ses premiers pas, au lieu de vous réjouir, vous avez ressenti un pincement au cœur.

Pourquoi n'êtes-vous pas folle de joie ?

Vous avez l'impression d'avoir manqué une étape décisive du développement de votre enfant et vous vous sentez fautive de ne pas avoir été là pour lui offrir vos bras en signe de récompense. Du coup, vous avez le sentiment de ne pas être une bonne mère puisque vous étiez justement ailleurs au moment où, pour votre enfant, il était essentiel, vous semble-t-il, que vous soyez présente.

Attention, vous faites fausse route si vous pensez que...

– Finalement vous ne lui êtes pas si indispensable puisqu'il s'est autorisé à franchir cette étape sans vous.
– Il a fait exprès de le faire avec une autre que vous pour sanctionner votre absence (voir chapitre 40 *Je suis jalouse de sa nounou*).

La vérité, c'est quoi ?

Si votre tout-petit a esquissé ses premiers pas avec sa nounou, c'est qu'il s'est senti, à ce moment précis, suffisamment en confiance pour le faire. Et cela devrait plutôt vous réjouir et vous rassurer sur le choix que vous avez fait en retenant la candidature de cette personne pour s'occuper de votre tout-petit.

Ce n'est pas parce qu'il a tenté ses premiers pas sans vous qu'il vous a exclue de la scène. Si vous manifestez un réel enthousiasme, vous verrez qu'il renouvellera très vite ses tentatives devant vous. En revanche, s'il ne vous sent pas très enjouée (« Alors, avec elle tu le fais et pas avec moi ? Tu ne veux pas faire plaisir à maman ? »), il est possible qu'il prenne davantage son temps avant de recommencer, sentant que cela suscite chez vous un sentiment très mitigé.

Attention à la dérive

Si votre enfant comprend que le moindre de ses progrès prend des allures d'enjeu entre vous et lui (puisqu'il n'a pas le sentiment que cela vous fait réellement plaisir), toute acquisition peut être source de conflit entre vous deux. De plus, il risque de se fixer davantage sur l'enjeu conflictuel que cela peut générer et donc, à terme, freiner son évolution. C'est un peu comme s'il se demandait s'il avait le droit de progresser. En effet, vous lui donnez l'élan indispensable pour passer de nouveaux caps.

Il est donc essentiel que vous l'autorisiez psychiquement à être une personne bien distincte de vous, qui peut grandir, changer, sans que vous soyez systématiquement à ses côtés.

Si votre enfant a tendance à s'opposer, le conflit ne peut que s'amplifier et si, à l'inverse, il tend à se conformer à l'image que

vous attendez de lui, vous ne faites que différer les problèmes qui jailliront tôt ou tard.
Enfin, gardez toujours en tête (ne serait-ce que pour chasser les mauvaises tendances) qu'une mère digne de ce nom ne peut considérer son enfant comme un objet sur lequel elle a tous les droits.

7

Depuis son entrée en maternelle et mon retour au travail, elle se plaint de maux de ventre

La vie en collectivité est peut-être une nouveauté pour votre fille. Vous êtes, peut-être, restée à ses côtés pendant ses premières années. Vous voilà maintenant contente de reprendre une activité professionnelle mais vous ne pouvez vous empêcher de relier les plaintes de votre enfant à votre nouvelle vie.

Ne vous dites pas...

– « Je n'aurais pas dû reprendre mon travail... Si j'étais restée à la maison, elle serait moins perturbée. »
N'ayez aucun regret. Votre enfant a besoin de s'ouvrir sur l'extérieur (et vous de retrouver une vie plus sociale), mais sachez qu'un temps d'adaptation lui est nécessaire et que vous pouvez, bien sûr, l'aider.
– « Je ne l'ai pas assez préparée, j'aurais davantage dû lui parler. »
Mieux vaut en effet prendre les devants (voir encadré) mais il n'est jamais trop tard pour bien faire. Vous pouvez tout à fait rattraper le coup.

Pourquoi est-elle perturbée ?

Non seulement votre enfant change de cadre de vie (elle passe de l'univers relativement confiné de la maison à celui plus ouvert et plus large de l'école) mais aussi d'interlocutrice. Et cette nouvelle personne – la maîtresse – ne peut être disponible pour elle autant que vous l'étiez vous-même. Elle doit répondre aux sollicitations d'une trentaine de petites têtes blondes (ou brunes) avec pour mission de les socialiser et de les rendre plus autonomes. Vaste programme qui sous-tend pour votre petite fille le respect de nouvelles règles et de nouveaux enjeux. Jusqu'à présent, elle n'était peut-être pas habituée à partager ses jouets, à mener une activité en suivant des consignes précises, à manger avec d'autres enfants, à se faire respecter...

Vous vous rendez bien compte que cela fait beaucoup de changements qui viennent s'ajouter aux modifications de rythme imposées par votre retour au travail : l'obligation de la réveiller le matin, de la bousculer un peu pour ne pas être en retard, une disponibilité moindre le soir et peut-être aussi l'intervention d'une autre personne (nounou, baby-sitter...) qui fait la jonction entre la sortie de l'école et votre retour à la maison. Vous en convenez facilement : voilà beaucoup de nouveautés qui ne peuvent que déstabiliser, au moins pendant quelques jours, votre petite Lucie. Malaise qu'elle exprime en se plaignant de maux de ventre.

Comment l'aider ?

– Montrez-lui que vous êtes fière d'elle, de ce qu'elle fait et de ce qu'elle découvre.

– Présentez-lui l'école comme une formidable occasion de ren-

contrer d'autres enfants du même âge avec lesquels elle partagera bientôt l'essentiel de ses jeux.
– Manifestez de l'enthousiasme lorsqu'elle vous fait part de ses dernières découvertes ou acquisitions.
– Demandez-lui de vous raconter sa journée sans insister si elle ne le souhaite pas. En revanche, n'hésitez pas à lui relater la vôtre. Dites-lui que, même si c'est un peu plus compliqué qu'avant, votre nouvelle vie vous plaît et que vous serez très certainement bientôt heureuses toutes les deux d'avoir votre petit monde à vous.
– Essayez de trouver un minimum de temps chaque soir pour un vrai rendez-vous : un jeu ensemble après le dîner, l'histoire du soir qui peut devenir régulière, un moment passé ensemble dans la salle de bains pour s'occuper de soi (coiffez-la, parfumez-la, faites-lui une petite manucure... autant de prétextes au bavardage entre filles).

Ce qui va se passer

Si votre fille vous sent confiante, tout devrait rentrer dans l'ordre rapidement. Vous la retrouverez peut-être même bientôt chaque matin campée devant la porte de la maison vous demandant de hâter le mouvement. En revanche, si ses plaintes perdurent, mieux vaut peut-être alors tenter une légère marche arrière en optant pour la demi-journée d'école. Essayez de trouver une nourrice ou de vous arranger avec une autre maman pour que votre petite fille finisse sa journée à 11 heures 30 ou juste après la cantine.
En règle générale, les directrices d'école maternelle se montrent très adaptables et toujours prêtes à prendre en considération l'intérêt de l'enfant. Appliquée pendant un trimestre, cette mesure vous demandera peut-être un sacrifice financier, mais vous permettra à toutes les deux une adaptation plus en douceur.

COMMENT LE PRÉPARER À LA MATERNELLE

Que vous repreniez ou non une activité professionnelle, le démarrage d'une scolarité nécessite quelques préparatifs. Mieux vaut anticiper sur les éventuelles difficultés. Elles n'en seront que plus facilement surmontées.

- Vantez à votre enfant les avantages de l'école : il va apprendre une foule de choses, se faire un tas d'amis... Mais ne faites pas dans l'excès, il pourrait être déçu.
- Avant la rentrée, essayez de lui faire visiter sa future école. Des journées portes ouvertes sont parfois organisées en fin d'année scolaire précédente (mai-juin).
- Faites ensemble plusieurs fois le chemin de la maison à l'école afin qu'il se familiarise avec ce prochain itinéraire. Repérez la boulangerie où vous achèterez peut-être ensemble son goûter... les endroits dangereux où il faudra bien donner la main...
- Le jour de la rentrée, levez-vous assez tôt pour ne pas stresser inutilement et prévoyez un petit déjeuner appétissant et le plus convivial possible.
- Prévoyez, si vous le pouvez, d'être présente à la sortie de l'école pendant quelques jours. Faites de ce temps un moment de retrouvailles affectives et, surtout, ne le harcelez pas de questions. Il a peut-être envie et besoin de passer vraiment à autre chose avec vous.
- Faites confiance à la maîtresse. Si elle vous demande de ne pas trop traîner le matin dans la classe, écoutez-la. Elle sait, par expérience, que cela ne fait qu'amplifier la difficulté à se séparer. Au contraire, si elle vous invite à rester un peu, acceptez. Dans certains cas, il est préférable que l'enfant voie sa maman partir avec le sourire plutôt qu'avec l'air de fuir comme une voleuse.
- Si vous faites appel à une personne pour prendre le relais entre l'école et votre retour du travail, il est important que votre enfant ait eu le temps de faire connaissance avec elle au moins une quinzaine de jours avant la reprise.

8

Léo, 5 ans, se bagarre sans cesse au cours des récréations. Dois-je le punir le soir lorsque je rentre ?

Ce vendredi-là, vous vous réjouissiez à l'idée de venir chercher votre petit bonhomme à la sortie de l'école. Jusqu'au moment où la maîtresse, rencontrée sur le seuil de la classe, vous a alerté sur le comportement agressif de votre fils. Cette nouvelle vous a blessée et vous vous demandez bien pourquoi votre enfant vous fait cela...

Pourquoi est-il devenu un petit dur ?

Le recours à la bagarre lorsqu'il est soudain (auparavant votre fils n'était ni une terreur ni un être chargé d'agressivité) trouve souvent son origine dans un événement familial déstabilisant comme une séparation, un déménagement, un deuil qui ne se fait pas, l'arrivée d'un petit frère (ou d'une petite sœur)...

Les enfants utilisent alors leur corps (bras, jambes, pieds...) pour communiquer leur difficulté parce qu'ils ne sont pas dans la capacité de le faire avec des mots. Et c'est l'option choisie, pour l'instant, par votre garçon qui a sans doute de bonnes raisons de se faire entendre de cette façon. Mais dites-vous bien qu'il n'agit pas comme cela contre vous (ou pour vous faire du mal, ou pour vous décevoir) mais parce qu'il a besoin d'exprimer un « mal-être » passager.

Ce qu'il faut vous ôter de la tête

Un enfant n'est pas méchant par plaisir. S'il existe chez les humains une pulsion de destruction, celle-ci se manifeste dans des circonstances bien particulières, et plus précisément quand ils se sentent menacés à l'intérieur d'eux, lorsque leurs propres repères risquent d'être modifiés.

Première démarche : aborder la question ensemble

– Essayez de lui parler sans dramatiser, de le questionner avec tact et douceur sur les raisons de son comportement. Évitez à tout prix de le culpabiliser en utilisant des phrases du type : « Tu sais que tu me fais beaucoup de peine », ou pire d'exercer un chantage affectif : « Tu ne ressembles pas au petit garçon que j'aime. » Avec tact, incitez-le à se confier.
« Tu agis de cette façon parce qu'en ce moment tu n'es peut-être pas très heureux ? »
« Ton papa te manque-t-il ? »
« Es-tu mécontent que je me sois fâchée avec ta mamie ? Est-ce le petit frère qui va bientôt naître qui t'inquiète ? »
« As-tu peur que je t'aime moins qu'avant ? »
– Associez le papa à cette discussion (il peut aussi aborder le sujet seul). Il est souvent difficile pour une mère de jouer à la fois sur le registre de la tendresse et sur celui de la sévérité même si les deux sont utiles et complémentaires. Un relais (le papa) pour l'exercice de l'autorité est indispensable et structurant.
– Ne vous braquez pas si votre petit garçon ne veut pas vous répondre sinon vous risquez de vous engouffrer dans une impasse. Il a peut-être tout simplement besoin d'un peu de temps avant de pouvoir trouver les mots justes. Soyez patiente : lui permettre de

comprendre que vous prenez sa souffrance en considération peut déjà l'aider à faire quelques pas dans sa tête.
– Sanctionnez son attitude s'il a fait preuve d'irrespect envers une ou des personnes. C'est la seule façon de lui faire prendre en compte la réalité. Les psys disent que l'enfant doit être castré dans son sentiment de toute-puissance. Mais attention, la sanction ne peut être valable que si elle n'est ni teintée d'humiliation ni destinée à faire mal à l'enfant. Elle doit être constructive et lui permettre de comprendre que, lorsqu'il a porté atteinte à une personne ou à des biens matériels, il est indispensable de réparer. Vous pouvez, par exemple, opter pour la cagnotte dans laquelle il glisse une pièce pour se faire pardonner. Et vous pouvez, vous également, jouer le jeu : après tout les grands font parfois eux aussi des bêtises ! Puis, ensemble, décidez de ce que vous ferez de cet argent collecté, l'idéal étant de le destiner à une dépense qui fera plaisir à toute la famille (un bon resto, une journée dans un parc d'attractions...). Votre enfant apprendra ainsi que tout effort mérite une récompense. Vous pouvez aussi lui demander de quelle façon il compte réparer les dégâts ou se faire pardonner son attitude auprès de ses petits camarades. Il risque de vous surprendre : les enfants sont souvent plus sévères avec eux-mêmes que nous ne le serions à leur égard.

Deux exemples pour mieux comprendre

□ Le divorce

Il arrive fréquemment qu'un enfant se sente responsable de la séparation de ses parents. Il a le sentiment d'être méchant, mauvais et le manifeste par une agressivité soudaine avec ses petits camarades de jeu. Vous devez alors absolument lui ôter cette idée de la tête. Et, dans ce cas de figure, l'intervention conjointe des deux parents est indispensable (au moins par la parole si la présence physique des deux en même temps est inenvisageable). Rassurez-le : dites-lui bien que, même si vous êtes séparés, les règles de vie, les interdits restent les mêmes.

□ La naissance d'un petit frère ou d'une petite sœur

L'enfant éprouve de la jalousie à l'égard du dernier-né d'autant que sa maman, lorsqu'elle était enceinte et en congé maternité, a eu plus de temps à lui consacrer.
Le réveil est donc doublement brutal. Il se sent maintenant oublié, délaissé et vous vous occupez, de fait, moins de lui (surtout depuis que vous avez repris votre travail). Expliquez-lui que la raison ne vient pas du cœur (vous l'aimez autant qu'avant) mais que vous ne pouvez lui consacrer autant de temps qu'autrefois. C'est mathématique !

Seconde démarche : contacter l'école

Prenez un vrai rendez-vous avec la maîtresse. Pas sur le pas de la porte cette fois-ci mais pour une bonne petite demi-heure pendant laquelle chacun (père, mère et instituteur) essaiera d'exposer calmement son point de vue sur la question. Deux solutions sont alors possibles : soit vous trouvez un terrain d'entente et déterminez une action commune, soit vos avis divergent et tout devient plus compliqué. Faites alors intervenir un autre acteur...
– Entrez en contact avec le psychologue scolaire qui servira de médiateur et permettra à chacun de réfléchir sur ses positions. Les directeurs ou directrices d'école peuvent aussi jouer ce rôle (voir encadré page suivante).
– Faites entendre que vous n'êtes pas sourde aux manifestations d'agressivité de votre enfant. En règle générale, cela ouvre bien le dialogue, les enseignants se sentent soutenus. Et tout le monde a intérêt à ce que cette crise cesse.

– Ne vous dites pas qu'à l'école ils (l'équipe pédagogique) n'y comprennent rien. Ne demandez pas, non plus, un régime de faveur parce que votre enfant traverse une période difficile. Ce ne serait vraiment pas la meilleure aide à lui apporter : pourquoi en effet devrait-il faire des efforts ? Le monde est à ses pieds.

À L'ÉCOLE, AUPRÈS DE QUI TROUVER DE L'AIDE ?

L'école permet aux enfants de s'épanouir, de devenir plus autonomes, plus réfléchis, d'apprendre une foule de choses mais constitue aussi un lieu d'observation privilégié. Et toute l'équipe pédagogique s'emploie à détecter, prévenir, porter secours... En plus de l'institutrice et de la directrice, vous pouvez compter sur les compétences d'autres personnes qui sont :

- **le psychologue scolaire.** Il a reçu une formation spécifique pour détecter les troubles et problèmes divers. Ce professionnel n'a pas de rôle de thérapeute auprès des enfants mais peut, par son observation et son analyse, conduire à une prise en compte des difficultés de l'élève par tous les partenaires éducatifs (parents, enseignants...) ;
- **les instituteurs spécialisés.** Ils sont chargés de rééducations pédagogiques ou psychopédagogiques et interviennent pour des séances de soutien individualisé ou en petits groupes pendant le temps scolaire. Quelques rencontres peuvent, par exemple, « débloquer » un enfant qui bute sur un apprentissage, qui a du mal à se repérer dans l'espace...
- **l'assistante sociale.** Vous pourrez la rencontrer sur rendez-vous et lui confier des problèmes plus matériels mais qui ont un impact sur votre vie familiale (chômage, séparation, hospitalisation, déménagement soudain, perte d'une allocation...).
- **le médecin scolaire.** Il est en relation avec les enseignants et rencontre élèves et parents au cours de visites obligatoires. Il participe au conseil d'école lorsque l'ordre du jour le justifie. En général, un secteur comprend 4 500 à 5 000 élèves.

9

« Tu n'as jamais le temps de jouer avec moi, tu es tout le temps fatiguée »

Votre emploi du temps est bien rempli. Vous emmenez chaque matin votre enfant à l'école. Le soir, c'est une nourrice qui le récupère et qui le garde jusqu'à votre retour du travail. Après s'enchaînent le bain, le repas, le coucher... Peu de place donc a priori *pour le jeu.*

Mise en garde importante

Répondre systématiquement à son enfant qu'on n'a pas le temps de jouer peut être entendu comme : « Cela n'est pas suffisamment important pour que je me rende disponible. » L'enfant, pour qui le jeu est capital, peut alors se sentir nié dans son identité, voire rejeté.

Votre enfant a besoin de jouer

Comme le rêve, le jeu est un élément essentiel pour l'équilibre psycho-affectif de votre enfant. Il lui permet de mettre en scène dans un monde imaginaire, qu'il crée de toutes pièces, un peu tout ce qui lui passe par la tête et notamment les différents événements de sa vie qu'ils soient importants ou, en apparence pour vous, anecdotiques. Et les scénarios qu'il élabore varient beaucoup en fonction de ses compagnons de jeu. D'ailleurs il est important qu'ils soient multiples.

□ Avec vous

Votre enfant fait volontiers semblant (« on joue pour de faux »). Il peut se permettre de régresser, de faire le bébé, d'exprimer de la jalousie, de la colère... Ces manifestations lui permettent de passer des caps importants de sa vie affective. Par exemple, à la naissance d'un petit frère, rejouer le bébé avec sa maman au cours d'un jeu peut être, pour lui, une excellente façon d'exorciser la crainte d'être remplacé par le petit dernier.

□ Avec ses copains, frères, sœurs, cousins

Il rejoue le plus souvent ce à quoi il est confronté dans la réalité (la joie des échanges, les conflits avec les copains, les moqueries, les premiers émois...).

□ Et aussi seul

Il est important que votre enfant puisse s'isoler et laisser vagabonder son imagination (par le dessin, en rêvant tout simplement...). Mais, pour que cela soit possible, il faut qu'il ait créé son propre espace interne (être psychiquement dans une certaine continuité avec sa mère tout en s'en éloignant physiquement peu à peu) et donc été habitué progressivement à investir sa chambre comme un lieu propre. Mais cela ne signifie pas que vous ne devez plus jouer avec lui. Une alternance entre les différentes façons de jouer (avec vous, seul, avec ses frères et sœurs...) lui permet de trouver une harmonie.

Trois questions à vous poser

– Ne vous imposez-vous pas un emploi du temps un peu trop rigide ? (Voir ci-dessous les aménagements possibles.)
– Si vous vous précipitez sur les tâches ménagères, cela ne traduit-il pas quelques difficultés à entrer en relation avec votre enfant ?
– Jouer (à un jeu autre qu'intellectuel) avec votre enfant n'est-il pas, pour vous, synonyme de régression ?
Certains parents ont, en effet, du mal à quitter leur position d'adultes. Cette difficulté s'explique le plus souvent par la crainte, plus ou moins consciente, d'être déstabilisé, comme si le fait de se mettre au niveau de l'enfant risquait de les faire tomber de leur piédestal, de les dévaloriser d'une certaine façon aux yeux de leur enfant.
Si vous êtes dans ce cas, dites-vous que le jeu n'est pas dangereux et laissez-vous aller. D'un point de vue symbolique, jouer à la bagarre, par exemple, ne fait pas mal puisque se battre sans se faire mal est justement le but du jeu. Cela permet, en plus, d'échanger de l'agressivité entre adulte et enfant en évitant blessure et culpabilité.
Permettre à son enfant d'être actif dans le jeu (c'est lui qui attaque), alors que, dans la réalité, il est démuni face aux copains agressifs, lui donne un temps, un espace où il peut expulser cette réalité difficile à vivre tout en la dépassant dans un scénario imaginaire.

Quelques idées d'aménagement

– Nuancez votre conception du jeu. Une heure n'est pas forcément nécessaire pour passer un bon moment : quinze à vingt minutes sont suffisantes pour jouer à « Jacques a dit », s'adonner à une partie de petits chevaux ou confectionner un collier de perles en bois. Et quelle satisfaction pour une maman que de voir le visage réjoui de son petit ! C'est, en tout cas, plus gratifiant que d'entendre systématiquement, en forme de rengaine : « Tu ne joues jamais avec moi ! »

Vous pouvez aussi saisir certaines obligations ou occasions (le bain, par exemple) pour introduire des jeux (jeux d'eau, comptines, chansons...).

– Rompez la monotonie. Le mardi soir, par exemple, votre enfant ne peut-il se coucher à 21 heures au lieu de 20 heures ? Même s'il doit se lever assez tôt le lendemain matin, cela ne devrait pas trop le perturber et cela vous donnerait une petite heure pour jouer ensemble.

– Si votre enfant est en maternelle, cherchez avec la maîtresse comment améliorer le temps de repos de la journée pour qu'il puisse se coucher 30 minutes plus tard le soir. Parfois, les instits accordent à quelques-uns de meilleures conditions de détente. Si quelques places sont disponibles dans le dortoir, elles peuvent, par exemple, en faire profiter certains enfants de moyenne section (qui ont un rythme un peu plus soutenu que les autres) plutôt que de les allonger dans la classe.

10

Oui, les vacances sont longues mais je ne veux pas qu'il parte en colo

Deux mois et demi de vacances d'été, c'est long. Vous pensiez confier votre enfant à ses grands-parents. Pas de chance ; ils sont trop fatigués pour l'accueillir plus de huit jours... Vous savez bien que la solution « colo » existe, mais vous n'arrivez pas à vous y résoudre.

Nous avons toutes au moins une bonne raison...

□ Ça coûte trop cher !

Le prix d'un séjour peut effectivement peser lourd sur votre budget mais certaines formules tiennent compte du quotient familial. Il en est ainsi des colonies proposées par votre municipalité, le comité d'entreprise (CE) de la société dans laquelle vous travaillez. Dans ce cas, le CE peut prendre à sa charge 15 à 70 % du montant du séjour selon vos revenus. Certaines fédérations professionnelles auxquelles vous appartenez peut-être (comme l'APAS pour les salariés du bâtiment et des travaux publics...) proposent des tarifs défiant toute concurrence.

□ Je ne veux pas qu'il parte avec les enfants du quartier...

Rien ne vous y oblige. Il suffit de le confier à un organisme ne relevant pas de votre municipalité et qui offre néanmoins des conditions financières avantageuses (voir le point précédent).

□ Il est trop jeune

Il existe des séjours de grande qualité pour les enfants de 4-6 ans d'une durée assez courte (à partir de 5 jours et jusqu'à 10 jours) et, donc, relativement proches de votre domicile. Les effectifs sont limités, le cadre est souvent chaleureux et l'encadrement adapté (1 animateur pour 8 enfants et parfois même 1 pour 5). Les animateurs sont titulaires du BAFA (brevet d'aptitude aux fonctions d'animateur) obtenu après une période de stage suivie d'un examen de contrôle.
Ces colonies proposent souvent des thèmes reliés aux centres d'intérêt des tout-petits comme la découverte de la ferme, la pratique du poney... et le rythme n'est pas trop soutenu (réveil échelonné, un jour de repos pour rompre avec une certaine régularité...).
Votre enfant peut aussi partir avec un frère ou une sœur, un cousin ou même un copain d'école. S'ils ne sont pas dans le même groupe, ils se retrouveront pour les repas, au cours des veillées...

□ Avec toutes ces histoires...

Redouter que votre enfant tombe sur un pédophile ou sur un adulte aux mœurs douteuses est une crainte légitime même s'il y a peu de risques. Vous pouvez néanmoins vous assurer de la qualité de l'encadrement en prenant contact directement avec le directeur de l'organisme. Vous l'interrogerez sur le mode de recrutement retenu. Parfois certaines équipes restent très soudées d'une année à l'autre. Cela peut être un critère de choix puisque la moindre plainte de la part d'un parent ferait exploser le groupe.

□ Le temps va me sembler long

Il est important que votre enfant fasse l'expérience de la séparation. Reculer l'échéance n'est une solution ni pour lui, ni pour vous.
Essayez de comprendre pourquoi vous avez tant de mal à vivre quelques jours sans lui. Cette difficulté peut être reliée à votre propre histoire : une séparation mal vécue pendant l'enfance, une scolarité en internat, des déménagements successifs vous obligeant à quitter vos amis, un deuil, une histoire familiale complexe source de mal-être...
Dites-vous alors que votre enfant n'est pas là pour guérir vos blessures ou pour vous empêcher de souffrir. C'est un être en devenir auquel vous devez offrir la place de sujet.

Comment vous préparer ensemble à la séparation

Si confier votre tout-petit à des quasi-inconnus n'est pas facile, en revanche il est absolument indispensable que vous vous montriez sereine et maîtresse de la situation devant lui. Voici quelques conseils pour vous aider...
– Parlez-lui du séjour un petit mois avant le départ en lui exposant les différentes activités auxquelles il va pouvoir s'adonner. Soyez positive et enthousiaste, mais n'en faites tout de même pas trop. Vous risqueriez de provoquer le phénomène inverse de celui escompté, à savoir une certaine déception.
– Préparez ensemble la valise et glissez-y une photo de famille plus quelques effets personnels indispensables comme le doudou, un livre, ses photos, quelques jouets préférés... le tout marqué à son nom.
– Le jour J, ne le jetez pas dans les bras de l'animatrice pour disparaître aussitôt. Prenez le temps de le présenter et d'échanger

quelques propos, Cela peut être, par exemple, l'occasion de préciser certaines caractéristiques personnelles comme les problèmes de pipi au lit (à évoquer relativement discrètement), les petits maux ou bobos divers.

– Livrez à la responsable vos petites inquiétudes ou celles de votre enfant pour qu'on en tienne compte. Vous lui éviterez ainsi certaines réactions désagréables liées à l'effet de surprise.

– Si vous ne l'avez déjà fait, demandez s'il est possible de joindre le moniteur ou votre enfant et à quel moment vous pouvez le faire sans perturber la bonne marche des activités.

– Préparez vos stylos, vos enveloppes et vos timbres pour lui adresser régulièrement du courrier (au moins un jour sur deux), l'idéal étant même de faire partir une petite carte postale avant son départ pour qu'il l'ait dès la première distribution.

ET EN PLUS...

À lire

Le Guide des vacances scolaires, Chantal Goldstein, Flammarion, 1997.

Vacances des enfants et des ados, Josette Sicsis, Balland, 1999.

Guide national *« Gîtes d'enfants », vacances pour les 4 à 16 ans*, Gîtes de France.

Pour se le procurer : Maison des Gîtes de France et du Tourisme Vert, 59, rue Saint-Lazare, 75439 Paris Cedex 09, tél. 01 49 70 75 75.

Vous pouvez également vous renseigner auprès d'Inter-service-parents (« l'École des Parents »). Des conseillers vous apportent tous les renseignements que vous souhaitez sur les formules, les organismes...

Paris. Tél. 01 44 93 44 93
Grenoble. Tél. 04 76 87 54 82
Lyon. Tél. 04 72 00 05 30
Metz. Tél. 03 87 69 04 56
Colmar. Tél. 03 89 24 25 00
Marseille. Tél. 04 91 10 06 30

Du côté du minitel

3617 Colo (5,57F/min) Ce service minitel vous fournira la liste d'organismes sélectionnés selon certains critères (respect de la législation en vigueur, information des parents en cours de séjour, pas de prosélytisme).

3615 GITES DE FRANCE (1,29F/min) et sur Internet : http://www.gites-de-france.fr

11

Quand je rentre le soir, ils me sautent dessus

Chaque soir, c'est le même scénario. À peine avez-vous franchi le seuil de votre domicile que vos enfants vous interpellent. Vous vous rendez compte, dix minutes plus tard, que vous avez toujours votre manteau sur le dos.

Soyez positive

S'ils vous assaillent de cette façon, c'est qu'ils vous aiment très fort, que vous leur avez sans doute manqué dans la journée et qu'ils ne sont pas indifférents à votre retour. Dites-vous que, dans quelques années, lorsqu'ils seront adolescents, ils ne daigneront peut-être même pas sortir de leur chambre tant ils seront absorbés par leur ordinateur ou occupés à régler une question « hy-per » importante au téléphone avec Léon ou Marguerite...

Comment réagir

Durant toute la journée, ils ont stocké un certain nombre de questions, d'émotions qu'ils ont besoin de déverser, maintenant que vous êtes là devant eux et entièrement pour eux, au moins dans leur esprit. Mais vous, vous avez besoin de souffler, ne serait-ce

que cinq minutes (le temps de poser vos affaires, de vous laver les mains...) et, cela, vous n'arrivez pas à leur faire comprendre.
– Si vos enfants ont plus de six ans, vous devriez pourtant y parvenir, puisqu'à partir de cet âge ils sont, *a priori*, capables de différer un peu leur plaisir. Dites-leur par exemple : « Bonjour, les enfants. Je vais bientôt être disponible pour vous mais si vous souhaitez que cela se passe au mieux, laissez-moi le temps de poser mes affaires, de jeter rapidement un œil sur le courrier... et ensuite, je suis à vous. »
– S'ils ont moins de 6 ans, cela risque d'être un peu plus compliqué mais si votre conjoint est déjà rentré, ou si vous avez opté pour la nounou à domicile, trouvez avec eux un moyen pour vous permettre de poser vos valises. Si c'est l'heure du bain et que vous tenez à laver vous-même vos enfants, vous pouvez par exemple demander à la nounou de les mettre dans l'eau avant l'heure présumée de votre retour pour qu'ils jouent un peu. De cette façon, lorsque vous rentrerez, ils seront en train de barboter, tout occupés à noyer l'incontournable canard jaune ou à sauver un bateau du naufrage. De plus, ils sauront qu'après ce plaisir en vient un autre : celui d'un grand moment de complicité avec vous.
– S'ils ont entre 3 et 6 ans, le retour peut aussi se conjuguer avec le petit moment vidéo de la journée. Vous pouvez être certaine que si leur « Babar », « Oui-Oui », « Léo et Popi »... n'est pas fini, ils ne vous sauteront pas tout de suite dessus.

Essayez d'instaurer un vrai rendez-vous

Si, décidément, l'heure du retour n'est pas propice à un petit moment de dialogue (c'est l'heure du dîner... des infos que vous tenez à ne pas manquer...), trouvez un autre instant. Il est essentiel que vos enfants puissent parler dans de bonnes conditions de leur journée, des petits événements qui les ont marqués (disputes avec des copains, félicitations de la maîtresse, perte du stylo à plume..).

Pas question que ce temps soit parasité par les devoirs du soir, la préparation du dîner... Parfois il suffit de différer d'une dizaine de minutes l'heure du coucher pour trouver ce moment de parole qui permet à vos enfants d'aborder la nuit sereinement. S'ils ne peuvent exprimer ce qu'ils ressentent, ils risquent de ne plus avoir du tout envie de communiquer. Et cela peut se traduire par toutes sortes de troubles : sommeil perturbé, somatisations multiples et variées, agressivité...

Organisez...

Vous pouvez, par exemple, demander à l'aîné de lire seul dans son lit pendant que vous vous entretenez avec le plus jeune. Bien sûr, vous ne manquerez pas d'aller l'embrasser ensuite et de lui consacrer un peu de temps pour discuter.
Vous pouvez encore organiser un roulement avec votre conjoint. Chacun accorde chaque soir un peu de son temps à l'un ou l'autre de ses enfants.
Et, s'il vous arrive parfois de rentrer après le coucher de vos petits, essayez d'être présente le matin au petit déjeuner pour assurer une vraie continuité dans les rapports que vous entretenez avec eux.

12

Je ne veux pas qu'il reste trop souvent seul. Mais comment doser les activités ?

À chaque rentrée, le même problème se repose. Vous avez envie que votre enfant soit occupé, plutôt intelligemment, plutôt sainement mais vous hésitez toujours sur le nombre et parfois la nature des activités. Pas question qu'il passe tout son mercredi seul à la maison (variante, devant la télé) mais vous savez aussi qu'il a besoin de se détendre sans rien faire, sans contraintes...

Comment choisir ?

– Ne lui imposez rien. C'est lui qui doit faire son choix et lui seul. Vous pouvez, bien sûr, le guider en lui présentant les avantages et les inconvénients des diverses activités mais rien de plus.
– Si vous optez pour deux ou trois loisirs par semaine, veillez à ce qu'ils soient complémentaires. Par exemple, un premier plutôt physique, un second plutôt manuel et un troisième créatif.
– Pour l'aider, essayez de sonder ses centres d'intérêt. Mais soyez attentive aussi à ce que le style d'approche de l'activité corresponde à son âge et à son mode de fonctionnement.

□ Deux exemples

– Si votre enfant aime dessiner en laissant libre cours à son imagination, il a toutes les chances d'être rebuté par un cours trop technique. Mieux vaut opter, dans ce cas, pour un atelier d'expression libre. S'il n'en existe pas dans votre quartier, laissez-le dessiner seul dans sa chambre et cherchez une autre idée.
– Si votre enfant est plutôt bagarreur, vous vous entendrez peut-être proposer le judo ou le karaté. Les adultes ont en effet tendance à penser qu'un sport aux règles précises permet de canaliser l'agressivité.
Vous risquez également d'essuyer un échec. Ces disciplines très cadrées peuvent s'avérer trop contraignantes pour un enfant qui a déjà du mal à intégrer les règles et les limites. Mieux vaut essayer dans un premier temps de régler le problème en en parlant en famille, en petit comité. S'en remettre à l'enseignant du judo pour qu'il « mate » votre enfant n'est pas une solution.

Trois mots à bannir...

□ Contrainte

Votre enfant a besoin d'un temps de jeu libre tous les soirs, ne serait-ce que pour évacuer le stress lié aux activités scolaires. Pas question donc de transformer ses soirées en un second marathon. S'il ne bénéficie pas d'un minimum de disponibilité, cela risque de lui peser.
Sachez apprécier le temps qu'il lui faut pour faire ses devoirs et décompresser tranquillement.

□ Surcharge

De la même façon, ne chargez pas trop son mercredi ou son samedi. Votre enfant n'est qu'un enfant et ne peut donc avoir un emploi du temps calqué sur celui d'un adulte. Veillez à trouver des activités peu mangeuses de temps que vous disperserez sur toute la semaine. Vous pouvez n'en retenir qu'une ou deux et programmer des stages pendant les vacances scolaires.

□ Routine

Votre enfant n'a pas besoin d'avoir un emploi du temps bien huilé pour ne pas dire monotone ou routinier. Laissez-lui suffisamment de temps pour que les imprévus se glissent sans hic et sans grincement dans le déroulement de sa semaine. Dans le cas contraire, vous risquez de fabriquer un adulte « hyperactif » qui ne saura pas fonctionner autrement qu'en enchaînant activité sur activité et qui sera incapable de vivre sereinement le moindre temps libre, en en tirant profit.

ET EN PLUS...

Quelques contacts

Pour connaître les clubs les plus proches de chez vous, les horaires des cours... vous pouvez vous adresser auprès du service Jeunesse de votre mairie ou directement auprès des fédérations sportives. Voici les coordonnées des principales :

Fédération française des sports de glace. Tél. : 01 53 92 81 55.
Fédération française de football. Tél. : 01 44 31 73 00.
Minitel 3615 FOOT.
Fédération française de gymnastique. Tél. : 01 48 01 24 48.
Minitel 3615 FFGYM.
Fédération française de judo. Tél. : 01 40 52 16 16.
Minitel 3615 FFJUDO.
Fédération française d'escrime. Tél. : 01 44 53 27 50.
Fédération française de handball. Tél. 01 46 15 03 55.
Fédération française de tennis. Tél. : 01 47 43 48 00.
Minitel 6315 FFT code CLJ.
Fédération française de natation. Tél. 01 40 31 17 70.
Fédération française de basket-ball. Tél. : 01 53 94 25 00.

Et pour trouver des stages, se perfectionner pendant les vacances scolaires :

Le Guide des vacances scolaires, Chantal Goldstein, Flammarion, 1997.

Vacances des enfants et des ados, Josette Sicsis, Balland, 1999.

À lire

Papa, Maman, laissez-moi le temps de rêver !, Etty Buzyn, « Questions de Parents », Albin Michel, 1999.

Le Paris des tout-petits, Mango-Pratique.

Le Paris des juniors, de 7 à 14 ans, Mango-Pratique.

13

Depuis que j'ai repris le travail, mes enfants me demandent sans cesse de l'argent de poche

Seraient-ils en train de vous faire payer votre retour au travail ? Auraient-ils mal vécu votre choix ? Vous vous posez mille et une questions et vous vous demandez comment sortir de cette situation.

Leur vie est différente... et alors ?

Au travers de leur demande d'argent sans cesse renouvelée, vos enfants manifestent sans doute un manque affectif momentané. Vous avez toujours été à leurs côtés, répondant à la seconde même à leur moindre désir, anticipant parfois leurs exigences. Aujourd'hui, vous êtes moins disponible et ils ont un peu de mal à se résoudre à ces nouvelles données. Alors dites-vous bien que, même si cette reprise d'activité n'est pas merveilleusement vécue, elle était plus que nécessaire. L'attitude de vos enfants en est la démonstration flagrante. Il est, en effet, grand temps que vous ne les assistiez plus sur tout et à tout moment. Au fil des mois, ils vont progressivement devenir autonomes. En mettant un peu de distance entre eux et vous, vous leur permettez d'être davantage responsables et vous vous donnez à vous-même la possibilité de vous épanouir en dehors de votre rôle de mère.

Les préadolescents et l'argent

Les enfants de 10-13 ans demandent fréquemment de l'argent à leurs parents. C'est une attitude caractéristique de cette tranche d'âge qu'il faut donc davantage relier à la préadolescence qu'à la reprise d'une activité salariée.
Ils commencent à comprendre que l'argent est un élément d'échange important entre les individus. Ils se rendent également compte qu'il s'agit d'un marqueur social important (« T'as vu, le père de Théo a trois motos... ils ont beaucoup d'argent... ils ont de la chance »). À cet âge, les phénomènes de mode, de marques sont prédominants. Au travers des vêtements signés Reebok, Adidas, Levis, par exemple, ils essaient de ressembler à tel ou tel personnage marquant (un leader de groupe, par exemple) de leur entourage immédiat. Porter les mêmes habits leur donne le sentiment de s'en rapprocher ou d'appartenir à une tribu. Ce mécanisme n'est pas nouveau même si la mise en forme est un peu différente de ce que nous avons nous-mêmes connu. En effet, l'image étant actuellement prédominante sur le récit, les systèmes d'identification s'étayent encore plus qu'avant sur des signaux visuels (marques de vêtements, coupe de cheveux...) plutôt que sur des valeurs morales.

Quand faut-il leur parler de budget ?

Lorsqu'ils approchent des 10-11 ans, il est souhaitable que vous abordiez tous ensemble (y compris avec le papa) la question du budget. Vos enfants doivent comprendre que celui de la famille n'est pas extensible, qu'il y a des postes incontournables (le loyer, la nourriture, les quittances de téléphone, d'électricité...) et d'autres plus saisonniers (budget vacances, garde-robe, spécial

« Noël »...). À cet âge, ils manipulent bien les mécanismes de la soustraction et de la division. Vous pouvez donc, si nécessaire, leur faire une petite démonstration crayon à la main. Ils devraient rapidement comprendre que chacun a sa part. Le but de la manœuvre est encore de leur faire admettre que vous ne pouvez accéder à toutes leurs demandes. Et, si vous avez tendance à craquer un peu trop facilement, rappelez-vous qu'un budget familial doit être transparent. Il est donc nécessaire de consulter, ou au moins d'informer, le père quand il s'agit de dépenses un peu conséquentes. Surtout, gare aux cachotteries qui vous rendent complice !

Que faire quand ils demandent un jouet, un vêtement... ?

Cédez de temps en temps dans des occasions précises mais pas de systématisme ! Un cadeau doit marquer un événement particulier. Sinon, vous risquez d'être très vite considérée comme le distributeur de jeu et d'argent... et les sollicitations seront permanentes et sans limites (voir chapitre 14 *Tous les samedis, jour des courses, ils me réclament des jouets*).

L'argent de poche : quand ? Comment ?

Vers 10-12 ans, vous pouvez commencer à leur attribuer régulièrement (par quinzaine ou une fois par mois) un budget. Précisez que cet argent va leur permettre d'acheter ce qu'ils souhaitent (revues, CD, vêtements), qu'ils devront attendre parfois plusieurs mois avant de réunir la somme pour acheter, par exemple, la doudoune de leurs rêves. Dans les faits, cela ne vous empêchera pas de rallonger un peu s'il s'agit d'un achat qui vous semble légitime et raisonnable. Si possible, versez ce budget sur un

compte qui permet une mise à distance naturelle et offre la possibilité d'anticiper, de faire des projets. Ainsi, avant toute opération, il est possible de s'accorder le temps de la réflexion. Expliquez ensuite à vos enfants que vous allez, dans un premier temps, les aider à gérer ce compte mais qu'il leur appartient bel et bien. À vous ensuite d'utiliser vos talents de médiateur pour ne jamais les contraindre mais simplement les guider.
Lorsque ce fonctionnement est adopté, l'argent n'est alors plus ressenti comme une récompense (ou une carotte) et le chantage affectif ne peut plus fonctionner. De plus, il permet une entrée progressive dans le monde des adultes.

14

Tous les samedis, jour des courses, ils me réclament des jouets

À chaque fois que vous emmenez vos enfants avec vous en courses, c'est toujours la même comédie ; ils veulent un jouet... et vous cédez en vous disant : « Déjà qu'ils ne me voient pas de la semaine... »

Ils vivent dans l'illusion de pouvoir tout posséder

Vos enfants sont encore jeunes et vous avez quelques difficultés à refréner leurs envies. Ils veulent détenir immédiatement tout ce qui les attire et vivent dans l'illusion que rien ne peut s'y opposer. Alors, lorsque vous faites barrage à leurs désirs immédiats, ils ont bien du mal à le comprendre et manifestent bruyamment leur indignation. Ils vous disent que vous êtes méchante, se mettent à crier, pleurer et vous incitent au marchandage...

« Déjà qu'ils ne me voient pas de la semaine... alors, si en plus je dois les priver... »

Vous craquez fréquemment, même si vous n'êtes pas toujours convaincue de bien faire. Mais, si vous cédez si facilement, c'est en grande partie parce que vous vous culpabilisez de ne pas être une mère aussi présente que doit l'être, selon vous, une « bonne mère ». Alors, pour compenser, vous accédez à leurs désirs. Vous n'avez peut-être pas non plus envie que ces moments de vie vraiment partagée soient teintés de mauvaise humeur, de pleurs ou de rancœurs. Que ce soit autour de la table familiale, au moment où ils doivent s'habiller... vous œuvrez pour que la fluidité des rapports soit totale, quitte à prendre en charge (ou sur vous) pas mal de choses dont ils pourraient très bien s'acquitter. Mais vous faites fausse route.

Ce n'est certainement pas en accédant à tous leurs désirs que vous donnerez à vos enfants une image de mère aimante, disponible, douce et sécurisante. La castration est un passage incontournable de l'éducation des enfants... à condition, bien sûr, qu'elle ne soit pas commandée pas un mouvement d'humeur. Un monde dans lequel tout est possible n'est pas un monde réel. Vous savez bien aussi, par expérience, qu'un jouet acquis un jour est aussitôt délaissé le lendemain.

Quand donner, c'est réparer...

Offrir un cadeau doit toujours avoir un sens. Cet acte peut célébrer un événement important de la vie de l'enfant comme un anniversaire, des retrouvailles, Noël ou encore récompenser un effort, une performance enfin atteinte...

Répondre systématiquement à leurs demandes correspond au même mouvement que celui qui consiste à les gaver de nourriture pour se convaincre qu'ils ne manquent de rien. Or, il ne faut jamais oublier que c'est le manque qui fait naître le désir.

Donner abondamment, c'est encore refuser de les sevrer ou chercher à vous faire pardonner votre absence en compensant.

Si vous vous sentez coupable de ne pas satisfaire totalement vos enfants, ne serait-ce que parce que vous n'êtes pas toujours près d'eux physiquement, rappelez-vous qu'il est de votre devoir de parent de les frustrer pour les « humaniser ».

S'ils ne connaissent pas le refus, l'opposition, l'attente... vous risquez de fabriquer des adultes tyranniques, incapables de tisser des liens satisfaisants avec les autres. Voulant toujours tout posséder, leur vie sera impossible à vivre.

Quelques règles pour ne pas craquer tous azimuts

– Demandez au papa de vous aider en vous rappelant, régulièrement, les règles que vous vous êtes vous-même fixées, à savoir un cadeau dans telle ou telle circonstance...
– Si vous avez défini un budget pour le trimestre, expliquez-leur qu'ils disposent de 200 F avec lesquels ils peuvent acheter 2 cassettes vidéo, 4 petites voitures, 5 livres... Cela leur permet d'approcher très concrètement la notion de valeur des choses (voir chapitre 13 *Depuis que j'ai repris le travail, mes enfants me demandent sans cesse de l'argent de poche*).
– Un désir se mûrit. « Pour ton anniversaire, qui est dans un mois, as-tu réfléchi à ce qui te ferait plaisir ? » Vous pouvez, ensemble, consulter les catalogues de jouets, aller faire une petite visite au magasin du quartier... Si ses souhaits sont démesurés, vous pouvez lui expliquer que ce n'est pas possible de tout avoir d'un coup mais que, en revanche, il peut demander ce beau circuit (ou cette belle poussette) pour Noël. Cette démarche constitue un travail éducatif intéressant puisque l'enfant va apprendre à planifier.

15

« Même quand tu es à la maison, tu ne prends jamais le temps de m'écouter »

Il ne se passe pas trois jours sans que votre petit Jérémy, 7 ans, se plaigne de votre manque de disponibilité. C'est vrai qu'après une journée de travail, vous ne lui consacrez que très peu de temps.

La réalité, c'est quoi ?

□ Pour vous

Vous avez un travail qui vous tient éloignée de votre domicile pendant une bonne partie de la journée. Et si vous avez une activité professionnelle, c'est que vous l'avez choisie – votre équilibre en dépend – ou (et) que votre salaire est bien nécessaire, voire indispensable, au bien-être et au confort de votre famille. Personne ne peut vous le reprocher. Mais, et vous en convenez facilement, votre disponibilité n'est pas celle d'une maman qui reste à la maison. Et c'est ce que vous rappelle un peu chaque jour, à sa façon, votre petit garçon.

□ Pour votre enfant

Si des livres, des jouets, des vêtements lui sont nécessaires pour s'épanouir... il lui faut aussi votre attention et votre écoute. Se sentir compris et aimé est essentiel à son équilibre. En effet, comme tous les enfants, il a besoin de se raconter et peut se montrer très sensible aux menus détails du quotidien (un sourire, une moquerie, une partie de billes qui a mal tourné...). Bref, tout incident, même anecdotique à vos yeux, peut avoir pour lui une réelle importance et c'est grâce au partage de ces petits événements quotidiens que votre enfant apprend à franchir chaque jour de nouvelles étapes affectives dans une certaine sérénité.

Pourquoi faut-il lui donner de votre temps ?

Parce qu'il aura, de cette façon, la certitude d'avoir de l'intérêt à vos yeux et que, du coup, il en aura aux siens. Il prendra de l'assurance.
Surtout ne faites pas l'erreur de croire qu'en ne prêtant que très peu d'attention à ses apparents petits soucis, votre enfant s'en sortira plus armé pour la vie. Au contraire, il pourrait renoncer à les exprimer par des mots, s'emmurer dans le silence et, par la suite, présenter toutes sortes de troubles du comportement ou tomber malade de façon répétitive.

Maintenant, posez-vous les bonnes questions

Lorsque vous étiez petite fille, avez-vous eu l'impression d'être entendue, prise en compte, parfois consultée pour les décisions concernant la famille, l'école, les loisirs ? Si oui, pourquoi ne pas faire vivre la même situation à votre enfant ? Si vous avez vous-même pu ressentir les effets positifs d'une telle attitude parentale, prenez votre expérience en compte et transmettez cette confiance indispensable pour aller vers les autres, affronter les copains mais aussi, plus tard, le monde du travail. Cela ne peut se faire que si vous lui accordez suffisamment de temps pour qu'il comprenne qu'il est digne d'intérêt à vos yeux et que ses paroles sont entendues.

Si vous n'avez pu bénéficier d'un tel soutien, vous n'avez sans doute pas oublié les grands moments de solitude que vous avez traversés pendant votre adolescence. Alors, aujourd'hui, essayez de ne pas reproduire cette attitude avec votre enfant. Peut-être vous dites-vous qu'à force d'être dans le silence de votre mère, vous vous êtes construite toute seule ? C'est, sans doute, la voie que vous avez trouvée mais votre enfant n'est pas votre double. En effet, il a peut-être encore plus besoin de vous que vous n'avez eu besoin de votre mère.

Comment être plus présente ?

– Cela passe par une organisation quotidienne, l'acceptation d'être vous-même et différente de votre propre mère dans le cas où elle ne vous aurait pas accordé suffisamment de son temps.

– Parlez à votre enfant, dites-lui que vous voudriez faire mieux et que vous allez vous y astreindre mais que ce n'est pas facile parce que vous n'avez pu, vous-même, bénéficier de ce type de présence. Dites-lui : « Je ne sais pas comment être mère avec toi mais je vais apprendre à être attentive comme tu me le demandes et je compte aussi un peu sur toi pour m'y aider. »

– Rappelez-vous que vous n'êtes pas seule à élever votre enfant. Son père peut vous venir en aide ou bien jouer le rôle d'intermédiaire si vous n'osez pas (ou ne pouvez pas) affronter dès maintenant cette situation.

16

« Tu ne viens jamais me voir jouer au foot le samedi alors que tu es libre »

Chez vous, l'emploi du temps du samedi après-midi est réglé comme du papier à musique. Pendant que votre compagnon dépose votre fils au club de foot pour ensuite filer à son cours de tennis, vous en profitez pour faire vos courses. Mais votre enfant ne l'entend pas de cette façon... Il aimerait que vous assistiez de temps en temps à ses matchs.

Le foot, ce n'est pas votre tasse de thé

La perspective de vous retrouver deux heures dans les courants d'air pour assister à un match qui ne vous fait ni chaud ni froid ne vous emballe pas plus que ça. Et c'est *a priori* une bonne raison pour ne pas y assister, à ceci près que le problème posé par votre fils ne concerne pas vos goûts mais plutôt les siens et le plaisir qu'il peut éprouver à la perspective de vous savoir sur les gradins au moment où se joue, pour lui, quelque chose d'important. Alors évitez de lui rétorquer qu'il s'agit là d'un truc de mecs puisque c'est en tant que mère, et non en tant que femme, qu'il vous interpelle.

Pourquoi tient-il tellement à ce que vous veniez le voir ?

S'il a choisi ce sport, c'est parce qu'il lui procure beaucoup de plaisir. Il est content de retrouver des copains (peut-être d'autres garçons que ceux de l'école) autour d'un projet commun, de faire partie d'un groupe qui lui permet, aussi, de s'identifier à des champions. À cette période de sa vie, il est en quête d'identité virile, de repères et de limites, et ce sport, par sa nature et par les images qu'il véhicule, répond très bien à cette attente.
Cette activité lui permet aussi de rencontrer d'autres adultes, d'apprendre avec d'autres méthodes, autant de paramètres qui élargissent ses compétences et son mode relationnel.
Assister à un match, c'est reconnaître son choix, le cautionner. Votre enfant l'entend comme une approbation de ses goûts et donc de sa personnalité : il en sort valorisé et très motivé. Votre présence lui donne encore plus envie de gagner parce qu'il souhaite justement que vous soyez fière de lui. De plus, vous lui montrez de cette façon que vous ne vous souciez pas seulement de ses résultats scolaires mais, plus largement, de l'épanouissement de sa personnalité.

Que faire

Répondre de façon positive à son invitation même si cela ne déclenche en vous qu'un enthousiasme modéré. Pour autant, il n'est pas question que vous soyez présente tous les samedis. Si vous lui proposez de venir une fois par mois, cela suffira sans doute. Vous pouvez aussi établir un roulement avec votre compagnon qui, même s'il est occupé de son côté, peut sans doute s'organiser en conséquence.

17

Depuis que je travaille à la maison, mes enfants me reprochent d'être encore moins disponible qu'avant

Vous pensiez pouvoir mieux concilier vie familiale et vie professionnelle en exerçant votre métier à domicile et, résultat des courses, votre entourage et notamment vos enfants se plaignent de cette nouvelle organisation.

Travailler chez soi, *a priori*, c'est bien parce que...

– Vous avez moins votre patron sur le dos.
– Vous êtes moins exposée aux petits tracas et bavardages résultant de la promiscuité (« Elle est tout le temps en train de fumer... elle n'arrête pas d'ouvrir la fenêtre sans nous demander notre avis, ça doit être la ménopause... »).
– Vous êtes moins interpellée pour juger de telle ou telle situation ou pour prendre parti pour l'un ou pour l'autre.
– Vous travaillez dans une ambiance plus calme et vous êtes, *a priori* encore, moins souvent dérangée inutilement.
– Votre temps de transport est réduit à néant et les frais qui y sont liés aussi.
– Vous aménagez vous-même vos horaires. Si, un matin, vous avez besoin de démarrer une demi-heure plus tard, cela ne dépend que de vous et si vous voulez récupérer vos enfants de temps en temps à la sortie de l'école, c'est possible.

Dans la réalité, ce n'est pas aussi rose parce que...

– Les enfants, mais aussi les adultes, ont souvent du mal à comprendre que votre présence dans la maison ne va pas de pair avec votre capacité à être attentive à eux. Il n'est pas toujours facile de leur faire comprendre cette nuance, évidente pour vous mais subtile pour eux. Ils peuvent vous solliciter à tout bout de champ pour arbitrer tel ou tel conflit (et vous le faites contrainte et forcée pour pouvoir continuer à travailler dans le calme) ou pour essuyer des larmes auxquelles il est bien difficile de résister.
– Il est difficile de dissocier vie familiale et vie professionnelle. Par exemple, lorsque le téléphone sonne à l'heure du dîner, il est plus facile de dire à son interlocuteur qu'on le rappelle dans un petit moment si c'est un ami ou un membre de la famille que s'il s'agit d'une relation professionnelle. *A contrario*, quand vos amies vous appellent alors que vous êtes en plein travail, il vous faut leur faire comprendre avec une certaine insistance qu'elles n'appellent pas au bon moment. Et elles n'apprécient pas toujours !
– Vous cédez plus facilement à la culpabilité. Si vous estimez que votre charge de travail est trop lourde, vous le direz avec d'autant moins de facilité que vous travaillez chez vous. Après tout, comme personne ne vous voit, nul ne peut vérifier vos dires. Et puis, vous pensez forcément, surtout si vous avez obtenu de votre employeur l'autorisation de travailler chez vous, que vous ne pouvez pas vous plaindre puisqu'il vous a déjà fait une fleur...
– Vous travaillez un peu tout le temps. Très tôt le matin mais aussi très tard le soir... au risque de faire l'impasse peu à peu sur votre vie conjugale.
– Vous devez montrer une organisation sans faille ; en clair, délimiter des créneaux horaires et vous y tenir. Il vous faut encore établir des règles (vous ne me dérangez sous aucun prétexte sauf en cas d'incendie, d'inondation... pour le reste vous voyez avec la

baby-sitter ou on en reparlera ce soir, à la fermeture du bureau, vers 18 h 30...) et les faire respecter avec fermeté.
– Vous n'avez plus certains sas de décompression comme le trajet domicile bureau sauf s'il durait deux heures et se faisait dans des conditions épouvantables.
– Vous pouvez avoir tendance à vous laisser aller : « À quoi bon me maquiller puisque personne ne me voit » ou... « Après tout je suis plus à l'aise dans ces vieilles babouches. » Imaginez la scène...

Comment faire pour que cela fonctionne bien

– Si vos enfants ont du mal à admetttre que vous soyez présente sans être disponible, vous pouvez leur exposer les avantages pour eux de cette nouvelle organisation du travail : « Si je ne suis pas dérangée, cela me permet de travailler plus vite et de me libérer du temps pour aller vous chercher à l'école... je peux m'accorder une pause quand je veux, par exemple pour vous accueillir, goûter ou discuter un quart d'heure avec vous lorsque vous rentrez »...
– Vous devez vous-même bien différencier vie familiale et vie professionnelle. Et donc, par exemple, faire installer une seconde ligne téléphonique avec répondeur pour les moments que vous réservez à votre famille. Si possible, travaillez dans un coin de la maison où vous risquez le moins d'être dérangée. C'est encore mieux, si vous pouvez disposer d'une chambre de bonne ou d'une dépendance de la maison.
– Veillez à ne pas dépasser certaines limites. Par exemple, vous dire que travailler le soir pour boucler un dossier doit rester exceptionnel.
– Faites régulièrement un point pour vérifier que vous tirez toujours avantage de la situation. Parfois, quand on le peut, il est préférable de revenir à l'ancien système.

18

Il voudrait un chien pour lui tenir compagnie pendant la journée

Votre enfant est parfois seul à la maison ou tout simplement enfant unique. Il rêve d'avoir à ses côtés un petit compagnon à poils. Est-ce une bonne solution ?

Pourquoi en veulent-ils tous un, un jour ?

Un animal domestique peut devenir un pôle affectif non négligeable puisqu'il permet à l'enfant de le caresser (des recherches ont démontré que ce simple geste avait pour effet de diminuer la tension artérielle, de ralentir le rythme cardiaque et de réduire l'anxiété), de s'en occuper et de jouer... mais aussi de projeter sur lui des sentiments de haine et d'amour. Il représente encore une présence stable à la maison, autour de laquelle tous les membres de la famille gravitent. Enfin, il fait souvent office de confident. Votre enfant peut lui livrer ses petits secrets ou ses gros chagrins. D'autres travaux ont démontré que les petits propriétaires d'animaux exprimaient plus facilement leurs émotions dans la mesure où ils étaient habitués à le faire avec leur chien, chat...

Mise en garde !

Votre enfant n'est-il pas en train de faire vibrer la fibre affective, en d'autres termes, d'utiliser certaines circonstances (vous travaillez) pour faire basculer la décision de son côté ? Si vous ne pouvez le soupçonner d'une telle stratégie (il est trop jeune...), demandez-vous alors ce qui motive sa demande. S'il vous dit qu'il se sent souvent seul, essayez de trouver ensemble des solutions : un petit copain peut passer de temps en temps... avec une autre maman, vous pouvez établir un roulement... solliciter encore plus largement la baby-sitter, une grand-mère, en leur demandant de lui proposer des activités... Accueillir un animal n'est pas forcément la seule et unique solution (même si votre enfant ne voit que celle-là) d'autant qu'elle implique de nombreuses contraintes...

Vous hésitez et vous avez raison

Tous les vétérinaires vous le diront : accueillir un animal chez soi nécessite un minimum de réflexion. Cela ne doit pas se faire sur un coup de tête et vous ne pouvez considérer l'animal en question comme un quelconque cadeau que vous feriez à votre enfant. En effet, avant de vous décider, vous devez bien avoir à l'esprit qu'il faudra vous en occuper. Non seulement l'éduquer (ce qui nécessite une bonne dose de patience), mais aussi le nourrir, le sortir, parfois le soigner, le faire vacciner, l'assurer... et tout cela pour de nombreuses années.
Êtes-vous prête à vous imposer des contraintes supplémentaires ? Ne vous dites-vous pas souvent que vous avez une vie de fous ? Pas assez de temps à consacrer à votre famille et surtout à vous-même ?
Votre logement est-il assez vaste ? Serez-vous assez souple pour

respecter ses rythmes et ne pas lui imposer systématiquement les vôtres ? Enfin, êtes-vous vraiment tous prêts à lui faire une place ?

Que dire à votre enfant ?

– Si vous n'y voyez pas d'inconvénient, précisez-lui bien qu'il devra s'en occuper un minimum. S'il n'est pas question qu'il prenne tout en charge (il est très jeune et cela pourrait devenir pour lui une source d'anxiété), il doit néanmoins s'acquitter de quelques tâches comme participer à l'élaboration de sa pâtée ou le brosser de temps en temps à condition que l'animal soit docile. Tous les spécialistes le disent : un enfant ne peut réellement bien s'occuper d'un animal avant 10 ans. Vous veillerez aussi à ce qu'il respecte son animal. Tout un apprentissage !
– Si vous n'y êtes vraiment pas favorable (vous sentez par exemple qu'un chien pourrait être une source de tension supplémentaire), exposez clairement à votre enfant les raisons qui vous conduisent à ne pas accéder à sa demande. Il doit comprendre qu'un animal n'est pas un jouet et que son accueil nécessite l'approbation de toute la famille. Ceci dans l'intérêt de tous, y compris celui du chien. Il ne peut, par exemple, jouer le rôle de catalyseur des conflits (exemple : « C'est à ton tour de le sortir... de toute façon, c'est toujours pareil, c'est moi qui fais tout dans cette maison... »).
– Vous pouvez encore opter pour une troisième solution qui consiste à lui proposer un cobaye, un lapin nain ou un hamster, *a priori* moins contraignant. Dans cette situation précise, certains vétérinaires déconseillent l'accueil d'un chat qui peut ne pas apprécier les sollicitations répétées d'un enfant très en demande. Le chat est un animal indépendant qui passe les deux tiers de son temps à dormir.

19

Le soir, j'ai parfois la hantise de rentrer à la maison

À peine avez-vous eu le temps de décompresser de votre journée de travail que vous voilà happée joyeusement, et parfois vigoureusement, par vos enfants. Cet accueil ne vous séduit qu'à moitié. En effet, vous savez que, jusqu'au coucher, vous allez vous livrer à une course folle et sans doute encore vous énerver à propos de trois fois rien.

Comment canaliser leur besoin de communiquer

Au cours de la journée, vos enfants ont emmagasiné toutes sortes d'émotions. Ils ont besoin de les déverser le soir lorsque vous rentrez. S'ils ne vous sentent pas prête à les écouter, il est fort possible qu'à la longue ils se lassent et se retranchent dans le silence. Pour éviter cela, et bien d'autres problèmes à l'adolescence (voir chapitres 27 *Je ne comprends pas pourquoi il m'évite quand je rentre* et 26 *Julien, 14 ans, passe le week-end seul dans sa chambre...*), à vous de trouver un petit moment pour qu'ils le fassent dans une certaine détente (voir chapitre 11 *Quand je rentre le soir, ils me sautent dessus*).

Comment désamorcer cette situation dans laquelle vous vous enlisez...

De façon à vous énerver le moins possible, vous avez tout intérêt à effectuer un savant tri entre ce qui, parmi les tâches à accomplir, vous revient et ce qu'une autre (la baby-sitter, la nounou...) peut très bien effectuer à votre place. Par exemple, vous pouvez exiger qu'à votre retour les devoirs soient faits, la douche prise et le couvert mis. Vous n'aurez alors plus qu'à passer à table et à faire de ce rendez-vous un moment aussi riche que possible où chacun parle à son tour (un véritable apprentissage !), où chacun respecte des règles précises qui ne coupent pas la communication et qui instaurent un vrai respect (on ne sort pas de table en cours de repas, on mange proprement... si on a terminé avant les autres, on attend la suite sans dire quinze fois « j'ai fini »...). De votre côté, évitez à ce moment-là d'engager avec votre compagnon une discussion autour de vos problèmes de travail. Vos enfants se sentiraient exclus et trouveraient que vous n'êtes pas assez disponible pour eux (et ils auraient raison !). Différez cette conversation à plus tard, dans la soirée, quand ils seront couchés. Vos enfants savent très bien faire le distinguo entre présence physique et présence psychique. Vous devez vous sentir disponible dans votre tête avant de pouvoir l'être dans les faits, c'est-à-dire mettre provisoirement entre parenthèses les aléas de votre vie professionnelle.

– Si vous rentrez après leur repas, asseyez-vous pour un temps donné dans un fauteuil et écoutez-les. Ce conseil, apparemment tout simple, s'il s'inscrit en tant que véritable rituel dans votre vie et dans la leur, peut fonctionner comme un défouloir. Certaines l'ont expérimenté... et ça marche.

– Ne soyez pas trop rigide sur les heures du coucher : une fois de temps en temps, ils peuvent se mettre au lit une demi-heure plus tard pour avoir le temps de discuter. Cela ne mettra pas en péril leur scolarité. Et, surtout, adoptez le principe d'un moment immuable à passer avec vos enfants.

– Faites de cet instant un moment de qualité en barrant tout ce qui peut le perturber. Laissez le téléphone sonner ou branchez le répondeur sinon vous risquez très vite de manquer ce rendez-vous.

– Soyez convaincue que cette situation peut trouver une issue heureuse, car, si vous vous répétez sans cesse le contraire, vous avez toutes les chances de garder la tête dans le guidon.

Et pendant ce temps que fait le papa ?

Si votre compagnon rentre peu de temps après vous, ou juste avant, vous devriez trouver ensemble une organisation qui vous allège et qui vous permette d'établir un roulement entre vos enfants.

En revanche, s'il rentre très tard, par exemple au moment où vous couchez les enfants, une vraie discussion avec lui s'impose. Non que vous mettiez en doute la légitimité de son retard tardif (quoique certains hommes traînent plus ou moins volontairement au bureau en attendant que le coup de feu soit passé à la maison...), mais parce que vous avez besoin d'exprimer votre détresse : vous ne pouvez pas tout porter seule.

20

Entre mon mari et mes enfants, c'est tous les soirs la guerre. J'ai beau m'interposer, ça ne fait qu'empirer

Vous vous êtes répartis les rôles. Lui s'occupe du travail des grands pendant que, vous, vous jonglez entre la préparation du dîner et le petit dernier. Mais, très vite, dans l'autre pièce les pleurs succèdent aux cris. Vous intervenez... sans grand succès.

Pourquoi c'est toujours la même histoire ?

Les enfants n'obéissent pas par plaisir aux interdits parentaux. Ils essaient de trouver un compromis entre leur mouvement pulsionnel (« Je veux accéder à mon plaisir et rien ne m'arrêtera ») et les limites posées par les adultes. Pour qu'ils cessent leur quête de plaisir, ils doivent être stoppés de façon claire et définitive.
Si l'interdit n'est pas explicitement formulé, ils reproduisent la situation tant qu'ils ne se voient pas freinés dans leurs pulsions. Ils essaient, à travers la répétition, de trouver une réponse qui pourrait les apaiser puisque l'absence de limites les angoisse.
Si vous intervenez pour calmer le jeu, nuancer, revenir en arrière... vous venez d'une certaine façon contrer l'autorité de votre compagnon. Et, lorsque les enfants ressentent un désaccord entre vous, si minime soit-il, ils s'engouffrent dans cette faille pour avoir gain de cause. Mais, si vous contournez l'autorité du père, il ne peut pas être reconnu comme garant de la loi et vos enfants ne

peuvent pas intégrer des limites fiables. En pensant éviter que le conflit ne s'amplifie, vous ne faites que le différer. Le lendemain soir, la même situation se reproduira.
Vous courez un autre risque et non des moindres : au travers de vos interventions, vos enfants perçoivent que vous ne faites pas figure d'autorité. Ils risquent, à terme, de ne plus vous respecter.
Votre attitude a peut-être un lien avec votre histoire personnelle. En effet, elle caractérise souvent les personnes qui ont, au cours de leur enfance, été tiraillées entre une mère très permissive et un père plutôt sévère.

Une réorganisation s'impose

Demandez à la personne qui assure le relais entre l'école et votre retour du travail de commencer les devoirs avec vos enfants. Ils auront l'esprit disponible pour ce type d'activité et encore en mémoire les notions découvertes au cours de la journée. Ainsi en 30 ou 40 minutes, tout devrait être réglé. Si vous procédez ainsi, vous n'aurez alors plus qu'à jeter un œil sur les cahiers vers 19 h 30.
S'ils attendent votre retour pour se mettre à l'ouvrage, ils risquent d'être plus fatigués et donc moins aptes à supporter les contraintes. Vous les retrouverez alors dans les pires conditions et vous risquez de créer un blocage.

Quelques lignes de conduite à adopter... absolument !

– Respecter la position de l'autre parent devant les enfants quitte à en reparler plus tard hors de leur présence.
– Ne jamais décider seul si on pense que l'autre ne sera pas forcément d'accord. La parole doit circuler entre le père et la mère.

Dites : « On en discutera ce soir quand votre père sera rentré. » Les enfants se rendront compte que l'autorité est partagée et que les décisions sont prises par les deux parents. Cette attitude est rassurante puisqu'elle leur permet de trouver leurs limites.

21

« C'est toujours avec papa que tu passes le plus de temps et comme tu n'en as déjà pas beaucoup... »

Vous n'y croyez pas ! Votre fille a le front de vous reprocher d'être la cinquième roue du carrosse alors que vous avez le sentiment d'avoir parfois sacrifié votre couple pour son bien-être...

Son reproche pourrait être entendu si...

– À peine rentrée du travail, vous vous apprêtiez plusieurs soirs par semaine à ressortir en la laissant aux bons soins d'une baby-sitter.
– Vous partiez régulièrement en week-end avec votre compagnon en la confiant tour à tour à ses grands-parents, à des amis...
– Vous preniez régulièrement et fréquemment des vacances sans elle.
Votre enfant pourrait alors éprouver une certaine jalousie étayée sur le sentiment de n'accéder que rarement au partage de moments agréables avec vous. Elle pourrait donc se sentir de trop dans votre vie, exclue et même pas vraiment désirée.
Autant il est nécessaire qu'un couple s'organise régulièrement des petits tête-à-tête (sorties nocturnes, week-ends prolongés, une semaine de vacances dans l'année...), autant un enfant a besoin de se retrouver en famille surtout quand ses deux parents travaillent. Dans le cas contraire, les conséquences peuvent être graves

pour lui. En effet, quand la situation leur devient vraiment insupportable, cela peut se traduire par une mise en danger de leur personne (échec scolaire, dépression, tentative de suicide...) comme pour dire : « Attention à moi... je suis là... »

Bien souvent, il ne s'agit que d'une impression très subjective

Parfois, il ne suffit que d'une seule sortie (surtout si vous ne les avez pas habitués depuis qu'ils sont tout petits) pour déclencher une vive réprobation de leur part. Si tel est le cas, il est temps de redresser la barre.
– Ne les laissez jamais supposer qu'ils ont raison et que votre place est plus à leurs côtés qu'auprès de votre compagnon.
– Ce n'est pas à eux de vous dicter votre conduite. Si vous avez du mal à leur faire entendre cela, demandez à votre conjoint de vous aider dans cette démarche et faites-leur comprendre que vous avez besoin d'exister non seulement en tant que parent mais aussi en tant que femme, compagne... Ils risquent d'éprouver un sentiment de frustration mais celui-ci est nécessaire dans la mesure où il permet à chacun de se repositionner en tant qu'enfant, frère, sœur, père, mère... En clair : cette démarche permet d'éviter que ne s'installe une annulation des générations.
– Faites-leur entendre qu'ils n'ont pas toujours leur place dans les discussions d'adultes et qu'il est pour cela nécessaire que vous vous retrouviez parfois sans eux. En effet, quand il s'agit d'héritage, de relations familiales, de déménagements, d'orientations professionnelles, il est toujours préférable d'en discuter d'abord entre adultes avant d'en parler aux enfants. S'il ne faut pas pour autant les tenir éloignés trop longtemps de ces préoccupations (ils devinent très vite et le non-dit peut être encore plus perturbant que la réalité) mieux vaut ne leur exposer le contenu de vos échanges que lorsque vous avez déjà défini quelques lignes de conduite

ou pris certaines décisions. En effet, ils n'ont pas à assister à des discussions qui sont le plus souvent source de tensions puisque chacun expose son point de vue, qui s'oppose parfois radicalement à celui de l'autre. Ces échanges houleux peuvent être source d'anxiété et d'insécurité.

– Ne leur laissez jamais croire que vous êtes entièrement disponible pour eux dès que vous vous êtes délestée de vos obligations professionnelles. Cela reviendrait à créer l'illusion que votre vie n'a de sens qu'avec eux. Or, c'est néfaste pour eux comme pour vous puisque, un jour ou l'autre, vos enfants quitteront le nid familial et, si vous n'avez pas créé une vie de couple suffisamment soudée, il y a fort à parier que vous vivrez un réel désarroi. Vous ne comprendrez pas comment ils ont osé vous quitter alors que vous avez tout fait pour eux.

Leur faire vivre le manque, c'est éviter de créer un lien aliénant et culpabilisant entre vous.

22

« Avec ton travail, tu n'as jamais le temps de m'accompagner pour m'acheter des vêtements »

Vous êtes une femme plutôt bien organisée. Lorsqu'à l'heure du déjeuner, vous avez un peu de temps, vous en profitez pour acheter les vêtements de votre petite famille. Vous vous évitez ainsi, le samedi, la corvée des magasins. Mais votre fille âgée de 10 ans ne semble plus satisfaite des choix que vous faites pour elle... Elle voudrait des marques et préférerait que vous fassiez les boutiques ensemble.

Ses goûts s'affirment

En matière vestimentaire, une compétition existe entre les préadolescents et les adolescents. Les seconds arborent des vêtements très mode, et si possible de marque, tandis que les premiers se soumettent encore au choix de leurs parents. Néanmoins, ils pressentent que, pour rallier le clan des grands, ils devront s'approprier leurs signes de reconnaissance. Ainsi le goût prononcé de leurs aînés pour les marques correspond à la nécessité pour eux d'avoir un code commun qui les relie les uns aux autres (à un groupe socioculturel). Il s'agit d'un signe identitaire un peu comme une seconde peau. Et, *a contrario*, ils estiment que ne pas en porter du tout peut les en écarter. Attention, cela ne signifie pas pour autant qu'il faille systématiquement combler tous leurs désirs.

Comment satisfaire sa demande sans céder systématiquement

Plutôt que de lui opposer un non franc et massif ou lui dire qu'à votre époque vous vous contentiez de ci ou ça (vous risquez de passer pour une vieille rabat-joie), commencez par vous rendre avec elle dans les magasins en lui disant que, dans un premier temps, vous allez faire un repérage.

Attirez alors son attention sur les prix, faites-lui comparer la qualité des différents articles (il y a fort à parier qu'à qualité égale le produit griffé soit 25 % plus cher...). Expliquez-lui que la différence correspond à une, deux, trois heures... de travail et qu'acheter la totalité de ces vêtements griffés reviendrait sur l'année à un budget équivalent à 1,2, 3... jours de vacances pour toute la famille. Bien sûr, il ne s'agit pas de la culpabiliser mais plutôt de lui faire comprendre que vous ne pouvez raisonnablement accéder à tous ses désirs.

En revanche, il vous est possible de la satisfaire en partie selon un rythme préétabli (un article de marque tous les deux mois ne dépassant pas telle valeur) ou de convenir ensemble d'un budget pour éviter tout conflit. Il peut être de 600 F par mois, argent de poche plus budget vêtement inclus (voir chapitre 13 *Depuis que j'ai repris le travail, mes enfants me demandent sans cesse de l'argent de poche*). En gérant elle-même son budget, elle va entrer de plain-pied dans la réalité. L'envie ne suffit pas toujours pour accéder à ce que l'on souhaite : il est parfois nécessaire d'économiser, d'attendre, de différer, de faire des choix... Ce sont même ces reports qui donnent de l'épaisseur au désir.

La revendication d'un moment de plaisir partagé

Par sa demande, votre fille exprime sans doute aussi le désir de prendre un peu de bon temps avec vous. Cette occasion peut être prétexte à aborder certaines questions plus affectives, voire intimes. Si tel est le cas, veillez à respecter l'attente de votre fille. Exprimez-vous si elle vous y invite. Par exemple, si elle vous parle de son petit copain, de leur relation, restez discrète et dites-lui qu'il s'agit là d'une expérience de vie qui lui appartient, sur laquelle elle n'a aucun compte à vous rendre. Si elle vous pose des questions, répondez-lui mais refrénez votre curiosité. Dialogue ne veut pas dire inquisition.

Lui laisser faire son choix : un exercice à proposer dès 6-7 ans...

En la laissant davantage choisir ses vêtements, vous lui permettez de développer son goût personnel. Les enfants devraient être initiés très jeunes à l'association des couleurs, des matières, des styles, des formes... Cet exercice leur éviterait certainement d'être plus tard aussi indécis que le sont la plupart des enfants habillés par leur mère jusqu'à l'âge de 20 ans.
Si les choix de votre enfant ne correspondent pas aux vôtres, acceptez-les, à condition, bien sûr, qu'ils ne soient pas aberrants. Dites-vous qu'il est normal que la différence des générations apparaisse de temps en temps au travers de la tenue vestimentaire. Quel mal y a-t-il, en effet, à construire son identité en se démarquant de la vôtre ?

23

Elle est trop jeune pour se maquiller... ou bien, à tout le temps courir, peut-être ne l'ai-je pas vue grandir ?

Quand votre fille Julie, 12 ans, sort de la salle de bains, elle essaie bien de se dérober mais vous ne pouvez que le constater une fois de plus : elle s'est maquillée alors que vous le lui aviez formellement interdit. Non, décidément, vous estimez qu'elle est bien trop jeune...

Se maquiller à 12 ans, est-ce normal, banal, inquiétant ?

C'est normal, banal mais surtout pas inquiétant. À cet âge, les filles se féminisent et recourent à toutes sortes de tactiques (maquillage, tenues vestimentaires, goûts littéraires...). Elles le font pour « asseoir » et préciser leur identité sexuelle. Dans le même temps, elles se tournent vers le monde des garçons, découvrent l'hétérosexualité, connaissent leurs premiers grands émois amoureux. Elles ont envie de se rendre désirables et d'être rassurées sur leurs capacités à plaire, à séduire. Cela ne signifie ni qu'elles passent à l'acte, ni qu'elles se mettent en danger, mais simplement qu'elles ont besoin de mieux se connaître. Et cela passe par ce type d'attitudes. Si vous les contrariez, elles risquent tout simplement de s'isoler, de rentrer dans leur coquille ou de s'opposer violemment et en toutes circonstances.

Pourquoi cela vous met-il dans tous vos états ?

Toutes sortes de sentiments peuvent vous agiter sans que vous en soyez pleinement consciente.

□ La nostalgie et une pointe de jalousie

– Vous ne l'avez pas vue grandir et vous refusez, d'une certaine façon, au travers de sa demande apparemment extravagante, son entrée dans l'adolescence.
– Vous sentez qu'elle s'éloigne de vous, que vous n'êtes plus aussi proche d'elle qu'avant. Hier encore, vous lui racontiez vos journées, vous choisissiez ensemble ses vêtements, vous la coiffiez avec attention...
– Vous vous rendez compte que vous n'êtes plus son seul modèle. Elle s'identifie maintenant à des stars. Les murs de sa chambre sont recouverts des posters de Mariah Carey... Et, bien sûr, vous vous demandez ce qu'elle peut bien leur trouver.
– Votre fille grandit, devient femme et vous vous sentez d'un coup vieillir. C'est un peu comme si elle vous volait une part de votre féminité. Vous n'êtes plus la seule femme de la maison et cela vous perturbe un peu.

□ La peur et l'incompréhension

– Vous craignez qu'elle se mette à aguicher les garçons, qu'elle n'ait pas de bonnes fréquentations.
– Vous ne comprenez pas son besoin de se maquiller puisque votre propre mère vous l'avait formellement interdit et que, finalement, vous avez quand même fait votre vie de femme. Mais, à bien y réfléchir, vous vous souvenez certainement que vous avez tout de même plutôt mal vécu cette période. Alors est-ce bien utile de reproduire la même situation avec votre propre fille ?

La bonne attitude

– Parlez-lui avec respect. Bridez votre vocabulaire : certains mots peu élogieux et inadéquats (« traînée », « petite allumeuse »...) ne doivent absolument pas être prononcés car ils risquent de la bloquer et même de provoquer une rupture dans votre relation mère-fille.
– Proposez-lui un accompagnement : « Si tu veux, samedi, nous irons compléter un peu ta trousse de maquillage. J'ai moi-même besoin de me racheter du mascara... » Si cela se présente (parfois dans les grands magasins, parfumeries...), assistez avec elle à une séance de maquillage.
– Si elle refuse, ne vous en offusquez pas et ne vous dites surtout pas qu'elle ne vous aime plus ou que vous ne comptez plus pour elle. Vous serez toujours sa mère. Elle a peut-être envie d'une intimité avec une autre personne que vous.
– Plus vous nuancerez vos propos et votre attitude et plus elle vous percevra comme une interlocutrice valable. Elle fera alors appel à vous quand elle en ressentira le besoin.
– Mieux vaut éviter de faire intervenir le père sur cette question et la régler entre femmes. Les papas aiment peut-être encore moins que les mamans voir leur fille s'exposer au regard des hommes.

24

« Tu n'as jamais pris le temps de me parler des règles, de la contraception, des MST... »

Grâce à une bonne organisation, vous avez pu mener de front vie professionnelle et vie familiale. Au fil des années, votre fille est devenue autonome. Mais aujourd'hui, elle vous reproche de ne pas lui avoir parlé suffisamment de tout ce qui touche à la sexualité.

Une manifestation classique de la puberté

Le corps de votre fille change et elle se pose aujourd'hui toutes sortes de questions. Elle souhaiterait pouvoir aborder ce sujet avec vous, non pas pour recueillir des informations techniques mais surtout pour être rassurée. Or, elle a le sentiment que la façon dont vous communiquez avec elle ne se prête pas à ce type de discussion et elle vous reproche, tout à coup, un manque de dialogue et d'écoute.

Elle pourrait en parler à ses amies mais elle n'ose peut-être pas discuter avec elles de sujets aussi intimes et ce qu'elle entend ou lit ne la satisfait pas totalement.

Elle a besoin d'échanger sur ce thème. Et, personne n'est mieux placé que vous, sa mère, pour lui parler des changements internes de son corps (apparition des règles...) et pour la valoriser : « C'est formidable, tu es en train de devenir une femme. » Cela n'interdit pas une petite mise à distance avec elle : vous n'avez pas à tout savoir de ce qu'elle ressent et elle doit apprendre à préserver un minimum son intimité. À ce moment de sa vie, vous devez aussi veiller à ce qu'elle n'ait pas le sentiment d'être un objet de curiosité pour son père.

Jusqu'à présent, vous n'avez pas vu l'utilité d'en parler

□ Plusieurs raisons à cela

– Vous vous êtes tellement investie dans votre travail et vous en retirez tellement de satisfactions personnelles (narcissiquement, vous êtes comblée) que vous passez un peu à côté de vos proches. Cela ne veut pas dire que vous ne les aimez pas, mais vous avez le sentiment de moins recevoir de gratifications en tant que mère qu'en tant que professionnelle.
– Peut-être avez-vous été éduquée dans l'idée que la sexualité était tabou si bien que vous n'évoquez pas davantage ce sujet avec votre mari ? Peut-être encore faites-vous partie de celles qui ont découvert la sexualité par elles-mêmes sans jamais en avoir parlé avant ?

Comment aborder la question avec vos enfants ?

Dès le plus jeune âge, il est important que toutes les parties du corps soient nommées. Dans la tête d'un enfant, ce qui ne porte pas de nom n'est rien.
Lorsqu'une petite fille prend visiblement du plaisir à toucher, à caresser son sexe, il est important que sa mère lui signifie clairement qu'elle l'a vue. Et qu'elle lui dise que, comme toutes les filles et comme toutes les mamans, elle connaît elle aussi ce type de plaisir à cet endroit précis de son corps. Elle doit aussi ajouter :

« Tu as le droit d'avoir du plaisir mais c'est quelque chose qui te regarde toi, dans ton intimité, dans ta chambre... »
Tout au long de son évolution, l'enfant pose des questions par rapport à ses origines et par rapport au plaisir qu'il retire de ses explorations corporelles. Vos réponses doivent être suffisamment bien dosées pour répondre à ses interrogations mais sans en dire plus qu'il n'en attend vraiment. Faites-lui entendre que, s'il désire en savoir plus un jour, vous serez toujours là. Il viendra de lui-même chercher les compléments d'information qu'il souhaite au fur et à mesure de sa maturation psychique. Et si, pendant un temps, il arrête au moins en apparence de s'interroger, sachez respecter son silence.

Face aux MST, quel est notre devoir de parent ?

À une époque où les maladies sexuellement transmissibles se multiplient, nous ne pouvons pas ne pas nous faire l'écho d'une information sur le sida, l'hépatite, etc. auprès de nos enfants.
Ne pas parler des dangers liés à ces maladies, c'est les laisser faire la cruelle expérience de l'amour puni.

Ce que toute mère devrait être capable de dire à sa fille

« Tu es en train de te transformer, ce qui signifie que tu vas être capable de procréer. De plus en plus, tu vas avoir envie d'un rapprochement corporel avec un garçon, mais il est important que celui-ci soit soutenu par des sentiments d'amour mutuel. Il est aussi important de trouver un partenaire qui te respecte, qui sache attendre que tu sois vraiment prête. Jamais tu ne dois te laisser imposer une situation qui ne te convient pas.
« Lorsque tu ressentiras le besoin de recourir à une contraception,

tu consulteras un gynécologue de ton choix qui te conseillera et t'informera à son tour des risques liés aux MST. Même quand on aime sincèrement et qu'on prend beaucoup de plaisir à être ensemble, on peut transmettre des maladies dont l'issue est parfois dramatique. »

ET EN PLUS...

Quelques contacts

Centre de Planning familial, 4, square Sainte-Irénée, 75011 Paris. Tél. : 01 48 07 29 10.

70 antennes départementales. Consultations gratuites et anonymes. Information sur la sexualité, la planification des naissances et l'interruption volontaire de grossesse. Fourniture de médicaments et de contraceptifs aux mineurs, dépistage...

(Depuis la loi « Neuwirth » du 22 décembre 1967, la contraception est autorisée en France. Le mineur peut se procurer un moyen de contraception sans l'autorisation de ses parents et la loi en garantit le secret.)

Ligne Azur. Tél. : 08 01 20 30 40.

Du lundi au samedi de 17 heures à 21 heures. Répond aux questions des adolescents sur leur sexualité.

À lire

Comprendre l'ado, Christine Shilte-Professeur Marcel Rufo, Hachette, 2000.

25

Elle est tout le temps pendue au téléphone, et surtout à l'heure du dîner, alors que c'est le moment où nous nous retrouvons

Quand le téléphone se met à sonner au moment même où vous êtes enfin tous réunis, cela vous irrite terriblement. Et impossible de retenir votre fille : avant même que vous ne réagissiez, elle a déjà décroché le combiné.

Pourquoi les ados sont-ils « accros » au téléphone

Le téléphone est pour les jeunes le moyen de rester en contact quasi permanent avec leur groupe d'amis. Ils parlent essentiellement de leurs conquêtes et de leurs peines de cœur, des tourments que seuls leurs pairs sont évidemment capables de comprendre. Autant de messages qui, s'ils étaient formulés au collège, pourraient tomber dans des oreilles indiscrètes.
Naviguer dans cette bulle avec leurs ami(e)s, à se dire des choses qu'ils ne se diraient peut-être pas en face (beaucoup sont timides), c'est leur oxygène. Le téléphone devient un moyen de se sentir moins seuls (la majorité des appels se situent entre le retour de la classe et l'heure du dîner) et de souligner leur indépendance par rapport à leurs parents. Ils vont parler d'eux à d'autres que vous. Du coup, vous n'êtes plus leur interlocuteur privilégié et, pour un certain nombre de sujets, c'est plutôt une bonne chose. Alors, surtout, ne concluez pas trop vite que votre fille ne veut

plus vous parler. Au contraire, montrez-vous diplomate dans les limites des règles de la vie familiale et restez néanmoins ouverte pour échanger avec elle.

Quelques règles simples de fonctionnement

– Commencez par engager une petite conversation avec votre fille pour lui expliquer à quel point le moment du repas vous semble précieux pour maintenir une certaine harmonie au sein de votre famille. Si c'est le cas, vous pouvez lui expliquer que vous avez toujours fait votre maximum pour être présents, votre conjoint et vous, afin de préserver ce moment et cela, malgré des impératifs professionnels souvent difficiles à contourner.

– Pour maintenir cette cohésion, rappelez-lui que vous avez besoin de la coopération de toute la famille. Ainsi, si vous ne le faisiez pas déjà, interdisez-vous de répondre au téléphone pendant cet instant qui dure tout au plus 45 minutes. Branchez votre répondeur si vous en possédez un. Sinon, ignorez la sonnerie même si elle se fait insistante. Il est vrai que certaines personnes ont le talent de se montrer particulièrement pugnaces, en renouvelant par exemple deux à trois fois de suite leur appel.

– Dans un second temps, demandez-lui de limiter son usage du téléphone. Rappelez-lui encore qu'à votre goût vous passez assez peu de temps ensemble et que vous souhaiteriez que ces moments ne soient pas parasités par toutes sortes de dérangements intempestifs.

– Si votre note de téléphone a sensiblement augmenté, alertez-la et demandez-lui comment elle compte régler le problème. Beaucoup de parents optent actuellement pour le portable avec une consommation limitée (par carte ou crédit d'appels renouvelable à la demande), ce qui permet de limiter les frais, de forcer les jeunes à s'interroger sur le coût des communications (à eux de prévoir un budget pour les financer) et de libérer le poste familial. De cette façon, ils comprennent que tout ne leur est pas dû.

De votre côté, vous n'aurez plus à vous énerver parce que la ligne est en permanence occupée, quand vous souhaiterez prévenir que vous allez rentrer plus tard que prévu. Vous ferez ainsi l'économie d'un contentieux avec votre ado dès votre retour du travail.
– Expliquez bien à votre fille que vous ne voyez aucun inconvénient à ce qu'elle s'entretienne avec ses amis, mais qu'elle doit le faire en respectant ceux qui l'entourent. En signe de bonne volonté, incitez-la à inviter quelques-uns de ses copains chez vous, en votre présence dans un premier temps (voir chapitre 29 « *Tu ne veux pas que j'invite des copains ou des copines à la maison en ton absence* ») ou encore à passer la nuit chez Amélie, sa meilleure amie, après vous être entretenue avec ses parents.
– Apprendre à gérer l'usage du téléphone (coût, fonctionnement...) ne peut que lui rendre service et notamment pour plus tard, lorsqu'elle aura intégré le monde du travail. Il vous est encore possible d'opter pour la carte téléphonique pour appeler les copains, l'usage du téléphone familial étant réservé à la vie culturelle, sportive ou scolaire. Attention, cependant, les limites peuvent parfois paraître floues. Vous pouvez aussi penser à l'installation d'une seconde ligne téléphonique et d'un second poste en fixant un crédit et en demandant à vos enfants de participer aux deux tiers par exemple.
Mais, plus simplement, commencez par demander une facture détaillée ou encore l'installation du « signal d'appel », fonction qui signale qu'une personne cherche à vous joindre. Faites alors obligation à votre enfant de répondre poliment et de libérer rapidement la ligne pour que vous puissiez rappeler la personne.

26

Julien, 14 ans, passe le week-end seul dans sa chambre, alors que c'est le seul moment que nous pouvons vraiment partager

Trop, c'est trop ! Non seulement vous ne le voyez quasiment pas de la semaine puisque vous rentrez tard mais, maintenant, vous avez l'impression qu'il ne sort plus jamais de sa chambre. Et, en plus, il rechigne quand il s'agit de venir à table.

La situation est classique...

À l'adolescence, les jeunes ont besoin de se différencier de nous, les adultes, et peuvent s'isoler en signe de contestation. C'est leur façon de nous dire qu'ils ne sont pas comme nous et qu'ils ne souhaitent pas se plier aux règles de fonctionnement de la vie familiale. Passer un minimum de temps ensemble pour discuter n'a, bien souvent, aucun intérêt à leurs yeux. Et se présenter à table quand on le leur demande est parfois quasiment au-dessus de leurs forces. Alors, c'est à nous, les grands, de jouer de diplomatie et de nous armer de patience pour rappeler que, lorsqu'on vit ensemble, il est nécessaire de respecter quelques règles, sans quoi le quotidien peut devenir un vrai calvaire pour tout le monde. Dire que nous avons bien entendu ce qu'ils veulent exprimer mais que manger chacun à son heure, par exemple, c'est parfois possible, mais certainement pas tous les jours.

… mais cela n'empêche pas de s'interroger

Posez-vous ces quelques questions :

– Comment votre adolescent se comportait-il auparavant ?

– A-t-il toujours été en retrait par rapport aux autres membres de la famille ou plus proche et de quelle manière ?

– Parlait-il de ce qu'il vivait ?

– Faisait-il part de ses émotions ?

– Qui était disponible pour l'écouter ?

– À quoi jouait-il ?

– Aviez-vous le temps de vous amuser avec lui ?

– Avait-il des copains ?

– Était-il à l'aise par rapport à ses pairs (copains de classe, de judo...) ou en retrait ?

– Était-il agressif ou bien intégré ?

– Si vous avez noté un changement dans son comportement à quand remonte-t-il ?

– À cette époque précise, a-t-il été amené à vivre un changement de vie important comme le deuil d'un proche, la perte d'un animal, un déménagement, un changement de collège qui a entraîné une coupure avec ses copains, votre divorce, l'hospitalisation de l'un de ses proches, une dispute familiale, la reprise d'une activité professionnelle pour vous ou votre conjoint qui vous rendrait moins disponible pour lui ?

– A-t-il subi un choc somatique ou psychique ?

– Existe-t-il un conflit important avec l'un ou l'autre d'entre vous ou même les deux ?

Plusieurs cas de figures possibles

□ Il a toujours été solitaire

Et cela, avant même son entrée dans l'adolescence. Dans ce cas, c'est une question de nature et il n'y a pas de quoi s'inquiéter. Cependant mieux vaut rester vigilant et se tenir prêt à réagir au cas où ses temps d'isolement augmenteraient.

□ Cette attitude est récente

Dans ce cas, les questions posées précédemment sont à étudier avec précision. Leur étude peut déboucher sur deux possibilités.

• L'isolement est momentané.

Il lui permet, par exemple, d'éviter des situations conflictuelles avec vous. Dans ce cas, il est nécessaire de trouver un espace de parole pour dialoguer de façon à ce que chacun puisse avoir la sensation d'être écouté et non jugé. Rappelez-vous que votre adolescent est en quête d'une identité et qu'il a besoin de se différencier de ce que vous représentez à ses yeux.

• Sa tendance à s'isoler s'est installée depuis déjà quelques semaines, voire quelques mois.

Elle peut être l'expression d'une grande souffrance psychique. Ce comportement survient quand, par exemple, l'adolescent n'a pas acquis suffisamment d'autonomie avant la puberté. Cette tendance à l'isolement se manifeste alors de façon plus aiguë parce qu'il a le sentiment de ne pas trouver l'écoute nécessaire pour s'approprier cette indépendance.

– Certains ados fragiles psychiquement peuvent s'enfermer dans des pensées morbides ou délirantes. L'isolement est une forme d'appel à laquelle il est nécessaire de porter toute votre attention.

– N'hésitez pas à lui proposer une aide psychologique. S'il se montre réticent, expliquez-lui que ce n'est pas seulement son problème mais aussi le vôtre et que vous vous sentez totalement concernée et impliquée.

– Si vous essuyez un refus catégorique de sa part, n'hésitez pas à consulter en tant que parent un psychologue qui, par son soutien, vous aidera à maintenir un lien avec votre enfant. Les effets de cette démarche lui ouvriront peut-être des portes pour sortir de son isolement.

ET EN PLUS...

À lire

Les Vrais Dangers qui guettent l'adolescent, Véronique Fleurquin, « Les Essentiels. Du côté des parents », Milan, 1999.

Devenir parent d'adolescent, Bernadette Costa-Prades, « Les Essentiels. Du côté des parents », Milan, 1999.

27

Je ne comprends pas pourquoi il m'évite quand je rentre

Depuis que votre fils est en 3ᵉ, vous le retrouvez tous les soirs affalé dans un fauteuil devant la télé. À table, il faut lui arracher les mots et, sitôt le repas terminé, il s'éclipse dans sa chambre. Son attitude vous agace mais vous inquiète aussi.

Une crise nécessaire pour toute la famille

À l'adolescence, les jeunes sont mal dans leur peau. Leur corps subit des transformations qu'ils ne peuvent pas contrôler. Ils ne sont pas non plus très bien dans leur tête et nagent dans une certaine confusion. Qui sont-ils ? Où vont-ils ? Que veulent-ils ? Ils ne le savent pas très bien eux-mêmes. À cette période charnière de la vie, les jeunes s'opposent à tout de façon quasi systématique et sans beaucoup de nuances. Ainsi, ils peuvent changer d'opinion d'une heure à l'autre et, du coup, ils évoluent dans un monde mouvant qui ne leur procure que mal-être et inconfort et qui débouche très souvent sur un conflit avec les autres générations et notamment celle de leurs parents. Les adultes sont forcément vieux et ringards. Face à cette attitude qui peut paraître stupide parce que caricaturale, les parents se montrent parfois très sévères. Et des jugements de valeur échangés avec plus ou moins de tact mettent le feu aux poudres. Le conflit éclate. Il est souvent difficile à vivre de part et d'autre, mais il a le mérite de repositionner chacun des protagonistes dans son rôle et sa génération. Les adultes comprennent qu'ils en ont bien fini avec leur jeunesse et les adolescents sont confortés dans l'idée qu'ils sont différents de leurs parents et que, grâce à leurs idées novatrices, ils vont être en mesure de changer la face du monde. Mais tous les jeunes n'expriment pas leur malaise par la parole. Certains se réfugient dans le retrait ou le silence.

Pourquoi n'exprime-t-il pas clairement ce qui le travaille ?

Si vous n'êtes pas disposée à vous livrer plusieurs soirs par semaine à un bras de fer avec un enfant qui ne cesse de dénigrer votre parcours professionnel, votre cadre de vie... vous ne pouvez, pour autant, le laisser s'enfermer dans son silence. Sachez tout d'abord que, s'il a choisi le retrait, c'est que cette attitude est pour lui le seul moyen de mettre de la distance entre vous et lui.

Deux mots d'ordre : affection et discrétion

– Allez-y doucement. Ne vous montrez pas trop intrusive sinon vous risquez de le braquer. Son père pourra peut-être entamer le dialogue avec lui plus facilement. À l'adolescence, les jeunes se rapprochent souvent du parent du même sexe.
– Observez de quelle façon votre enfant évolue avec ses pairs (voir chapitre 29 « *Tu ne veux pas que j'invite des copains ou des copines à la maison en ton absence* »). L'attitude qu'il a avec ses copains peut vous donner quelques indications sur son fonctionnement du moment.
– Enfin, tentez encore d'entrer en contact avec lui par le biais d'une passion commune (tennis, pêche...). Vous pourrez, par

exemple, renouer à l'occasion d'un match, d'un séjour en vacances ensemble... mais attention de ne pas verser dans une relation où vous vous positionneriez en « parent-copain ». Cette attitude risque plus de le perturber que de l'aider à trouver un équilibre. Surtout, essayez de l'accompagner dans sa maturation avec affection et discrétion.

Sachez encore lâcher du lest sur des points peu importants tout en restant ferme sur ce qui relève de sa sécurité ou de son avenir.

28

Quand je rentre, la maison est envahie par son rap, et j'aimerais tellement le silence

Vous avez vraiment l'impression que votre ado est tout le temps branché sur le rap. Vous avez bien essayé de lui suggérer de changer de temps en temps de registre mais rien à faire, tous les soirs quand vous poussez la porte, c'est le même tempo... Chercherait-il à vous provoquer ?

Le rap, c'est quoi au juste ?

Cette musique est la mise en scène d'une forme de contestation. En effet, elle stigmatise la confrontation avec la police, l'autorité, les fondements mêmes de la société, les principes des parents. Elle constitue pour les jeunes d'aujourd'hui, et notamment pour ceux qui vivent dans les banlieues, une façon d'exprimer leurs rancœurs et leur vision d'un monde bouché, sans perspectives. Elle leur donne aussi parfois l'espoir de s'en sortir comme d'autres jeunes (NTM ou IAM) qui ont créé un groupe et sont devenus célèbres.

Mais mon ado n'est pas un jeune des banlieues difficiles...

... C'est vrai, mais c'est un jeune qui, comme tous ceux de son âge, est en quête d'identité et a besoin de se démarquer des choix et des goûts familiaux. Il lui faut aussi rallier un groupe qui trouve sa cohésion dans un choix de références communes. Alors, s'il exhibe une casquette portée, comme il se doit, visière à l'envers ou des pantalons dont la largeur pourrait permettre d'en glisser trois comme lui, ce n'est pas seulement pour vous provoquer. Cela fait partie d'un processus normal commun à tous les adolescents. Si vous lui interdisez d'emblée d'écouter sa musique ou d'exhiber les accessoires qui s'y rattachent, vous foncez tête baissée dans un conflit. Pour en faire l'économie, demandez-lui de limiter son temps d'écoute, de baisser le son pour que cela n'envahisse pas toute la maison... en clair de vous respecter et d'acheter ses casquettes, CD... avec son argent de poche. Si le rap est bel et bien sa passion, il doit l'assumer aussi financièrement.
Et puis, relativisez. Même s'il est question de contestation, il ne s'agit que de chansons. Prenez un peu de recul et remémorez-vous votre propre fonctionnement au même âge. Le rock des années soixante ou les punks des années quatre-vingt n'avaient rien à envier au rap en matière de provocation volontaire, et les paroles de leurs chansons n'incitaient pas à la réalisation de points de broderie sur canevas géant...

ET EN PLUS...

À lire
Les Passions de vos ados, Philippe Brénot, « Les Essentiels. Du côté des parents », Milan.

II

LES COPAINS, LES COPINES… DES ENFANTS

29

« Tu ne veux pas que j'invite des copains ou des copines à la maison en ton absence »

Vous aviez bien autorisé votre fille à recevoir des amis chez vous mais vous ne vous attendiez pas à retrouver, au retour du travail, une maison dans un tel état. Un évier plein de vaisselle, des cendriers remplis de mégots... C'est sûr, et vous vous l'êtes promis, elle ne vous jouera pas deux fois le même tour !

Maintenir une maison ouverte, c'est important

Souhaiter passer de bons moments avec ses amis est légitime. À cette période de sa vie marquée par une plus grande ouverture sur le monde, ses échanges se multiplient et c'est plutôt bon signe.
– Une maison ouverte freine ses envies d'aller systématiquement à l'extérieur et la retient, sans qu'elle le sente vraiment, un peu plus à la maison.
– Ouvrir votre maison à ses copains (en respectant certaines règles et limites), c'est vous donner la possibilité de partager, dans une certaine mesure, sa vie sociale. Et d'être plus apte à l'aider à en déjouer certains pièges.
– Connaître ses fréquentations vous permet de mieux percevoir la nature des liens qui unissent votre fille à ses copains. Ne pas savoir ce qu'elle fait et avec qui elle passe le plus clair de son temps, c'est prendre le risque de laisser s'installer une relation dans

laquelle vous n'aurez bientôt plus votre mot à dire et au sujet de laquelle vous serez de moins en moins consulté(e). Vous allez au-devant d'inévitables problèmes, à moins que vous ne choisissiez de maintenir votre progéniture dans le cocon familial... qui risque d'exploser tôt ou tard en causant quelques dégâts.
– L'observer en compagnie de ses amis peut vous permettre de mieux comprendre les modifications éventuelles et soudaines de son comportement (évitements, modification de ses habitudes alimentaires, demande répétée d'argent de poche...) et de réagir au plus vite.
C'est éviter de vous offrir, tôt ou tard, une zone de conflit supplémentaire avec vos enfants.

Définir les conditions

C'est à vous et au père de vos enfants de définir clairement les règles.
– Vous devez vous faire respecter en tant que parents et bien signifier que vous n'avez pas à supporter ses débordements : vos journées sont suffisamment remplies comme cela.
– Vous pouvez commencer par donner votre accord pour l'invitation de quelques amis en votre présence puis convenir, si cela se passe bien, que vous ne soyez pas systématiquement présente.
– Acceptez ensuite, et après que votre enfant a fait ses preuves, d'ouvrir votre maison pour une petite fête.
– Donnez des règles pour que cela vous indispose le moins (tu ranges avant telle heure... vous n'entrez pas dans ma chambre... tu prévois de faire les courses avant... après) et veillez à ce qu'elles soient strictement respectées.

30

Ils ont acquis une telle autonomie que je n'arrive plus à contrôler leurs sorties

Au fil du temps, vos enfants ont acquis une certaine autonomie. Mais, depuis quelques semaines, vous avez le sentiment de ne plus rien maîtriser. Tout juste si vous obtenez une réponse lorsque vous les croisez le soir avant qu'ils ne ressortent.

Vous êtes inquiète

Au cours de ces dernières années, pendant que vous travailliez, vos enfants se sont organisés le mercredi pour retrouver leurs copains. Lorsqu'ils étaient plus jeunes, vous n'y voyiez aucun inconvénient et vous trouviez que tout cela était bien de leur âge. Mais, aujourd'hui, le quotidien prend une autre tournure et vous vous demandez s'ils n'ont pas de mauvaises fréquentations... Vous craignez qu'ils ne se laissent embarquer, manipuler par des petits voyous qui traînent dans le quartier.

Quelle est la nature de vos rapports avec eux ?

Quelques questions à vous poser :
– Jusqu'à présent, avez-vous l'impression d'avoir établi un lien de confiance continu avec eux ?

– Vous font-ils part de leurs soucis d'école, avec leurs copains ?
– Ont-ils montré des signes de tristesse du fait que vous soyez absente de la maison et très absorbée par votre travail ?
– Avez-vous l'impression qu'ils sont équilibrés ou bien qu'ils fuient devant vous ?
– Jusqu'à peu, les laissiez-vous aller dehors comme bon leur semblait ou gardiez-vous un œil sur leurs agissements ?
– Connaissez-vous bien leurs copains ou bien ne les rencontrent-ils qu'à l'extérieur de chez vous ? Avez-vous le sentiment qu'ils veulent vous les cacher ?

Face aux ados, comment se positionner ?

S'il est important que vos ados s'ouvrent sur l'extérieur, s'éloignent un peu du nid familial, il l'est tout autant de les accompagner dans cette démarche, de leur montrer les pièges à éviter, de leur apprendre à dire non afin qu'ils ne se laissent pas entraîner dans n'importe quelle situation.
– Vous devez exercer leur esprit critique pour qu'ils n'adhèrent pas d'emblée à n'importe quel propos ou à n'importe quelle situation. S'ils parviennent à formuler des phrases du type : « Elle m'agace, elle veut toujours commander... je n'arrive pas à comprendre comment elle peut parler de cette façon de ses parents... », c'est signe qu'ils sont sur la bonne voie.
– S'il n'est pas question pour vous de passer votre temps à surveiller leurs fréquentations, il est néanmoins important que vous connaissiez un minimum leurs relations et que vous preniez du temps pour les observer, les écouter et les aider à résoudre les situations quotidiennes (voir chapitre 29 « *Tu ne veux pas que j'invite des copains ou des copines à la maison en ton absence* »).
Face à un jeune adolescent qui vous dit préférer céder à certaines pressions plutôt que prendre le risque de perdre ses amis, mieux vaut le rassurer dans un premier temps et lui démontrer ensuite

que, si l'amitié est basée sur le chantage « Tu me donnes ça, sinon je ne te parle plus », il n'a rien à perdre à ne pas obtempérer. Des amis, il en trouvera plein d'autres, plus respectueux à son égard...
– Un adolescent qui passe plus de temps à l'extérieur que chez lui a souvent du mal à trouver sa place au sein de sa famille. Pour qu'il se sente bien, il a besoin d'être encadré en ayant face à lui un père et une mère (même s'ils sont séparés) qui ont un discours commun et qui édictent des règles précises, même si, dans certaines situations, elles peuvent êtres assouplies, du type : « On dîne à 20 heures tous ensemble... Tu dois être rentré au plus tard à minuit... Nous n'acceptons pas que tu ailles dans cette boîte parce qu'elle est mal fréquentée... »
Il ne s'agit pas de brider son plaisir mais de lui apprendre à agir en se respectant et en sachant respecter les autres.

31

Et s'il se faisait racketter ? Comment le savoir puisque je ne suis pas là durant la journée ?

Vous avez toujours incité votre enfant à se prendre en main. Aujourd'hui, il achète seul ses vêtements, ses CD, ses magazines... si bien que, lorsqu'il vous demande de l'argent, cela ne vous étonne pas. Mais, en ce moment, vous avez l'impression que c'est sans arrêt. Vous commencez à vous poser des questions.

Ce que vous ressentez

Vous avez le sentiment que votre enfant est en danger. Vous vous inquiétez et vous vous dites fatalement que, s'il est en prise avec des racketteurs, vous y êtes forcément pour quelque chose. Vous vous remémorez alors toutes ces sorties d'école où vous n'étiez pas, ces noms d'enfants évoqués à la table familiale sur lesquels vous ne pouviez mettre de visage... Bref, vous vous sentez coupable et encore plus du fait que votre enfant ne vous en parle pas spontanément. Vous vous dites que non seulement vous n'êtes pas présente, mais qu'en plus vous n'avez pas su créer un climat de confiance et d'écoute propice aux confidences.

Ce qu'il faut vous dire

Le racket est un phénomène malheureusement banal qui touche de nombreux enfants et le fait que les mères soient à la maison ou pas ne change rien à l'affaire. Si un climat d'écoute a toujours régné dans la famille, il est certain que l'enfant aura d'autant plus de facilité à se confier. Mais cela n'est pas systématique pour autant. Les jeunes les plus fragiles sur le plan affectif sont la cible privilégiée des racketteurs qui utilisent souvent, au moins chez les petits, l'arme du chantage affectif (« Si tu ne me donnes pas ton stylo, je ne serai plus ton copain... »). Les enfants en quête d'amour se font prendre facilement à ce jeu et se sentent responsables. Dans un second temps, ils s'enferment dans un silence qui ne fait qu'aggraver les choses.

Comment savoir ?

Depuis quelque temps, les demandes d'argent de votre enfant se répètent. Même si elles sont toujours justifiées (c'est pour acheter un CD-Rom, aller au cinéma...), vous avez du mal à récolter quelques indices sur les bénéfices qu'il en tire. Lorsque vous lui demandez si le film était bien, s'il est content de son dernier bouquin... il a toujours tendance à éluder vos questions ou à y répondre de façon parcellaire. Vous avez de plus en plus le sentiment qu'il ne profite pas de l'argent que vous lui donnez. Et, quand vous cherchez à savoir où est passé son beau stylo plume ou son blouson tout neuf, il les a évidemment perdus.

Son attitude vous semble de plus en plus étrange et, quand vous lui demandez s'il n'y a pas de problème de racket au collège (variante : à l'école, au lycée), il vous répond sèchement : « Oui ça arrive mais pas à moi. » Une affirmation énoncée de cette façon peut vous laisser supposer qu'il est probablement dans le lot mais qu'il n'ose pas vous le dire.

Quelle attitude adopter ?

– Si vous avez des soupçons, commencez par parler du racket de façon générale. L'interpeller trop directement sur cette affaire risque de le braquer. En effet, les victimes éprouvent un sentiment de honte et se sentent fragilisées. Dites-lui que, si certains de ses copains sont dans cette situation, il est important qu'ils en parlent à leurs parents, aux responsables du collège... car le racket est un phénomène répréhensible. Glissez dans la conversation que ceux qui le font n'en ont pas le droit et rappelez que les parents sont là pour protéger leur enfant et qu'il faut déposer plainte. Vous pouvez même ajouter : « Si tu étais dans cette situation, nous ne te laisserions pas tout seul, nous serions à tes côtés pour y mettre un terme. Céder aux racketteurs, c'est leur donner toutes les raisons de continuer. Cela ne peut pas s'arrêter spontanément. »
– Puis laissez le temps faire son œuvre. Votre enfant devrait se rendre compte s'il peut ou non appréhender la situation différemment. S'il ne se confie toujours pas et que, parallèlement, ses demandes d'argent se multiplient, essayez d'interroger discrètement ses copains. S'ils confirment vos doutes, il faut alors aborder la question de front.
– Surtout, ne lui faites aucun reproche (il doit se sentir en confiance) et montrez-lui que vous n'êtes pas intimidée. Proposez-lui de vous rendre ensemble au collège pour en parler au principal (variante : conseiller d'éducation, surveillant général...), contactez l'association de parents d'élèves afin d'envisager une réaction collective capable de mettre fin à ce manège et de sécuriser vos enfants.
– Expliquez-lui que vous ne pouvez laisser faire et que se taire ne fait qu'ouvrir la porte à toutes les attitudes de légitime défense et de comportement hors la loi.

– Si nécessaire, dans le cas où le racket s'exercerait en dehors de l'établissement scolaire, n'hésitez pas à vous en remettre aux autorités de police. Une plainte peut être déposée pour « extorsion de fonds, valeur ou d'un bien quelconque » ou pour « vol avec violence ». Si vous avez peur des représailles, vous pouvez ne pas indiquer votre adresse mais celle du commissariat ou de la gendarmerie, après autorisation du procureur de la république. À ces autorités d'œuvrer pour que la sécurité de votre enfant soit respectée.

Quelle leçon en tirer ?

Le racket se manifeste de plus en plus précocement et les plus jeunes ne sont pas épargnés. Pour éviter que votre enfant se fasse piéger, il est essentiel d'essayer de vous ménager du temps chaque soir pour parler, pour l'inciter à raconter ses soucis. C'est grâce à cet échange permanent qu'il prend confiance en lui et qu'il apprend à gérer ce type de situation. Au détour d'une conversation, vous pouvez être amenée à lui expliquer, dès la maternelle, que, si la petite copine demande quelque chose en échange de son amour, c'est qu'elle ne sait pas le donner gratuitement, même si elle a sans doute de bonnes raisons d'agir de cette façon. Il est donc essentiel qu'il apprenne à choisir ses amis et que ceux-ci sachent partager des moments avec lui sans autre idée de retour que le plaisir d'être ensemble.

ET EN PLUS...

Le ministère de l'Éducation nationale met à la disposition des élèves et de leurs parents un numéro de téléphone pour parler des problèmes de violence dans les établissements : 0 801 55 55 00 (ouvert de 9 h à 18 h).

Pour les habitants de la région parisienne, Jeunes Violences Écoute : 0 800 20 22 23.

32

Je découvre que de nouveaux copains veulent l'emmener à une rave-party

Depuis quelque temps, votre fille de 17 ans a élargi son cercle d'amis. Vous n'avez pas encore eu l'occasion, faute de temps et de disponibilité, de rencontrer ses nouvelles fréquentations et, lorsqu'elle vous fait part de son projet, vous êtes prise de panique. Vous ne pouvez vous empêcher de vous dire que, si vous étiez davantage à la maison et que vous connaissiez son univers, vous seriez mieux armée pour bien réagir...

C'est quoi au juste une rave-party ?

Il s'agit d'un rassemblement clandestin de plusieurs centaines ou milliers de jeunes dans un lieu désaffecté (usine, carrière...) pour danser toute la nuit, et parfois même jusqu'à midi, sur de la musique techno. Pour tenir le coup jusqu'au petit matin, la plupart d'entre eux font usage de produits illicites proches des amphétamines, type ecstasy, qui leur donnent l'illusion de l'harmonie, endorment la fatigue et font ressentir les pulsations du corps. Mais ce type de produit n'est pas sans danger : il peut provoquer des angoisses, une montée de température, une augmentation du rythme cardiaque et un risque de déshydratation. Il peut aussi donner la mort lorsque d'autres substances comme de la mort-aux-rats entrent dans sa fabrication. En règle générale, les organi-

sateurs font appel à des antennes médicales de secours, comme Médecins du Monde, qui informent et interviennent dès qu'un jeune ne se sent pas très bien et qui procèdent aussi à l'analyse des produits en circulation.
D'autres substances plus nocives comme le LSD peuvent également circuler.
Si la plupart des jeunes sont attirés par ce type de rassemblements, c'est en partie parce qu'ils leur permettent de s'affirmer dans une différence radicale par rapport à la génération de leurs parents. De plus, ce rendez-vous est souvent gratuit, toujours clandestin (ce qui ne gâche rien) et permet de s'éclater en oubliant un lendemain qui, aux yeux des adolescents, ne s'annonce pas très prometteur (chômage, peur de ne pas pouvoir faire de projet...).

Comment réagir ?

Si vous opposez un non franc et massif à sa requête, vous risquez de vous entendre rétorquer que, de toute façon, d'ici quelques mois, elle sera majeure et puis que c'est sa vie, que vous ne comprenez rien... Si elle insiste vous aurez bien du mal à l'en empêcher. En revanche, si vous prenez le temps de l'informer calmement des risques que présentent de telles soirées, elle pourra prendre sa décision en toute connaissance de cause. Parlez-lui, bien sûr, des produits qui circulent, du danger qu'il y a à les essayer. Si votre fille est équilibrée, il n'y a aucune raison pour qu'elle trouve naturel de tenter cette dangereuse aventure. Devant une mise en garde un peu insistante, elle peut d'ailleurs se vexer. Si vous œuvrez assez habilement, vous devriez préserver un climat de confiance propice au partage de ses premières impressions. De cette façon, elle pourra prendre un peu de distance avec ce qu'elle vient de vivre.
On ne le répétera jamais assez : informer, écouter, échanger sont les meilleurs atouts d'une bonne prévention.

III

LES GRANDS-PARENTS

33

Ma mère, qui garde mon enfant, me fait constamment des remarques sur ma façon de l'élever

« Il ne sera jamais propre si tu continues à t'y prendre de cette façon... », « Tu cèdes trop facilement ». Voici deux phrases qui caractérisent désormais les relations que vous entretenez avec votre mère.

Balayez les idées toutes faites

Vous tombez de haut. Vous étiez tellement convaincue que votre maman était la personne idéale pour garder votre enfant que jamais vous n'avez imaginé vous trouver dans une position aussi critique. Et pourtant, contrairement à l'image très idéalisée qu'on peut se faire de ce type d'organisation, dans la réalité, ce n'est pas toujours le rêve. Mais peut-être avez-vous voulu tout simplement lui faire plaisir ou même ne pas la décevoir tant sa demande était insistante.

Pourquoi ça coince ?

– Vous êtes une toute jeune maman inexpérimentée face à une autre maman qui a une longue expérience derrière elle.
– Vous voulez être la fille de votre mère mais aussi la mère de votre enfant, ce qui semble logique et légitime.

– De son côté, votre maman, en vous faisant des remarques, exprime plus ou moins clairement qu'elle est certes grand-mère mais aussi votre propre mère. Elle ne veut perdre sur aucun terrain et se permet donc des réflexions qui sont, à votre sens et peut-être réellement, superflues.
– Lorsque les rôles se superposent, les limites de chacun sont plus floues, plus difficiles à définir. D'ailleurs, vous pensez parfois qu'elle prend votre place, vous reléguant au rang de fille. Et vous avez tout à coup le sentiment de faire davantage office de grande sœur que de maman auprès de votre tout-petit.
– Vous vous sentez trahie, délaissée, abandonnée par votre propre mère toute dévouée à son « petit-enfant ».
Parfois, l'arrivée d'un enfant réactive un conflit latent non réglé avec sa propre mère. Pour bien assumer sa nouvelle position de parent, il faut en effet avoir fait le deuil de ses propres parents, c'est-à-dire avoir pris suffisamment de distance par rapport à leurs choix d'éducation pour pouvoir tenter de faire autrement tout en se disant que ce ne sera pas forcément mieux.

Comment sortir de cette impasse ?

Si la situation devient lourde et inconfortable, mieux vaut d'abord en parler à votre mère. Même si cela paraît difficile, dites-vous que vous agissez dans l'intérêt de votre enfant. En effet, il ne doit pas faire les frais d'un quelconque déséquilibre relationnel.
Alors, expliquez à votre maman que cela n'a pas de rapport direct avec elle mais que vous avez du mal à trouver vos propres marques et qu'il serait préférable qu'une autre personne, extérieure à la famille, s'occupe de votre enfant. Précisez-lui bien que vous ne voyez que ce cas de figure pour pouvoir exprimer clairement ce que vous souhaitez pour votre enfant.

Parents et grands-parents : mode d'emploi

– Confiez vos enfants à leurs grands-parents pour des occasions bien précises comme les vacances, un samedi de temps en temps, une réunion des petits-enfants... Mieux vaut opter pour l'« exceptionnel » (qui ne va pas de pair avec la rareté) que pour le quotidien, presque sans relief.

– Acceptez que les grands-parents fassent part de leur vécu même si leurs tournures de phrases ne sont pas toujours très habiles ou si le contenu de leurs propos est répétitif.

– Précisez à vos enfants que, lorsqu'ils sont chez leurs grands-parents, ils doivent écouter leurs consignes, en un mot les respecter. Même si vos principes d'éducation divergent sur quelques points mais que cela n'a rien de fondamental, mieux vaut laisser couler. Vous rectifierez le tir lorsque vos enfants auront réintégré le nid familial. Dites-vous que, plus ils seront confrontés à différents milieux, à différents fonctionnements, plus ils seront ouverts aux autres, « socialisés ». Il est dans leur intérêt d'avoir face à eux plusieurs figures d'autorité. Lorsqu'ils n'en ont qu'une, les enfants ont beaucoup de mal à se plier aux règles de certaines structures comme l'école ou les clubs de vacances.

– Dites à vos parents que vous souhaitez qu'ils ne remettent pas en question votre fonctionnement éducatif devant vos propres enfants. Vous avez un rôle et une image à tenir. Il est vraiment impératif qu'ils vous entendent sinon vous risquez le pire : être amenée à ne plus les voir.

ET EN PLUS...

À lire

L'Art d'être grands-parents, sous la direction de Marie-Françoise Fuchs et Geneviève Laplagne, Minerva, 1999.

34

Mon compagnon ne supporte pas que nos enfants soient si souvent chez mes parents

Vous avez toujours largement sollicité vos parents pour la garde de vos enfants mais, aujourd'hui, votre compagnon semble ne plus être d'accord avec cette pratique.

Pourquoi le vit-il mal ?

Il a l'impression que ses enfants passent plus de temps avec leurs grands-parents qu'avec lui-même. Il se sent de plus en plus dépossédé de sa progéniture, mais aussi de son rôle de père dont la parole n'est pas entendue. Votre compagnon a le sentiment de ne pas exister, d'être nié... peut-être n'est-il parfois même plus consulté pour des décisions qui le concernent directement.
Cette situation le met peut-être mal à l'aise vis-à-vis de ses propres parents qui lui reprochent de ne pas voir autant leurs petits-enfants que les autres grands-parents. Du coup, il a le sentiment d'être un mauvais père, un mauvais fils et peut-être aussi un mauvais compagnon... surtout s'il sent qu'à vos yeux sa présence compte moins que celle de vos parents.

Une réaction possible

□ De votre côté

Dans un premier temps, vous aurez peut-être un peu tendance à banaliser sa plainte (« Ce n'est pas grave, ça lui passera ») parce que vous voyez de nombreux avantages à conserver ce fonctionnement. En effet, lorsque vous laissez vos enfants chez vos parents, vous partez l'esprit tranquille et vous savez qu'en cas de retour tardif ils ne vous feront aucune remarque. Vous estimez que, lorsque vos enfants sont avec leurs grands-parents, c'est un peu comme s'ils étaient avec vous-même mais sur ce point vous faites sans doute fausse route.

Dans une famille, chacun doit avoir une place bien définie. Père et mère sont non seulement les géniteurs mais aussi les références symboliques de leurs enfants. Le père est le représentant de la loi : il joue le rôle de séparateur en signifiant à la mère qu'elle est bel et bien maman mais aussi sa femme et à l'enfant que d'autres personnes que sa mère existent. Il permet l'entrée de l'enfant dans le monde du symbolique en prononçant des règles, des interdits. Il est moins dans une relation affective et sensorielle que la mère et tend à ouvrir son enfant sur le monde. Des chercheurs ont, par exemple, observé que les pères sont dans les jeux plus stimulants que les mères : ils souhaitent que leurs petits apprennent sans cesse !

Pour leur part, les grands-parents assurent un soutien affectif auprès de leurs petits-enfants et leur indiquent leur position dans l'histoire familiale, mais ils ne peuvent, en aucun cas, prendre la place des parents (qui doivent être nommés comme étant leurs propres géniteurs) pour que tous se repèrent dans la lignée des générations. C'est bien parce que chacun respecte le rôle et la position de l'autre que l'enfant peut se construire psychiquement. Il sait où sont les limites des uns et des autres et s'en trouve rassuré.

□ De son côté

S'il a le sentiment de ne pas être entendu, votre compagnon risque de se lasser et de quitter le navire. Un homme ne peut supporter de vivre indéfiniment la castration (comme s'il n'existait pas) et vous ne pouvez pas lui imposer cela. Ou, si tel est le cas, c'est que vous ne le reconnaissez pas vous-même en tant que père mais seulement en tant que géniteur.

L'attitude idéale

– Parler ensemble et essayer de tout remettre à plat en redéfinissant le prérogatives de chacun.
– S'interroger sur la nature de la relation qui vous lie à vos parents et essayer de se défaire des pressions parentales. Lorsqu'une fille ne s'est pas suffisamment détachée de ses parents, et notamment de son père, elle peut avoir conçu un enfant pour lui faire plaisir. Il s'agit, dans ce cas de figure, d'une problématique œdipienne mal résolue (voir encadré ci-contre).
N'avez-vous pas opté pour ce mode de garde plus pour ne pas prendre le risque de décevoir vos parents que parce que vous y trouviez toutes sortes de commodités, même si elles sont bien réelles ?
Votre compagnon n'a-t-il pas parfois le sentiment (plus ou moins exprimé) que vous avez offert des descendants à vos parents et que votre fonction parentale de père et de mère est totalement effacée ?

LE COMPLEXE D'ŒDIPE, C'EST QUOI AU JUSTE ?

Pour Freud, le complexe d'Œdipe (du nom du célèbre personnage de la tragédie de Sophocle qui épousa sa mère et tua son père) se situe entre 2 et 5 ans. Il représente un moment capital de la construction de la personnalité. De sa résolution dépendent, en partie, les comportements adultes : choix des objets amoureux, nature des relations familiales...
Il correspond à une attirance pour le parent de l'autre sexe et à des sentiments de haine ou de rivalité pour le parent du même sexe. Il existe néanmoins quelques différences entre le garçon et la fille puisque, chez le premier, le complexe d'Œdipe ne suppose pas de changement d'objet d'amour : il reste centré sur la mère alors que, chez la seconde, un déplacement doit s'opérer. Sa résolution dépend de la capacité du père à empêcher la fusion mère-enfant. Cette étape permet le passage d'une relation duelle à une triangulation qui aboutit à la reconnaissance de la différenciation sexuelle et générationnelle. La résolution de l'Œdipe et l'accès au symbolisme (apprentissage du langage...) convergent pour assurer au jeune enfant la prise de conscience de son autonomie de sujet et d'être social.

35

À chaque fois que ma mère vient m'épauler, elle me dit que je suis trop laxiste

« Tu n'es pas assez ferme... Avec moi, ça ne se passerait pas comme ça... » Ces remarques, vous les entendez à chaque fois que votre mère vient passer quelques jours chez vous pendant que votre compagnon est en déplacement professionnel. Et vous avez de plus en plus de mal à les supporter.

Les temps ont changé et l'éducation des enfants aussi

Au cours des deux ou trois dernières générations, l'éducation donnée aux enfants a beaucoup évolué et cela grâce aux nombreux travaux de psychanalystes comme Françoise Dolto (voir bibliographie).
Avec leurs enfants, les parents d'aujourd'hui accordent sans doute plus de place au dialogue et à l'écoute que ceux d'hier. En règle générale, ils ont aussi moins tendance à appliquer des règles rigides avec leurs enfants (« On ne mange pas avec ses doigts »...) et ils les sollicitent davantage pour des choix qui les concernent directement (vêtements, activité sportive ou culturelle...). Ils ont souvent compris que ce n'est pas parce qu'un adulte écoute un enfant que celui-ci devient un tyran. De même, le fait de le laisser s'exprimer ne signifie pas pour autant tout accepter de lui ni

qu'aucune règle ne lui soit formulée. Celles-ci sont édictées pour aider l'enfant à se structurer et non pas pour rassurer l'adulte dans ses capacités à faire montre d'autorité ou à annuler le moindre désir de l'enfant.
Ils essaient de trouver une certaine harmonie (où l'arbitraire intervient le moins possible) face aux exigences de leurs enfants qui émanent le plus souvent de leur recherche de plaisir immédiat.

Face à votre mère...

□ ... vous avez le sentiment :

– qu'elle vous trouve incompétente en tant que mère.
– d'être évaluée comme si vous étiez une petite fille.

□ Ce que vous pouvez lui dire

– « Si je fais appel à toi, c'est parce que j'ai besoin de ton soutien pendant quelques jours. Passer ton temps et ton énergie à me critiquer ne me facilite pas la tâche, bien au contraire. En revanche, je ne suis pas hostile à ce que nous discutions un peu plus tard et calmement de ce qui te déplaît dans ma façon d'élever mes enfants. »
– « J'ai une existence très différente de celle que tu as eue puisque je travaille. Je n'ai pas de recette miracle. J'essaie de composer au jour le jour en veillant à garder quelques lignes que je considère n'être pas si mauvaises... »
Sans agressivité, vous pouvez lui rappeler que, quoi qu'elle en pense, l'éducation des enfants est très différente de ce qu'elle était de son temps.
– « L'éducation de mes enfants est aussi celle que leur père veut bien leur donner. Je te rappelle que nous sommes deux dans cette histoire et que nous nous concertons régulièrement sur ce sujet... »

Introduire un tiers (dans ce cas le papa) permet à chacun de reprendre sa place.
– « Tu devrais montrer à Julie ta technique pour ranger une valise, confectionner avec Justin un avion en papier, tu n'as pas ton pareil... »
Valoriser ses qualités, ses savoir-faire... permet de lui rappeler qu'elle est surtout là pour partager du bon temps avec ses petits-enfants. Du coup, vous n'êtes plus en position de rivalité puisque vous lui proposez en tant que grand-mère de faire quelque chose qui n'est pas dans vos cordes. Et puis c'est tout de même plus agréable de se retrouver autour d'une activité plaisante, génératrice d'échanges, que de passer son temps à se titiller sur des détails !

□ Ce que vous pouvez faire

Si, décidément non, votre mère ne supporte pas que le petit dernier mange avec ses doigts et qu'elle vous le fait largement savoir sans que vous puissiez lui laisser entendre que, pour vous, ce n'est vraiment pas un problème, essayez de vous organiser autrement la prochaine fois que votre compagnon s'absentera. Vous ferez appel à une baby-sitter, à une voisine, à une amie... selon vos possibilités et besoins et vous vous ôterez, si ce n'est une fatigue physique, au moins une bonne dose de stress inutile.
Faites-le assez finement pour que votre mère ne le vive pas comme une sanction et expliquez à vos enfants que c'est mieux ainsi. Vous préférez profiter de votre maman dans des circonstances plus détendues et plus courtes. Ils devraient l'entendre facilement.

36

Son grand-père, qui était très présent, vient de décéder

Votre beau-père vous rendait sans cesse de menus services. Tantôt, il allait chercher votre fils âgé de 5 ans à l'école, tantôt il l'accompagnait au judo ou passait une bonne partie du mercredi avec lui... Vous venez d'apprendre son décès et vous redoutez que votre enfant réagisse mal.

Comment lui annoncer la triste nouvelle

Vous ne pouvez pas passer sous silence cet événement majeur de votre vie familiale. Votre enfant a besoin que vous mettiez des mots sur cette situation pour ne pas se sentir coupable de ce qui arrive ou éprouver le besoin de vous protéger. Ce n'est évidemment pas son rôle. Dans un moment de calme et, en présence aussi de son père, dites-lui : « Ton grand-père est mort. Il a fini sa vie... » Ensuite, demandez-lui s'il souhaite vous poser des questions et essayez de lui répondre. Vous lui montrerez ainsi que la mort n'est pas un sujet qui vous fait peur. Même si la tâche vous semble difficile et ingrate, essayez de vous défaire d'au moins deux croyances d'adultes.
– Les enfants ne vivent pas la mort comme une tragédie, contrairement à nous. Ils construisent très vite toutes sortes de scénarios

qui conduisent les êtres disparus dans le ciel, sur une étoile... ou pourvu d'un don particulier (on ne le voit pas mais lui nous voit...).
– La mort n'est pas tabou. Que vous ayez ou non des croyances religieuses, évoquer la mort en la présentant comme une étape de la vie rassure les enfants. Expliquez-lui qu'en se décomposant le corps enrichit la terre et favorise la croissance des fleurs, des plantes, des arbres... Quant à l'esprit, dites-lui qu'il est toujours là, qu'il vous suffit de penser à la personne disparue pour la faire vivre et la garder tout près de vous.

Mais toutes ces explications ne s'opposent pas au maintien ou à l'installation d'un climat d'écoute dans lequel la douleur peut s'exprimer. Votre enfant a le droit de pleurer son grand-père et de vous dire qu'il lui manque cruellement. Lorsque cela se produit, montrez-vous tendre, prenez-le dans vos bras et évoquez ensemble les bons moments. Vous pouvez aussi encadrer une photo du défunt pour le rendre présent. Attention, il ne s'agit pas de nier sa mort...

Doit-il assister à l'enterrement ?

Même si votre entourage vous le déconseille, il est préférable que votre enfant assiste aux obsèques de son grand-père. L'enterrement est un rituel rassurant. En effet, se rassembler et partager sa souffrance avec celle des autres évite que chacun porte seul la perte de l'être aimé. Ce qui est le plus difficile à vivre, c'est d'éprouver un sentiment de solitude face à l'absence.

Mettre un mort en terre ne fait pas peur aux enfants si des explications leur sont fournies. Dites-lui que son grand-père s'apprête à entrer dans sa dernière maison. Vous pouvez d'ailleurs l'inviter à y déposer un objet, une fleur... De cette façon, il aura l'impression de l'accompagner dans cette nouvelle demeure et il éprouvera sûrement le besoin de lui rendre visite quelques semaines plus tard.

Que dire à celui ou à celle qui va assurer le relais ?

– Prenez bien le temps d'expliquer à la personne qui devra désormais s'acquitter des diverses tâches (sorties d'école, accompagnement scolaire, baby-sitting...), jadis prises en charge par votre beau-père, dans quel contexte elle fait son entrée. En effet, elle devra sans doute faire les frais de réactions dépressives ou agressives (« Avec toi, c'est nul, c'était mieux avec mon grand-père... ») et savoir faire la part des choses, c'est-à-dire ne pas se sentir visée directement.
– Expliquez-lui que l'agressivité passagère de votre enfant est plus liée à la nécessité de parler de son grand-père qu'à un rejet de sa personne. Enfin, qu'elle sache lui répondre : « Je connais la situation. Forcément, avec moi, c'est différent puisque je suis différente. Sache aussi que je ne cherche pas à être comme ton grand-père puisque je ne suis pas ton grand-père. Avec moi, ce sera autrement mais tu as le droit de dire qu'avec lui c'était mieux... »
La personne idéale sera donc celle qui saura faire preuve d'affection, de chaleur et de compréhension et qui ne cherchera ni à prendre une place qui ne lui revient pas, ni à entrer en compétition avec le passé.

Et en plus...

À lire ensemble

DÈS 3 ANS :

Si on parlait de la mort, Catherine Dolto-Tolitch, « Giboulées », Gallimard Jeunesse, 1999.
Au revoir, Blaireau, Susan Varley, Gallimard Jeunesse, 1998.
L'Arbre sans fin, Claude Ponti, l'École des Loisirs, 1994.
Reviens grand-mère, Sue Limb, Édition Mijade, 1998.
Grand-père s'en est allé, Amélie Fried, Actes Sud Junior, 1998.
Raides morts, Babette Cole, Seuil Jeunesse, 1996.

DÈS 6 ANS :

La Mort-marraine, Anne Quesemand et Laurent Berman, Albin Michel Jeunesse, 1987.
Mille et une feuilles mortes, Anne-Sophie Monsabert et Caroline Grégoire, Casterman, 1996.
Grand-père est mort, Dominique de Saint-Mars et Serge Bloch, Calligram, 1994.
Ce changement-là, Philippe Dumas, l'École des Loisirs, 1981.

IV

LA NOUNOU, LA CRÈCHE, LA BABY-SITTER...

VI

37

Quel mode de garde choisir ?

Bravo ! Vous avez la chance de vivre dans un village, une ville, un quartier où les structures de garde sont variées et en nombre suffisant. Contrairement à beaucoup d'entre nous, vos critères de choix sont donc essentiellement conditionnés par vos envies, vos besoins et votre personnalité...

Quelle est votre priorité ?

□ Vous voulez être rassurée, voire même conseillée

Vous pouvez dans ce cas vous tourner vers une assistante maternelle agréée qui vous proposera une relation *a priori* plus personnalisée qu'en crèche où vous avez affaire à plusieurs professionnels. Elle sera votre seul interlocuteur et son expérience d'assistante maternelle doublée de celle de maman (la plupart d'entre elles ont des enfants) devrait vous apporter, au fil des jours, tout le réconfort que vous souhaitez. Vous aurez ainsi le sentiment d'être moins seule face à vos nouvelles responsabilités.

□ Vous craignez qu'on prenne votre place

Optez pour la crèche collective qui, compte tenu de la multiplicité des interlocuteurs, impose naturellement une certaine distance.

□ Vous voulez préserver les rythmes naturels de votre tout-petit

Dans ce cas, recrutez une nourrice à domicile que vous pourrez, si vous le souhaitez, « partager » avec une autre famille. Cette formule connaît un vrai succès puisqu'elle permet de maintenir la moitié du temps l'enfant dans son cadre familial tout en le faisant bénéficier de la compagnie d'un autre enfant du même âge. De plus, donnée non négligeable : les frais de garde sont eux aussi partagés et pèsent donc moins lourds dans le budget familial.

□ Vous souhaitez un cocon familial mais aussi que votre bébé se socialise

Dans ce cas, vous pouvez choisir la crèche familiale qui regroupe quelques assistantes maternelles suivies, formées et conseillées par d'autres professionnels (puéricultrice, médecin, psychologue...). Elles accueillent les enfants à leur domicile et se rendent plusieurs fois par semaine dans un lieu collectif pour des jeux et activités partagés avec d'autres enfants.

□ Vous souhaitez un mode de garde collectif mais en étant partie prenante

Optez, dans ce cas, pour la crèche parentale qui est gérée par les parents qui décident de la façon dont elle doit fonctionner.

Pour approfondir...

Il n'existe pas de bons ou de mauvais modes de garde. Le choix doit donc se faire en fonction de vos désirs de parents mais aussi en fonction de l'adéquation possible entre vos contraintes (horaires de travail, travail à temps partiel, éloignement domicile-lieu de garde...) et des modalités plus ou moins souples de fonctionnement de la solution retenue.

• **L'assistante maternelle agréée** a reçu l'autorisation officielle de la PMI (Protection maternelle et infantile), délivrée pour cinq ans, d'accueillir à son domicile de façon régulière un certain nombre d'enfants (trois au maximum). Pour l'obtenir, elle a dû répondre à un certain nombre de critères relatifs à sa santé, à ses aptitudes éducatives, à la configuration de son logement... Elle a suivi, ou suit, une formation d'au moins 60 heures. Les horaires, le salaire et la durée de garde sont à déterminer ensemble et sont mentionnés dans un contrat de travail.

• **La crèche collective**, publique ou privée, accueille les jeunes enfants de 2 mois et demi à 3 ans. Elle est contrôlée par le service de PMI et reçoit son agrément des pouvoirs publics. Elle est dirigée le plus souvent par une puéricultrice et les enfants, réunis par petits groupes, sont confiés à des auxiliaires de puériculture. Un médecin, un psychologue participent à son fonctionnement (rencontres avec les parents, réunions de synthèse entre professionnels...). Ses horaires sont fixes, en général de 7 heures à 18 h 30-19 heures. Pas question donc d'être en retard le soir...

• **La crèche familiale** emploie des assistantes maternelles agréées encadrées par une équipe de professionnels (éducatrice de jeunes enfants, médecin...). Elles gardent les enfants à leur domicile et reçoivent la visite régulière de la directrice de crèche qui est une infirmière-puéricultrice diplômée d'État.

Les assistantes maternelles se retrouvent à raison d'une à deux fois par semaine dans un lieu collectif pour des activités d'éveil. La durée de garde quotidienne ne peut excéder 10 heures par jour. Un contrat signé entre les parents, la directrice et l'assistante maternelle définit les différentes modalités d'accueil (horaires, salaires, vacances...).

• **La crèche parentale** est une structure de garde collective gérée par une association de parents qui participent à la garde des enfants (une demi-journée par semaine), à l'entretien (bricolage, travaux de couture...) et à l'approvisionnement (achat du papier toilette, des produits d'entretien...). Ils sont soutenus par une équipe de professionnels recrutés par leurs soins. Des réunions régulières leur permettent de faire le point sur les orientations éducatives, l'emploi du temps, les problèmes divers, les projets... L'autorisation d'ouverture est délivrée par le président du conseil général après avis du service départemental de PMI.

• **La nounou à domicile ou employée de maison** intervient chez vous selon les modalités que vous avez définies ensemble dans un contrat de travail.

C'est à vous de préciser les termes de votre association (voir chapitre 38 *Sur quels critères sélectionner celle qui va garder mes enfants ?*), l'idéal étant de passer au moins une semaine ensemble afin d'assurer une vraie continuité avec vous. Elle ne peut travailler plus de 10 heures par jour. Pour le recrutement, vous pouvez vous tourner vers une association spécialisée (voir carnet d'adresses chapitre 39 *Nounou : quand faut-il réagir ?*), vers les petites annonces ou faire fonctionner le bouche-à-oreille. Dans tous les cas, essayez de contacter l'employeur précédent et prévoyez une période d'essai. Dernier conseil : vous vous retrouvez tout à coup propulsée du statut de parent à celui d'employeur. Mieux vaut donc bien connaître vos droits.

ET EN PLUS...

Le Minitel à votre service

3614 JEMPLOIE pour connaître les démarches à effectuer pour votre employée de maison, rédiger les bulletins de salaire, déclarer et rédiger vos cotisations à l'URSSAF.

3615 CAF pour connaître les montants actualisés des prestations liées à la garde d'enfant.

3615 EMPLOI pour utiliser les chèques emploi service et calculer le montant des cotisations sociales.

3615 FEPEM (Fédération des particuliers employeurs de maison) qui peut vous renseigner sur des questions d'ordre juridique, administratif, financier...
Fepem : tél. 01 42 81 38 75.

3616 JOEL pour accéder au texte précis de la convention collective des employés de maison, connaître le nombre de jours de congés payés, le salaire et les horaires de votre nounou. (Renseignements aussi auprès de la Fepem, voir point précédent.)

Quelques directions...

Pour connaître les coordonnées de la PMI dont vous dépendez, contactez votre mairie. La PMI ou la mairie vous donneront la liste de différentes crèches proches de votre domicile. La puéricultrice de la PMI vous dirigera vers les assistantes maternelle agréées disponibles.

Si la crèche parentale vous tente, contactez l'ACEPP (Association des collectifs enfants-parents-professionnels), 15, rue du Charolais, 75012 Paris. Tél. 01 44 73 85 20.

Cette association vous renverra sur l'antenne régionale la plus proche de chez vous qui vous indiquera à son tour les adresses des crèches existantes mais aussi les démarches à suivre pour en créer une.

38

Sur quels critères sélectionner celle qui va garder mes enfants ?

Se transformer en directeur des ressources humaines pour recruter la nounou de ses rêves n'est pas si facile. Une fois que vous avez posé les questions de bon sens, vous vous trouvez vite à court et lorsque l'entretien prend fin vous ne savez pas trop quoi en penser.

Les points à vérifier et les questions à poser à...

□ L'assistante maternelle

Vous devez la rencontrer (votre compagnon et vous) à son domicile. Si, après un premier entretien, vous vous sentez plutôt partante, proposez-lui un nouveau rendez-vous en précisant que vous souhaiteriez faire la connaissance de son mari et de ses enfants. Au travers des échanges, cela vous permettra de savoir quelle place occupe chacun au sein de cette famille et de vérifier que l'autorité du père est bien reconnue. Vous pourrez aussi en profiter pour demander à ce dernier s'il partage le choix professionnel de son épouse.

– Commencez par vérifier que :

- la distance entre votre domicile et le sien n'est pas trop grande.

Attention, vous devrez faire le trajet dix fois par semaine après des journées de travail qui auront déjà bien entamé votre énergie...
• vous pouvez vous garer facilement à proximité de son domicile si vous vous déplacez tous les jours en voiture. Si c'est une véritable galère tous les matins, cela risque très vite de tourner au cauchemar !
• la rémunération que vous comptez lui donner correspond bien à ses attentes ;
• vos horaires sont compatibles avec les siens. Précisez les vôtres, tout en vous laissant une petite marge de façon à ne pas stresser si, un soir, vous devez passer à la pharmacie ou si vous êtes coincée dans les embouteillages. Demandez-lui si, au cas où vous devriez rentrer de temps en temps un peu plus tard (mais en la prévenant avant), elle y verrait un inconvénient.

– vérifiez qu'elle réunit les qualités et compétences souhaitées
• sa personnalité est-elle suffisamment souple pour accepter que vous lui donniez quelques orientations en matière d'éducation. Par exemple, attendra-t-elle votre feu vert pour éduquer votre enfant à la propreté ou pour diversifier son alimentation ?
• son appartement est propre, rangé et suffisamment bien conçu pour que votre enfant puisse y déambuler facilement. Y a-t-il des pièces manifestement « interdites » aux enfants ?

– Les questions à lui poser
• êtes-vous agréée ? Si la réponse est non, redoublez de prudence. Elle risque de garder plus d'enfants qu'une assistante maternelle agréée, à un prix moindre. Et cela peut impliquer une moins grande disponibilité pour votre enfant ;
• si oui, depuis combien de temps l'êtes-vous ? Attention, l'agrément ne dispense pas à tous coups d'éventuels surprises ou incidents. Mieux vaut donc ne pas se reposer uniquement sur les seules appréciations des travailleurs sociaux ;
• pour combien d'enfants êtes-vous agréée ?

- combien en gardez-vous de façon régulière ? De façon occasionnelle ?
- quelles sont vos motivations professionnelles ?
- avez-vous suivi une formation ?
- avez-vous, vous aussi, été amenée un jour à confier vos enfants à une autre personne ?
- êtes-vous vigilante sur la sécurité dans la maison ? Des dispositifs ont-ils été installés : barrière devant l'escalier, blocs-tiroirs, protège-angles sur certains meubles (table de salon...)... ?
- un espace a-t-il été prévu pour les jeux ? Un autre relativement isolé pour que mon enfant puisse faire la sieste dans de bonnes conditions sans être dérangé ?
- proposez-vous des activités aux enfants (peinture, modelage, découpage, bibliothèque...) ?
- pour les repas, comment vous organisez-vous ? Récupérez-vous d'autres enfants que ceux pour lesquels vous êtes agréée ?
- quel sera l'emploi du temps de mon enfant ?
- vous déplacez-vous en cours de journée pour récupérer d'autres enfants (ou les vôtres) à la sortie de l'école ? Cette question est importante puisqu'elle vous permet de savoir si votre enfant risque d'être bousculé dans ses rythmes de sommeil par exemple ;
- accepterez-vous mon enfant s'il est malade ?

□ La nounou à domicile

Elle vous est présentée par une association (voir chapitre 39 *Nounou : quand faut-il réagir ?*), vous l'avez trouvée par le biais des petites annonces ou elle vous a été chaleureusement recommandée par une autre nounou... Quelle que soit la filière, pensez toujours, avant ou après le ou les entretiens, à passer un petit coup de fil à son ancien employeur, ne serait-ce que pour connaître les raisons de la rupture de leur contrat.
Essayez de la voir une fois sans vos enfants et une fois avec pour observer l'attitude qu'elle adopte avec eux.

– Les questions à lui poser :
• quelle est votre formation ?
• quel a été votre parcours professionnel ?
• quel est votre projet professionnel ? Si elle est en recherche de stage ou attend une réponse pour un autre contrat, mieux vaut laisser tomber ;
• quelle est votre situation personnelle (mariée, divorcée...) ? Avez-vous des enfants ? Si oui, combien ? De quel âge ? Vont-ils à l'école ?
• où habitez-vous ? Utilisez-vous les transports en commun ? Si oui, en cas de grève, comment comptez-vous assurer votre déplacement domicile-travail ?
• connaissez-vous quelques gestes d'urgence ? Que faites-vous, par exemple, si mon enfant se brûle légèrement ou se pince les doigts ?
• êtes-vous fumeuse ?
• comment comptez-vous vous organiser pour la journée, pour la semaine ?
• aimez-vous jouer, créer, raconter des histoires ?

– Et si vous vous décidez
• proposez-lui, dans un premier temps, un contrat à durée déterminée ;
• essayez de passer au moins une semaine ensemble à votre domicile. Cela vous permettra de mieux faire connaissance et de démarrer au mieux cette nouvelle aventure ;
• soyez très claire sur les tâches à accomplir (ménage, repassage, préparation des repas...), sur la sécurité (dans la cuisine, la salle de bains, la rue...). (Voir chapitre 41 *Je n'ai pas (plus) confiance en la nounou*) ;
• indiquez-lui la conduite à tenir en cas de maladie, d'accidents. Notez à côté du téléphone tous les numéros d'urgence ainsi que ceux où on peut vous joindre en cours de journée ;

• arrivez à l'improviste pour vérifier qu'elle respecte bien les horaires, pour l'observer avec vos enfants et mieux cerner sa personnalité (est-elle autoritaire ? Intervient-elle à bon escient ? Suffisamment, pas assez ?) ;
• faites des bilans à intervalles réguliers. Les bonnes résolutions ont souvent tendance à se diluer avec le temps.

□ La baby-sitter

Vous la recruterez sans doute dans le milieu étudiant. Soyez extrêmement claire sur les horaires et précise sur la sécurité. Les jeunes adultes peuvent présenter l'avantage d'être proches des enfants mais l'inconvénient d'être plus négligents ou insouciants par rapport à la sécurité. Pensez à bien laisser les consignes en vue et les numéros de téléphone qui permettent de vous joindre rapidement. Si vous le pouvez, essayez de vous libérer une journée pour la passer ensemble à votre domicile. Reprenez les points importants qui vous gênent (par exemple, si elle ne vous semble pas assez autoritaire, précisez bien que vous souhaitez qu'elle soit ferme sur les consignes. Si vous sentez un certain détachement par rapport à la nourriture, rappelez-lui que vous voulez que vos enfants mangent un peu de tout, et pas n'importe quand, qu'il s'agit là d'un principe auquel vous tenez...).

En conclusion

Quel que soit votre choix, entretenez-vous régulièrement de votre enfant avec la personne qui s'en occupe. C'est important pour tout le monde et c'est, en plus, valorisant pour elle. Qui n'a pas besoin de se sentir soutenue, écoutée, reconnue dans ses fonctions, qu'elles soient professionnelles, parentales ou familiales ?

ET EN PLUS...

Comment rédiger le contrat de travail d'une nourrice à domicile
Il doit être formulé avec clarté et faire état des éléments identifiant chacun des partenaires. Pour vous, vos nom, adresse, numéro d'immatriculation à l'URSSAF et pour votre employé(e), ses nom, adresse, numéro de Sécurité sociale et numéro de carte de travail, s'il y a lieu. Doivent y être notées avec précision les conditions de travail (nombre d'heures, emploi du temps, lieu d'exercice, précision des tâches à effectuer...) ainsi que la date d'embauche. Précisez encore la qualification ainsi que le salaire. Vous devez enfin mentionner l'existence de la convention collective nationale de travail des employés de maison que vous tenez à sa disposition s'il (ou elle) souhaite la consulter. Le contrat doit être fait en deux exemplaires, datés et signés par les deux parties, chacune en gardant un en sa possession.

Voir bibliographie du chapitre 39 *Nounou : quand faut-il réagir ?* et chapitre 37 : *Quel mode de garde choisir ?*

39

Nounou : quand faut-il réagir ?

Après avoir effectué le parcours du combattant, vous pensiez être enfin tombée sur la nounou qui vous correspondait. Plutôt sympa, assez jeune mais pas trop, mère de famille, donc expérimentée, non fumeuse... Elle acceptait vos conditions (vous rentrez après 19 heures, préférez les purées « maison » aux petits pots...) et semblait tenir compte de vos désirs. Mais, dans la réalité, ce n'est pas aussi rose.

La relation maman-nounou n'est jamais simple

Confier son enfant à une autre femme n'est évident pour personne. Même si vous vous réjouissez à l'idée de retrouver une vie professionnelle et sociale, vous n'êtes peut-être pas tout à fait prête à vous séparer de votre bébé. Les dix semaines de congé maternité n'ont pas forcément suffi à vous y préparer. Vous avez donc bel et bien choisi la nounou, mais vous êtes peut-être tout de même un peu ambivalente, c'est-à-dire tiraillée entre le désir de mettre votre enfant entre de bonnes mains et la crainte que la personne en fasse un peu trop et un peu mieux que vous. Si telle est votre réaction, plus ou moins avouée ou plus ou moins consciente, sachez qu'elle est classique à condition qu'elle ne prenne pas des proportions démesurées. Dans quelques semaines, vous y verrez plus clair. Faites confiance au temps.

Si vous êtes son employeur direct, qu'il n'existe pas entre vous d'intermédiaire (association, municipalité...), ne serait-ce que pour la payer, cela peut compliquer les échanges. Parfois les nounous sont extrêmement intrusives. Elles peuvent aussi exercer une certaine forme de chantage en affirmant qu'elles savent s'y prendre avec les enfants puisqu'elles en ont 4 ou 5 et élevé plus d'une demi-douzaine. Difficile de faire barrage à ce discours si vous êtes jeune maman, peu expérimentée et peu sûre de vous. De plus, vous craignez qu'en discutant elle le prenne mal et s'occupe moins bien de votre enfant.

Ce qu'il faut garder en tête

Profiter de l'expérience d'une autre maman, c'est bien, mais vous restez la mère et décidez à ce titre des orientations et des méthodes éducatives que vous souhaitez pour votre tout-petit. L'équilibre de toute la famille en dépend y compris celui de votre enfant qui peut perdre ses repères.
Même si vous craignez de mettre fin à son contrat de peur que cela le perturbe, dites-vous bien qu'il le sera de toute façon. Mieux vaut donc le préparer à cette séparation et passer au plus vite à une situation plus épanouissante et rassurante pour tout le monde.

Réagissez si les situations suivantes se présentent...

... soit en ouvrant la discussion parce que vous pensez que la nourrice peut se ranger à vos arguments, soit en la licenciant immédiatement parce que vous estimez que la situation est trop grave (cas 3 et 4, par exemple).

□ **Elle joue votre rôle**

Par exemple, elle vous dicte votre conduite sur un ton autoritaire : « Il faudrait l'emmener chez le pédiatre pour ce petit bouton... ne manquez pas son prochain vaccin, c'est important... »

□ **Elle s'approprie votre autorité**

« Quand il ne mange pas, il ne faut surtout pas vous laisser faire... (avec un plus grand) donnez-lui une petite tape, ça ne lui fera pas de mal... »

□ **Elle ne respecte pas son contrat**

Par exemple, au lieu de récupérer votre grand à la garderie à 16 heures, elle ne passe qu'à 18 heures...

□ **Elle est rigide, voire violente**

Vous apprenez que, si l'assiette du déjeuner n'est pas terminée, elle la représente au goûter... des voisines vous racontent qu'au parc votre enfant reste assis dans sa poussette sans jamais en sortir.

□ **Elle est rétrograde**

Elle conditionne votre enfant, âgé de 12 mois, à être propre alors qu'aujourd'hui tout le monde sait que l'acquisition de la propreté ne peut se faire avant 20-24 mois.

□ **Elle ne tient pas compte de vos consignes**

Pour les menus, par exemple, elle n'en fait qu'à sa tête alors que vous tenez à contrôler la nourriture de votre enfant.

Pour éviter les dérapages

□ Avant le recrutement

– Définissez clairement vos besoins, attentes et priorités (voir chapitre 38 *Sur quels critères sélectionner...*).
– Si elle travaille chez vous, rédigez un cahier des charges précis avec elle (promenade tous les après-midi mais respect des temps de repos ; précisez si elle a le droit de faire entrer des gens à votre domicile, d'emmener votre enfant chez des personnes que vous ne connaissez pas, de le confier momentanément à une copine de square le temps d'aller faire une course...).
– S'il s'agit d'une assistante maternelle agréée, n'hésitez pas aussi à l'interroger sur le déroulement de la journée, son organisation pour sortir les enfants, l'usage qu'elle fait de la télé (en continu ou une cassette de temps en temps...).
– Demandez-lui comment elle compte organiser ses journées (nounou à la maison). Si vous la sentez faible sur ce point, élaborez avec elle un emploi du temps pour la semaine (lundi : repassage..., mardi : ménage en grand de la chambre des enfants...). S'il n'est pas respecté, vous le saurez très vite.

□ Après l'engagement

– Prenez le temps de discuter avec elle un peu chaque jour (le matin et (ou) le soir) afin de régler les menus détails du quotidien. De cette façon, vous pourrez procéder à des ajustements progressifs sans trop de heurts. Il est aussi important que votre enfant ne vous voie pas disparaître le matin dès que la nounou montre le bout de son nez. Tout le monde a besoin d'un minimum de temps pour être en confiance et comprendre ce qui se passe.
– Veillez à ce qu'elle tienne compte de vos consignes. Si vous aviez sorti une tenue vestimentaire, étonnez-vous, avec une certaine

légèreté, le soir, de ne pas voir votre enfant la porter. La nounou doit vous fournir des justifications valables (« Il faisait un peu chaud.... »).
– Faites des visites impromptues chez vous (nounou à domicile), chez elle (« J'avais un rendez-vous dans le quartier et une irrépressible envie de l'embrasser »), au parc...

Et pour ne pas faire deux fois la même erreur, tentez le recrutement avec l'aide de :

• l'assistante sociale de la PMI (Protection maternelle et infantile). Renseignements auprès de votre mairie. Demandez-lui un rendez-vous et racontez-lui votre histoire. Elle devrait en tenir compte et vous orienter vers une nourrice plus compétente et mieux adaptée à vos besoins ;
• une association pour une nounou à la maison. Moyennant une participation financière annuelle (entre 3 000 et 8 000 F), elle devrait vous proposer des candidates expérimentées et formées.

Et en plus…

Quelques contacts

Différentes associations financées en partie par les caisses d'allocations familiales, les villes, les conseils généraux… ont vu le jour ces dernières années. Elles aident tous ceux qui sont en quête de services à domicile. Elles peuvent vous indiquer les agences de garde d'enfants mais aussi répondre à toutes vos questions (coût, contrat…).

À PARIS ET EN RÉGION PARISIENNE

Paris Services à Domicile pour la Famille : 0 801 13 32 32 (N° Azur).
Département des Yvelines (78), Centre Ressources Emplois Familiaux, tél. 01 39 20 08 08.
… de l'Essonne (91), L'Agence pour l'Économie en Essonne, tél. 0 800 07 24 11.
… du Val-de-Marne (94), Centre de Ressources du Val-de-Marne, tél. 01 45 99 08 08.
… de la Seine-Saint-Denis (93), Info Service à Domicile, tél. 01 55 83 09 09.

EN PROVINCE

Marseille, CQFD (Coordination Qualité Fiabilité Domicile) : 0 801 72 20 22.
Brest, Domi Services : 02 98 46 58 58.
Bordeaux, Domicile Gironde : 05 56 12 88 88.
Grenoble, Vivial : 04 76 17 17 17.
Orléans, Office Services : 02 38 62 92 92.
Lille, Unipoles : 03 20 14 08 08.
Lyon, Qualidom : 04 72 77 02 02.

Si vous rencontrez des difficultés avec votre assistante maternelle, vous pouvez contacter le service de PMI dont elle dépend, la directrice de crèche si elle est rattachée à une crèche familiale ou encore l'UFFAAM (Union fédérative des familles d'accueil et des assistantes maternelles : 05 62 70 09 96 ou 01 46 04 37 14 pour Paris).

À lire

Guide de l'emploi à domicile, La Documentation française, ministère de l'Emploi et de la Solidarité, 70 F.

Pour se procurer cet ouvrage, deux possibilités : par correspondance (Service commande, 124, rue Henri-Barbusse, 93308 Aubervilliers Cedex. La facture sera jointe à l'ouvrage. Compter une vingtaine de francs pour les frais de port) ou sur place (La Documentation française, 29-31, quai Voltaire, 75344 Paris Cedex 07. Tél. 01 40 15 70 00).

40

Je suis jalouse de sa nounou

À la fin de votre congé maternité, vous étiez très partagée. La perspective de reprendre le travail et de renouer avec une vie sociale plus dense vous séduisait mais, en même temps, vous n'aviez pas très envie de vous séparer de votre bébé. Aujourd'hui, vous vous surprenez à jalouser la nounou de votre enfant.

Des sentiments contradictoires

□ À l'égard de la nounou

Vous avez choisi la personne qui s'occupe de votre enfant et vous reconnaissez volontiers ses qualités. Mais vous lui enviez les moments qu'elle partage avec votre enfant et vous redoutez qu'une trop grande complicité, qui vous ferait passer au second plan, naisse entre eux. D'ailleurs, lorsque vous en parlez à vos proches, vous ne manquez pas de leur fournir des indices qui confirment, vous semble-t-il, vos craintes (« Lorsque je le retrouve le soir, au lieu de se jeter dans mes bras, il se carapate au fond de l'appartement... »). Ainsi, le moindre petit détail prend de l'importance. Autre cas de figure : si vous le retrouvez le soir vêtu d'une autre tenue que celle que vous aviez choisie le matin et dans laquelle vous l'aviez imaginé tout au long de cette journée passée loin de vous, vous en tirez la conclusion que la nourrice vous dépossède, encore un peu plus, de votre rôle maternel. Et s'il a fait un progrès à vos yeux capital (voir chapitre 6 *Il a fait ses premiers pas avec sa nourrice*), vous êtes carrément amère et suspectez même votre enfant de vous faire payer de cette façon votre absence.

□ Vis-à-vis de vous-même

Vous vous sentez nulle, pas à la hauteur en tant que maman. La preuve : votre enfant semble très heureux malgré votre absence. Pire, lorsque vous voulez le récupérer le soir, il ne paraît pas si pressé de se jeter dans vos bras. Ce sentiment peut être amplifié chez les mamans qui ont repris le travail trop tôt à leur goût ou un peu contraintes et forcées (pour des raisons financières, par exemple) ou encore sans grand enthousiasme parce que leur activité professionnelle ne les épanouit pas plus que cela.
Résultat : sans remettre en question ses compétences professionnelles, vous en voulez à cette femme qui, à votre avis, ne se tient pas assez à son rôle de nourrice. En clair : elle marche trop sur vos plates-bandes.

□ Il est temps de réagir

– Parlez avec votre conjoint de ce que vous ressentez et demandez-lui ce qu'il éprouve à l'égard de cette personne. A-t-il le sentiment, lui aussi, qu'elle en fait vraiment trop ?
– Demandez aussi au jeune papa ce qu'il pense de vous en tant que maman. Même si la réponse vous semble un peu téléphonée, vous avez besoin qu'il vous rassure sur vos compétences maternelles (« Lorsque nous sommes ensemble, je vois bien que notre enfant éprouve beaucoup de bonheur à être avec toi... »), qu'il vous félicite et que vous sentiez même une pointe d'admiration dans ses propos.
– Quels que soient les ressentis de chacun, il est indispensable

que vous en discutiez aussi habilement que possible avec la personne qui s'occupe de votre enfant. Dites-lui, sans la mettre en cause dans un premier temps, ce que vous éprouvez et observez ses réactions.

– Donnez-vous encore un peu de temps de façon à pouvoir noter si des changements sont intervenus suite à cette discussion. Si vous avez choisi une vraie professionnelle, vous avez toutes les chances de passer ce cap difficile avec succès. Si, aussi objectivement que possible, votre compagnon et vous-même en arrivez à la conclusion qu'elle ne l'est pas, mieux vaut alors envisager une autre personne ou même un autre mode de garde. La crèche, par exemple, où les rapports s'organisent de façon plus collective (une auxiliaire de puériculture pour 5 enfants chez les petits). (Voir chapitre 37 *Quel mode de garde choisir* et chapitre 44 *Si j'inscris mon bébé à la crèche, ne va-t-il pas tomber tout le temps malade ?*)

– Interrogez-vous aussi sur vos propres capacités à supporter la séparation. Peut-être n'étiez-vous tout simplement pas prête à laisser votre tout-petit si rapidement après sa naissance ? Peut-être encore n'avez-vous pas pris suffisamment le temps d'essayer d'envisager une transition plus douce en optant, par exemple, pour une reprise du travail à temps partiel, un congé parental (voir chapitre 1 *Il me manque dans la journée*, encadré du chapitre 85 *Depuis que j'ai des enfants, je m'investis moins dans mon travail* et encadré chapitre 55 *Il veut être père au foyer*).

41

Je n'ai pas (plus) confiance en la nounou

La garde des enfants donne souvent lieu à des petites surprises. Graves ou anodines, c'est à chaque parent de juger en fonction de son propre seuil de tolérance. En revanche, lorsqu'il est question de sécurité, il n'y a pas à discuter...

Le scénario classique

Après quelques semaines de garde, vous avez le sentiment que la nourrice de vos enfants tient de moins en moins compte de vos consignes et que, peu à peu, un certain laxisme s'installe au détriment de la sécurité. Cette impression peut s'étayer, et encore davantage s'il y a répétition ou cumul, sur les faits ou indices suivants :

• votre enfant s'est coincé le doigt alors que vous aviez bien insisté, et cela à plusieurs reprises, sur l'utilisation du cale-porte ;

• votre enfant s'est brûlé les doigts sur la plaque chauffante et la nourrice n'a pas pris la précaution de vous appeler, vous ou le médecin de famille, alors que vous lui aviez recommandé de le faire au cas où pareille situation se présenterait. D'ailleurs, vous avez noté les numéros d'urgence à côté du téléphone : 15 Samu, 18 Pompiers, Centre anti-poisons, hôpital pédiatrique, taxi, numéro professionnel du père, de la mère, des grands-parents ;

• des voisines vous ont rapporté qu'elle avait laissé votre enfant hurler dans sa poussette sans prendre ni le temps ni la précaution de vérifier ou de comprendre vraiment l'origine de ses pleurs ;
• elle s'est trompée dans la posologie des médicaments ;
• vos enfants présentent des traces de coups, des hématomes dont vous n'arrivez pas à comprendre l'origine. Et les explications qui vous sont données sont très floues.
Lorsque les enfants ne se sentent pas en sécurité, ils peuvent le manifester de différentes façons : excitation ou agressivité excessive, désintérêt pour votre personne (plus de câlins...), grande anxiété se manifestant notamment au moment du coucher ou de la séparation du matin.

Comment réagir ?

□ Vis-à-vis de la nourrice : deux situations possibles

– C'est arrivé une seule fois et les dommages sont minimes. Parlez-lui avec une certaine fermeté pour qu'elle prenne conscience, si ce n'est déjà le cas, de sa responsabilité dans l'affaire et rappelez-lui les consignes de base.
– Ce n'est pas la première fois et la confiance n'y est plus. Mieux vaut alors vous en séparer en lui exposant les raisons. Si elle a commis une faute grave, n'hésitez pas à avertir les autorités responsables (la directrice de la crèche familiale, l'assistante sociale de la PMI, etc.) de façon à ce que d'autres enfants ne subissent pas les mêmes dommages.

□ Vis-à-vis de votre enfant

– Expliquez-lui que vous n'aviez plus confiance en cette personne et qu'il est de votre devoir de parent de veiller à sa sécurité.

– Dites-lui que vous l'aimez trop pour lui laisser courir un quelconque risque. Essayez de lui présenter une autre personne de confiance assez rapidement. Ménagez-lui une transition douce en restant un peu (quelques jours si possible) avec lui.

En matière de sécurité

Chez vous, ou chez la nounou, les mêmes précautions doivent être prises...

□ Avec un bébé

– Ne jamais déposer d'oreiller ou de couette dans son lit : il pourrait s'étouffer.
– Ne pas installer son transat ou son couffin en hauteur.
– Ne jamais le laisser seul sur la table à langer. Si vous devez saisir un objet ou un produit, toujours maintenir une main sur lui.
– Si vous utilisez un four à micro-ondes pour réchauffer son biberon, vérifier systématiquement la température du lait avant de le lui donner.
– Utiliser du matériel de puériculture portant la norme NF et la mention CE « conforme aux normes de sécurité ». Lors du montage, respecter scrupuleusement les consignes de la notice.

□ Dès qu'il crapahute

– Ne pas laisser traîner tous les petits objets qu'il pourrait mettre à sa bouche au risque de s'étouffer ou de s'intoxiquer (perles, médicaments, petits jouets...).
– Ne pas poser d'objet lourd ou brûlant au bord d'une table, utiliser les plaques chauffantes les plus éloignées du bord et tourner les queues des casseroles vers le mur du fond.
– Mettre les plantes vertes hors de portée de l'enfant : elles sont parfois toxiques.

– Installer des cache-prise, une grille de protection pour la porte du four, des protège-angle sur les coins des meubles, des filets antidérapants sous les tapis, une barrière de protection à l'escalier et fixer au mur ou au sol les petits meubles qui risquent de tomber. (Tous ces articles sont disponibles chez Vert Baudet, catalogue VPC vendu en kiosque.)
– Ranger les médicaments hors de sa portée ainsi que les produits ménagers (en hauteur ou dans un placard bas qui ferme à clé). Pensez à bien les conserver dans leur bouteille d'origine.
– Ne jamais laisser de chaise ou tabouret sous les fenêtres.
– Ne pas laisser traîner de rallonges électriques et débrancher les appareils lorsque vous ne les utilisez pas.

LA PROCÉDURE POUR LICENCIER

Une employée de maison
Si vous estimez que la faute commise justifie son licenciement, vous devrez organiser un entretien. Vous convoquerez cette personne en lui précisant l'heure, la date et le motif de la rencontre. Au cours de celle-ci, vous exposerez ce qui motive la sanction envisagée et recueillerez ses explications. Suite à cet entretien, vous pourrez appliquer la sanction qui ne peut survenir moins d'un jour franc ni plus d'un mois après l'entretien. Vous devrez ensuite l'informer de votre volonté de la licencier par lettre, envoyée de préférence en recommandé avec accusé de réception ou en lui remettant le pli en main propre après qu'elle a signé une décharge.

Une assistante maternelle
Informez la personne de votre volonté de rompre le contrat par lettre recommandée avec accusé de réception. Remettez-lui ensuite le dernier bulletin de salaire et une attestation ASSEDIC (sur commande par Minitel 3614 code ATEMI 0,37 F/min). L'URSSAF doit être informée de votre décision par le biais de la déclaration nominative trimestrielle.
Si vous estimez qu'elle a commis une faute grave, contactez le service de PMI dont elle dépend pour expliquer le motif d'interruption de votre contrat.
Vous pouvez aussi contacter l'UFFAAM, Union fédérative des familles d'accueil et des assistantes maternelles qui vous informera sur la réglementation en vigueur.
Tél. : 05 62 70 09 96 ou 01 46 04 37 13 (Paris).
Voir bibliographie du chapitre 39 *Nounou : quand faut-il réagir ?*

42

Comment garder une nounou quand elle est bien

Vous appréciez sa ponctualité, ses qualités relationnelles avec vos enfants, sa capacité à prendre des initiatives... Bref, la seule déconvenue possible avec elle serait qu'elle cesse de travailler pour vous.

Petit guide du parfait employeur

C'est une perle. La moindre des choses est de vous montrer à la hauteur en tant qu'employeur.

□ La conduite minimum

– Vous exigez qu'elle soit ponctuelle et elle l'est. Alors soyez-le aussi : vous le lui devez bien. En cas de contre-temps, prévenez-la systématiquement (avec les téléphones mobiles, on n'a vraiment plus d'excuses !) de façon à ce qu'elle aussi puisse prendre ses dispositions. Si vos horaires sont très élastiques, prenez soin de le lui dire dès le départ et de vérifier que cette contrainte est compatible avec son style de vie. Sinon, elle risque de vous échapper très vite.
– Soyez « réglo » sur les démarches administratives. Vous vous astreindrez à les effectuer en temps et en heure de façon à ce qu'elle ne soit pénalisée d'aucune façon. Même chose pour vos

congés : si vous avez décidé de vous offrir une semaine au ski, dites-le lui suffisamment tôt pour qu'elle aussi ait le temps de s'organiser de façon à profiter pleinement de cet avantage.
– Si elle travaille plus que prévu, payez-lui aussi vite que possible ses heures supplémentaires ou proposez-lui de les récupérer au plus tôt et si possible au moment où ça l'arrange. Elle bénéficiera ainsi de façon quasi immédiate des efforts qu'elle fait pour vous simplifier la vie et n'aura pas de ressentiment à votre égard.
– Exigez de vos enfants qu'ils la respectent. Et, si vous avez totalement confiance en elle, faites-leur comprendre qu'en votre absence, elle a les pleins pouvoirs.
– Ménagez-vous de temps en temps de brefs instants (par exemple, le matin autour d'une tasse de café) pour faire le point avec elle et lui dire combien vous avez apprécié son attitude dans telle ou telle situation ou combien votre enfant est content de la retrouver chaque matin.
– Gratifiez-la en tant que professionnelle sans essayer de vous en faire une amie. Vous prendriez le risque de déstabiliser la relation qui s'est mise en place entre elle, vos enfants et vous. Sachez garder une certaine distance avec elle. C'est de cette façon que vous la respecterez le mieux.
– Offrez-lui parfois un petit cadeau d'une valeur raisonnable. Si vous faites dans le luxe, elle risque d'avoir le sentiment de se faire acheter et d'éprouver une certaine forme de mépris à votre égard.

Et si elle vous quitte vraiment

Quand tout se passe bien, nous avons toujours tendance à penser que cela n'a aucune raison de changer. Alors, le jour où la nounou annonce qu'elle ne pourra bientôt plus garder les enfants, ne lui en veuillez surtout pas. C'est son choix et vous devez le respecter de la même façon qu'elle vous a respectée en vous rendant de bons et loyaux services.

Il ne vous reste plus qu'à essayer d'aménager la transition de façon à ce que vos enfants ne soient pas trop déstabilisés. Vous pouvez, par exemple, s'il s'agit d'une nounou à domicile, lui demander de vous proposer une personne de sa connaissance et d'organiser la succession avec une semaine de fonctionnement commun. Cela laissera le temps à vos enfants de faire un lien entre les deux personnes et de comprendre que la seconde n'est pas n'importe qui puisque leur ancienne nounou la connaît, l'apprécie et a participé à son recrutement.
Enfin, pour maintenir le lien avec votre première nounou, vous pouvez lui demander si, de temps en temps, elle serait disposée à faire quelques extras (baby-sitting, dépannage pendant les vacances...).

43

La baby-sitter ne respecte pas mes consignes et incite Marine à me mentir

Vous la trouvez fraîche, dynamique et joueuse jusqu'au jour où, rentrée un peu plus tôt que d'habitude, vous découvrez que vos enfants se gavent, contre toute attente, de hamburgers pendant qu'elle s'éternise au téléphone avec Amélie, Rosalie ou Victor.

Pourquoi l'avez-vous choisie ?

La réponse tient en quelques mots : elle (ou il) est dynamique, disponible aux heures où vous en avez besoin, et son jeune âge vous semble compatible avec les attentes de vos enfants : pour le soutien scolaire mais aussi les jeux (elle n'hésite pas à se mettre à quatre pattes, joue volontiers à cache-cache...). D'ailleurs ils sont ravis et ne jurent quasiment plus que par elle.

Le revers de la médaille

Si elle affiche une certaine souplesse, qui semble vous convenir, c'est en grande partie parce qu'elle est jeune. Et qui évoque la jeunesse évoque aussi parfois l'insouciance ou l'immaturité.
Il est donc temps que vous remettiez les pendules à l'heure en provoquant une petite discussion. Prévenez-la quelques jours

avant. Associez votre compagnon et pointez ensemble tous les dysfonctionnements qui vous sont apparus. Par exemple, demandez-lui pourquoi elle a servi des hamburgers plutôt que le poulet haricots verts prévu au menu. Si la réponse consiste en un « C'est plus facile... les enfants sont contents », rappelez-lui que vous attendez aussi qu'elle participe à leur éducation.
De la même façon, si elle a incité votre fille à vous cacher une vérité (elle lui achète des bonbons et lui demande de ne rien vous dire, elle fait venir chez vous son petit copain...), dites-lui très clairement que vous ne pouvez accepter une telle attitude. Si vous lui confiez votre enfant, c'est que vous attendez d'elle un comportement d'adulte. Elle doit être dans le camp des grands, et non pas dans celui des enfants.
Ensuite, vous n'avez plus qu'à attendre et observer. Si, dans les jours qui suivent, vous constatez qu'elle s'efforce de redresser la barre et qu'elle tient compte de vos remarques, la partie est quasiment gagnée.
À l'avenir, vous n'aurez plus qu'à exercer un rapide contrôle de façon à pouvoir rectifier le tir dès que nécessaire. Si, en revanche, rien ne change ou si la situation n'évolue pas dans le sens souhaité, c'est sans doute une question de personnalité : mieux vaut alors vous en séparer en prenant soin d'expliquer à vos enfants les raisons de votre choix.

ET EN PLUS...

Comment trouver une baby-sitter de qualité ?
Actuellement une quinzaine de conseils départementaux de la Croix-Rouge peuvent vous mettre en contact avec des jeunes âgés de 16 à 25 ans formés par leurs soins à l'accueil des tout-petits. Cette mini-formation comprend une trentaine d'heures de cours (prévention des accidents domestiques, préparation de repas équilibrés...) auxquelles s'ajoutent quelques heures d'observation en crèche.
Liste des conseils départementaux par Minitel 3615 code CROIX-ROUGE.

Vous pouvez recourir à une agence qui, moyennant des frais d'inscription (entre 1 500 et 4 000 F), vous garantit une personne sérieuse, formée et parfois assure le remplacement si elle tombe malade. Quelques contacts :
À PARIS
Home Service : 01 42 82 05 04.
Kid Services : 01 47 66 00 52.
Abada : 01 45 49 46 46.
Domicile services : 01 53 95 18 00.
Baby-sitting Express : 01 45 50 32 32.
(Vous trouverez les coordonnées d'autres agences sur Paris dans *Le Paris des tout-petits*, Mango-Pratique)
et
L'ANPE/CIDJ : 01 44 49 13 46.
À LYON : Association Quidam Service, tél. 04 78 60 76 69.
À MARSEILLE : Association Home services, tél 04 95 08 13 13.

44

Si j'inscris mon bébé à la crèche, ne va-t-il pas tomber tout le temps malade ?

Vous n'êtes pas la première à vous poser cette question, bien souvent soufflée par un entourage apparemment bienveillant mais qui, en cherchant à éveiller votre conscience, ne fait que vous culpabiliser davantage.

Les éventuelles maladies ne doivent pas conditionner votre choix

Si plusieurs études (françaises et étrangères) ont effectivement démontré que les enfants placés en collectivité étaient deux fois plus sujets aux otites et rhino-pharyngites que les autres, il n'est pas forcément judicieux de se baser sur ce seul paramètre pour choisir votre mode de garde. Tout d'abord parce qu'il n'est pas dit que votre enfant n'échappe pas à cette règle. Ensuite, parce qu'il peut aussi se sentir nulle part ailleurs mieux qu'à la crèche (sauf bien sûr chez lui) une fois passée la période dite d'adaptation et son cortège de petites maladies qui font, de toute façon, leur apparition dès l'entrée en collectivité chez des enfants de 2, 6 ou 24 mois.
Ce paramètre ne doit donc pas faire figure d'unique critère de sélection pour le mode de garde de votre enfant (voir chapitre 37 *Quel mode de garde choisir ?*). Il ne doit pas être non plus pour

vous une source d'anxiété telle qu'il rendrait difficile, voire impossible, l'adaptation à la crèche en provoquant chez votre enfant toutes sortes de somatisations.
Si votre premier élan était d'inscrire votre enfant dans cette structure de garde et que vous avez obtenu une place, foncez. Cela présume d'une opinion plutôt favorable de votre part à son égard qui ne peut que faciliter la réussite de cette étape dans votre vie de jeune maman, réussite indispensable au bien-être et à l'épanouissement de votre enfant.

Pourquoi ne faut-il pas s'arrêter là-dessus ?

La crèche est un mode de garde extrêmement « professionnel » et enrichissant sur le plan relationnel et éducatif. Et cela, grâce à la compétence de nombreuses personnes.
• **La directrice de crèche** est le plus souvent une infirmière diplômée d'État et parfois une sage-femme qui s'est spécialisée (deux années d'études supplémentaires) pour devenir puéricultrice. Elle choisit, forme et anime son équipe et gère l'établissement à tous les niveaux : humain, administratif, matériel...
• **Les auxiliaires de puériculture** ont obtenu un CAP. Généralement douces, patientes et chaleureuses, elles travaillent dans l'une des différentes sections qu'elles animent en apportant soins, affection et savoir-faire aux enfants. Lorsqu'elles sont chez les tout-petits (3-15 mois) qui ne marchent pas, elles prennent en charge cinq bébés. Chez les plus grands, les groupes sont constitués de huit enfants.
• **L'éducatrice de jeunes enfants** organise les jeux, en collaboration avec les auxiliaires de puériculture.
• **Le pédiatre** assure des vacations au sein de la crèche. Il examine systématiquement tous les enfants une fois par mois et surveille leur développement psychomoteur. Les parents peuvent le rencontrer et lui poser toutes les questions qu'ils souhaitent mais,

généralement, ils n'obtiendront pas de prescription. En revanche, ce médecin assure la vaccination des enfants avec l'accord des parents.

• **Le psychologue clinicien** est aussi vacataire au sein de l'établissement, ce qui signifie qu'il n'est pas présent tous les jours. Il veille au bon développement psycho-affectif des enfants et les observe dans leurs sections en s'intéressant à la qualité de leurs échanges avec l'auxiliaire et les autres enfants. Il rencontre les parents des enfants en difficulté ainsi que tous ceux qui le souhaitent.

La crèche bénéficie d'une longue expérience et sait fonctionner dans l'intérêt des enfants

□ Des réunions de formation et d'information

Avec la directrice et le pédiatre, le psychologue anime des réunions auprès de l'ensemble du personnel où sont évoquées la vie des sections et les difficultés rencontrées. Une réflexion sur la place de chacun, dans un souci de bonne intégration des enfants, est engagée.
Parfois, des réunions d'information autour de thèmes spécifiques (l'alimentation, la propreté...) sont aussi proposées aux parents.

□ L'auxiliaire référente

Chaque auxiliaire est nommée référente de cinq enfants, ce qui signifie qu'elle leur est plus particulièrement dévouée. C'est elle, par exemple, qui leur donne le biberon, un acte important auprès des tout-petits. Elle établit des contacts privilégiés avec les parents des enfants concernés qu'elle suit tout au long de leurs trois années passées en crèche. Cela ne signifie pas pour autant que les auxiliaires ne s'intéressent pas aux autres enfants. Elles les connaissent bien sûr aussi très bien.

□ La feuille de rythme

Les auxiliaires consignent sur ce document individuel les temps de sommeil et de veille de chaque enfant, la quantité de lait bu chez les bébés ou la composition des menus chez les plus grands... ce qui permet d'établir un vraie liaison avec les parents qui prennent ainsi plus aisément le relais le soir venu.

□ Le respect du rythme des bébés

La sieste à la carte est instaurée de plus en plus souvent chez les petits mais aussi chez les grands. Ainsi l'enfant gère lui-même son temps de sommeil. Les auxiliaires notent souvent des comportements très différents d'un enfant à l'autre, ce qui ne fait que légitimer encore davantage cette pratique. De la même façon, surtout chez les tout-petits, le repas à heure fixe n'existe pas. En revanche, une plage horaire est proposée. Ainsi, un enfant qui prolonge son sommeil d'une demi-heure par rapport à ses petits camarades pourra tranquillement déjeuner après eux et à la cadence qu'il souhaite.

□ Des activités diversifiées

En dehors des temps forts de la journée du jeune enfant (repas et sommeil), des activités lui sont proposées. L'emploi du temps est donc varié – peinture aux doigts, pâte à sel, jeux d'eau, jeux psychomoteurs, lecture d'histoires, temps d'écoute musicale... et cela, grâce à la multiplicité des compétences. Des coins activité (cuisine, dessin, déguisement...) pour les jeux spontanés sont aussi mis à la disposition des enfants s'ils le souhaitent.

□ L'adaptation : une étape à ne pas négliger

Si vous avez eu la chance d'obtenir une place, vous devriez rencontrer très vite la directrice. Elle vous présentera son équipe et vous fera très certainement visiter les locaux.

– Profitez de cet entretien pour poser toutes les questions qui vous passent par la tête même si elles vous semblent incongrues. La directrice vous expliquera sans doute lors de cet entretien les modalités de rentrée. En effet, au cours d'une première semaine dite d'« adaptation », vous serez amenée à laisser votre enfant un peu plus longtemps chaque jour, de façon à ce qu'il s'habitue progressivement au cadre ainsi qu'aux nouvelles personnes. Le papa est évidemment complètement partie prenante dans cette affaire. S'il lui est possible de se libérer un peu de ses contraintes professionnelles durant cette semaine, cela ne peut être que positif pour vous comme pour votre bébé.

– L'auxiliaire vous demandera sans doute d'amener à la crèche un objet de la maison (tour de lit, mobile, photo de vous...) bien connu de votre enfant afin qu'il se sente un peu moins perdu les premiers temps. S'il a déjà un doudou (dit « objet transitionnel » par les spécialistes puisqu'il a pour fonction de recréer psychiquement la réunion mère-enfant lorsque la mère ne peut être présente physiquement), l'épreuve de la séparation n'en sera que facilitée. De votre côté, quelques semaines avant ce moment important, parlez à votre bébé. Expliquez-lui que bientôt une autre personne, en qui vous avez toute confiance, s'occupera de lui mais que vous serez très heureuse de le retrouver le soir...

– Si cette séparation vous inquiète, vous pouvez demander à la directrice de crèche une période d'adaptation plus douce, étalée sur deux semaines.

– Rappelez-vous que, si l'entrée en crèche constitue un bouleversement dans votre vie et surtout dans celle de votre enfant, elle n'est en rien traumatisante.

– Observez votre bébé. Si, après quelques semaines, vous notez des changements dans sa façon de s'alimenter, des troubles de sommeil, des troubles ORL..., parlez-en au personnel mais ne dramatisez pas. Tout devrait rentrer rapidement dans l'ordre. Dites-vous encore qu'il est préférable que votre tout-petit réagisse. En effet, ne rien manifester pourrait correspondre à une annulation de la situation, un peu comme s'il niait la séparation que lui impose cette nouvelle vie. Ainsi, certains enfants se réfugient dans le sommeil ou sont hyperactifs, s'autorisant à dormir à peine une demi-heure au cours de leur journée à la crèche.

– Si la séparation est toujours douloureuse après plusieurs semaines, vous pouvez rencontrer le psychologue clinicien de la crèche ou de la PMI ou un thérapeute choisi en dehors de ces structures de la petite enfance. Il vous aidera à mettre des mots sur votre souffrance et tout devrait rentrer très vite dans l'ordre.

ET EN PLUS...

À lire

Nos enfants sont-ils heureux à la crèche, Anne Wagner et Jacqueline Tarkiel, Albin Michel, 1997.

V

L'ÉCOLE, L'INSTIT, LES PROFS...

45

Nous lui achetons tout ce dont il a besoin pour travailler. Et pourtant, il a de mauvais résultats scolaires

Une chambre pour lui tout seul, un ordinateur, des CD-Rom, une encyclopédie complète, une chaîne stéréo, la dernière Nintendo... et des abonnements à deux ou trois magazines spécialisés. Bref, l'attirail dont rêvent les garçons de 8-10 ans et qui, pour votre enfant, est bel et bien une réalité. Mais cela n'en fait pas pour autant un bon élève et vous ne comprenez vraiment pas pourquoi.

Petit retour sur vous-même

À son âge, vous n'en aviez pas autant et vous vous en êtes plutôt bien sortie. Pour y arriver, vous avez dû multiplier les efforts malgré la frustration due au manque de moyens. Bravo, mais votre enfant, ce n'est pas vous ! Et avoir ou pas du matériel n'est certainement pas la clé du problème. Il faut chercher ailleurs...

Observez, décodez

Si, après s'être jeté sur sa dernière console vidéo ou avoir exploré de fond en comble son encyclopédie, il s'en désintéresse totalement, c'est qu'il attend certainement autre chose de vous. Sans doute un geste, un mot pour avoir la certitude qu'il compte dans votre vie, qu'il a une place dans votre cœur et que votre tête est tout autant avec lui qu'à votre travail. Et cela sans exclusion de l'un ou de l'autre.

Ce que vous pouvez faire

– Ouvrez les yeux et reconnaissez que la solution est ailleurs, qu'elle ne consiste sûrement pas à collectionner des biens matériels.
– Autorisez-vous à être une vraie maman même si vous avez peur de donner ce que vous n'avez pas vous-même reçu. En effet, il est parfois plus commode de répéter le rôle que sa propre mère a tenu plutôt que d'en composer un bien à soi. Cela évite des rejets (de sa propre mère, de son éducation, de sa fratrie...) qui peuvent être très déstabilisants.
– Dites-vous qu'un enfant ne pousse pas tout seul même si, au moins en apparence, certains y parviennent très bien. Le vôtre n'est peut-être pas armé pour ce combat-là. Il peut, néanmoins, se montrer particulièrement pugnace et combatif sur d'autres terrains.
– Mettez des mots sur le problème et surtout essayez d'exprimer ce que vous ressentez sans, pour autant, le culpabiliser : « Je voudrais que nous trouvions ensemble des solutions... J'en ai assez que nous nous disputions sans arrêt à cause de tes résultats scolaires... Je peux, si tu le souhaites, te donner un petit coup de main... »
– Aidez-le à dire les choses pour qu'il s'autorise à les penser en formulant plusieurs hypothèses : « Est-ce que tu n'avais pas compris ta leçon... tu ne te sens pas bien à l'école, pas apprécié à ta juste valeur... » Usez et abusez du conditionnel et des questions : « Si quelqu'un t'aidait à faire le point sur tes leçons, est-ce que tu crois que cela te rendrait service ? » Surtout n'assénez pas des vérités toutes faites et amenez-le plutôt à exprimer son propre point de vue.

– Passez un peu de temps le soir à ses côtés même si, *a priori*, vous pensez que vous n'en avez pas. Il suffit parfois d'un petit quart d'heure pour lui manifester votre intérêt réel pour son travail. Bien sûr, cela peut aussi se doubler d'un vrai coup de pouce. Avait-il bien compris la consigne de l'exercice 326 ?
– Pensez à lui demander comment s'est passée sa journée, au cours du dîner par exemple. Pour que votre sphère familiale soit vraiment préservée, défendez-vous de répondre au téléphone. Vous lui montrerez ainsi que c'est lui qui, à cet instant, a la priorité. Et puis les répondeurs téléphoniques prennent parfaitement le relais. Tout le monde peut attendre une petite demi-heure.
– Racontez-lui aussi votre journée. Votre enfant pourra ainsi vous imaginer ailleurs. Et dites-lui bien qu'il vous arrive de penser à lui. En clair, il doit comprendre qu'il existe dans votre tête même quand, physiquement, il n'est pas à vos côtés.
– Avant le coucher, lisez avec lui un chapitre de son livre ou quelques pages de sa BD préférée. Rien de tel pour détendre les relations et s'endormir apaisé.

Si la situation est vraiment trop conflictuelle...

... ou que vous ne vous sentez pas à la hauteur parce que vous avez eu vous-même une scolarité difficile (une période qui vous a laissé de cuisants souvenirs) ou que vous avez tout oublié...
– Demandez à son père d'intervenir. Si ce n'est pas possible en semaine, le dimanche matin peut être l'occasion d'un rendez-vous régulier au cours duquel tous les deux reprennent ensemble les notions de la semaine. Et surtout laissez votre compagnon procéder comme il le souhaite ! Il est important qu'il montre à votre enfant qu'il s'intéresse à son travail scolaire.
– Faites appel à un tiers (un instit, un étudiant...). Ce recours à une tierce personne permet de faire bouclier à une éventuelle agressivité contenue et liée à ses mauvais résultats.

– Assurez un lien avec celui qui s'en occupe en en informant votre enfant. Un cahier de liaison (comme à l'école) ou des coups de fil réguliers permettent de maintenir un état de vigilance de toutes parts et soutiennent bien l'objectif commun.
– Trouvez ses points forts et mettez l'accent dessus.

Ce qu'il ne faut surtout pas faire

– Accueillir votre enfant le soir avec une phrase du type : « Alors, quelle catastrophe vas-tu m'annoncer aujourd'hui ? »
– Le désigner en lançant un : « Je vous présente le plus nul de sa classe. »
– Éviter à tout prix les comparaisons avec les frères, sœurs, cousins... « Tu vois, lui, il se débrouille très bien tout seul. »
– Cristalliser toute votre relation avec votre enfant autour de sa scolarité. Certains enfants vont ainsi de conduite d'échec en conduite d'échec, se sentent dévalorisés voire niés dans leur identité. Et les dégâts peuvent vraiment être considérables.

ET EN PLUS...

Soutien scolaire : à qui demander de l'aide ?
Selon l'âge de votre enfant, différentes options peuvent être envisagées. S'il a moins de 10 ans, une ancienne instit avec laquelle il a passé de bons moments, une baby-sitter étudiante peuvent apporter leur aide.
Pour les plus grands, pensez d'emblée aux étudiants qui feront figure de grand frère et peut-être de modèle.
Si vous ne connaissez personne, songez aux petites annonces à l'école, chez les commerçants. Et parlez-en : le bouche-à-oreille fonctionne généralement bien.

Vous pouvez aussi contacter :
• Le CIDJ (Centre d'information et de documentation pour la jeunesse), 101, quai Branly, Paris 15e. Tél. : 01 44 49 12 00.
Cette association, créée en 1969, sous la tutelle du ministère de la Jeunesse et des Sports, dispose d'antennes en province. Le CIDJ vous renseignera sur les possibilités de soutien scolaire dans votre région (listing à consulter sur place). Vous pouvez aussi vous procurer sa brochure *Choisir un cours de soutien* (contre 50 F port compris au service VPC) qui vous guidera pour sélectionner la bonne méthode (suivi hebdomadaire, cahier de vacances, multimédia) et vous permettra d'y voir plus clair sur les prestations offertes par les différents organismes.
• Inter-service-parents, le service téléphonique de « l'École des Parents ». Des conseillers vous apportent tous les renseignements que vous souhaitez sur les formules, les organismes...
Paris : 01 44 93 44 93.
Lyon : 04 72 00 05 30.
Metz : 03 87 69 04 56.
Colmar : 03 89 24 25 00.
Marseille : 04 91 10 06 30.

46

Je rentre trop tard pour l'aider à faire ses devoirs

Votre travail ne vous permet pas d'être de retour à la maison suffisamment tôt pour lire avec votre enfant quelques pages, superviser l'exercice de math ou expliciter la consigne de l'exercice 213. Vous le regrettez et vous vous demandez quelles en sont les conséquences.

Votre enfant doit avant tout se sentir soutenu

Non, pour effectuer son travail scolaire, votre enfant n'a pas besoin que vous soyez assise à ses côtés 100 % du temps ! Et même, avec les mois et les années, il doit apprendre à se débrouiller tout seul. En revanche, quel que soit son âge, il a besoin de sentir que vous vous intéressez à son travail scolaire et que vous suivez d'assez près le contenu du programme, les activités qui y sont liées, ses résultats et les difficultés même passagères qu'il pourrait rencontrer.

Le soir, vous avez peu de temps

– Essayez de lui consacrer ne serait-ce qu'un quart d'heure chaque soir. Ce rituel instaurera un climat propice à une vraie communication dans ce domaine. Ainsi, dès qu'il rencontrera une difficulté, il vous en parlera avec d'autant plus d'aisance.

– De même, vous pouvez profiter des petits déjeuners pris ensemble le matin (plutôt que seul devant la télévision) pour faire le point rapidement sur le déroulement de sa journée. Cela lui permettra, par exemple, d'exprimer quelques craintes par rapport à une évaluation qui doit avoir lieu. Cela vous permettra aussi de lui redonner confiance ou bien d'essayer, pour l'avenir, de trouver des solutions pour pallier ces difficultés.
Ce rendez-vous du matin est primordial : il permet à votre enfant de ne pas partir seul dans sa tête pour l'école et de prendre pied dans la réalité.
– Vous pouvez encore profiter du moment du trajet pour lui faire réciter une règle d'orthographe, une table de multiplication... le rassurer ou encore l'encourager. Attention : veillez à maintenir un climat détendu sinon vous risquez de perdre tous les bénéfices d'une telle démarche.
– Le soir, ne commettez pas l'erreur d'essayer de balayer en un quart d'heure toutes les matières mentionnées dans le cahier de devoirs (ou de textes pour les plus grands). Vous créeriez d'emblée un climat de stress et de tension peu souhaitable après une journée laborieuse, au moment où une certaine sérénité doit s'installer en famille.
– En semaine, commencez par demander à votre enfant comment s'est passée sa journée et s'il souhaite que vous lui donniez un petit coup de main sur une notion qu'il n'aurait, par exemple, pas très bien saisie.
– Intervenez sur une compétence (organisation du travail, du cartable, mémorisation, autocontrôle des acquisitions...) ou sur une matière en alternant, au cours de la semaine, celles où il réussit bien et celles qui lui procurent moins de satisfactions.
– Il (ou elle) aime particulièrement la poésie ? Faites de sa récitation un moment de plaisir. « Tiens, cette semaine, je n'ai pas eu droit à mon petit quart d'heure poétique... » Cela le valorise forcément et l'encourage.
– Réservez, si vous le pouvez, un moment du week-end pour un

contrôle plus global du contenu et des résultats de sa scolarité. Vous pouvez d'ailleurs imaginer un partage des matières avec son père. Il se consacrera, par exemple, aux mathématiques et à la géographie que lui-même affectionne tant.

Quelques trucs de « pro »

Ne faites pas ses devoirs à la place de votre enfant même si vous avez l'impression de gagner du temps (ou de vous soulager facilement de cette charge). Cela ne l'aiderait en rien sinon à s'acquitter d'une tâche très ponctuelle. Aidez-le à s'organiser, à structurer son savoir et explicitez les consignes si, visiblement, il ne les a pas comprises.

□ S'il a des problèmes d'organisation

– Vérifiez régulièrement et avec lui le contenu de son cartable. Cela lui apprend à trier et donc à faire le point sur ce qui est vraiment nécessaire, voire indispensable. De plus, cela présente le considérable avantage d'éliminer toute charge inutile et de préserver son dos.
– Incitez-le à tenir très soigneusement son cahier de textes. La date doit être écrite lisiblement, les abréviations évitées, les pages des livres bien lisibles. Vous pouvez encore lui conseiller des petits trucs comme tirer un trait entre chaque journée...
– Le soir, proposez-lui tout simplement de cocher ensemble les différents exercices ou leçons sur le cahier de textes pour vous assurer que rien n'a été oublié.

□ S'il a du mal à comprendre les consignes

– Demandez-lui ce qu'il a compris de la consigne puis essayez, à partir des éléments restitués, d'élaborer avec lui (et pas à sa place) le contenu de la question.

– Utilisez sans compter les petits shémas, croquis... qui rendent plus concrètes toutes les données du problème.
– Jouez les opportunistes en utilisant toutes les situations de la vie quotidienne qui remettent en scène et en pratique certaines données : une recette de cuisine (proportions, notions de mesures...), des ristournes dans les magasins (calcul des pourcentages, soustractions...), le marché (enrichissement de son vocabulaire...), la météo (apprendre à anticiper en pensant à la tenue vestimentaire adaptée pour le lendemain...). Tout ceci doit être amené avec légèreté, doigté et bonne humeur. Et s'il n'accroche pas, mieux vaut laisser tomber. Pas question de transformer son quotidien en une grande salle de classe !

□ Les aides possibles

– Un système d'étude est organisé dans les écoles et votre enfant a la possibilité d'effectuer ses devoirs de 16 h 30 à 18 heures. Mais, la plupart du temps, les surveillants (enseignants ou animateurs) veillent surtout à instaurer un climat propice à l'étude (qui est dite « surveillée » et non « dirigée ») et ne contrôlent pas systématiquement le travail des enfants. Vous ne pouvez donc, quelle que soit la formule, vous décharger totalement.
– Partagez le suivi avec votre conjoint. De même, il est nécessaire que vous signiez tous les deux le carnet scolaire (en cas de séparation, c'est une démarche à maintenir absolument même si c'est techniquement moins facile).
– Faites le point régulièrement avec le (ou les) enseignant(s) en insistant (si cela ne vous est pas proposé) pour que votre enfant soit présent. L'entretien le concerne directement et ne doit pas l'exclure. Il pourrait penser que vous lui faites des cachotteries.

47

L'instit me dit que mon enfant n'apprend pas ses leçons. Pourtant je fais le maximum

Vous avez pris sa remarque un peu comme un camouflet, un peu comme s'il vous disait que vous n'étiez pas à la hauteur. Oui, vous travaillez mais vous estimez consacrer suffisamment de temps à votre enfant pour bien vous rendre compte qu'il fait ses devoirs.

Aller au-delà des apparences

L'instit de votre enfant ne vous a pas dit que vous vous occupiez mal de votre enfant. Il a simplement signifié, avec peut-être plus ou moins d'adresse, ce qu'il constate tous les jours : son petit élève a du mal à réinvestir les règles dans les exercices d'application qu'il lui propose, il ne connaît pas suffisamment bien ses tables pour effectuer rapidement une multiplication ou une division... Cette situation ne doit pas être considérée comme une sanction, ou une évaluation de votre capacité à être une bonne mère, mais plutôt comme une véritable chance. Vous allez essayer de travailler main dans la main avec l'instit pour le bien de votre enfant. Peut-être vous donnera-t-il quelques techniques pour mieux soutenir votre petit, peut-être vous proposera-t-il un bilan... (voir p. 198), peut-être encore s'y prendra-t-il différemment avec lui, connaissant votre intérêt pour les résultats scolaires de votre enfant et sachant le travail que vous faites chaque soir à la maison.

Si votre petit élève a du mal à appliquer ou même à restituer ce que vous avez abordé ensemble la veille, c'est soit parce qu'il n'a pas aussi bien intégré les notions que vous le pensiez, soit parce qu'il vous a fait travailler et qu'il s'est un peu reposé sur vous sans même que vous vous en rendiez compte. Cette situation est plus fréquente qu'on ne le pense. Les parents sont contents d'avoir fini l'exercice mais ils ne se sont pas aperçus qu'ils faisaient le travail à la place de leur écolier.

Votre enfant attend-t-il trop de vous ?

□ Pour commencer, quelques questions à vous poser

- Lorsque vous rentrez le soir, a-t-il commencé son travail ?
- Si oui, a-t-il simplement ouvert ses livres et cahiers, histoire de faire illusion ou s'est-il vraiment mis à la tâche ?
- Si non, qu'attend-il ?

Vous ne pouvez, en effet, que l'inciter à démarrer seul puisque, lorsqu'il est à l'école, le maître n'est pas toujours derrière son dos (il a parfois une trentaine d'élèves) et qu'apprendre à être autonome est vraiment dans son intérêt.

Dans les faits, que se passe-t-il ?

□ Du côté des enfants

Ils attendent le retour de leur maman pour qu'elle s'occupe vraiment d'eux. Les devoirs leur permettent de maintenir une relation de dépendance avec leur mère un peu comme lorsqu'elle ne travaillait pas, si cela a été le cas auparavant. Cette situation se présente d'ailleurs assez souvent avec les petits derniers alors que les parents n'avaient rien noté pour les aînés.

□ Du côté des mamans

Par manque de temps, de disponibilité réelle, elles veulent en finir vite (après les devoirs, il y a le bain, le dîner, les affaires du lendemain à préparer...) et ont, malgré elles, tendance à faire à la place. Et puis tout le monde n'est pas pédagogue !

Comment y remédier ?

□ L'inciter à se prendre en main

Vous pouvez par exemple convenir d'un contrat de travail... « Tu apprends tes leçons et, lorsque j'arrive, tu me les récites et nous faisons ensemble les exercices d'application... tu en fais la moitié et on voit ensemble l'autre partie... tu fais tout ce qui ne te pose pas de problème et nous voyons ensemble le reste... tu prépares tes mots et je te les dicte dès que j'arrive... »

□ Demander à son père de prendre le relais

Votre enfant se trouvera ainsi confronté à d'autres procédés, à d'autres exigences... Peut-être que là où vous avez tendance à céder un peu facilement, lui tient bon. Et c'est tant mieux pour votre enfant !

□ Rencontrer régulièrement l'instituteur pour faire le point

Peut-être vous proposera-t-il d'inscrire votre enfant à l'étude pour qu'il apprenne à se prendre en main (les études sont surveillées et non dirigées), peut-être vous proposera-t-il un bilan avec d'autres partenaires scolaires comme le psychologue, les rééducateurs... (voir encadré chapitre 8 *Léo, 5 ans, se bagarre sans cesse au cours des récréations. Dois-je le punir le soir quand je rentre ?*).

Ils permettent d'obtenir une bonne évaluation des compétences et des difficultés d'un enfant et donnent l'occasion de faire un point aussi juste que possible sur ses capacités. Ils permettent encore de comprendre ce qui le freine dans ses apprentissages mais aussi de mettre en œuvre les bons moyens, qu'il s'agisse d'un problème d'organisation, d'une impossibilité de l'enfant à exécuter seul un travail dans un cadre temporel précis... Ils peuvent encore vous renseigner sur ses modes d'apprentissage avant que vous ne le fassiez travailler, sinon plus, en tout cas différemment.

48

Je pensais qu'il était bon élève... et que je pouvais me consacrer tout entière à mon travail

Quand son nouvel instit vous apprend que votre enfant rencontre de sérieuses difficultés, vous tombez des nues. Alors, vous le questionnez et il vous répond : « Tu ne t'intéresses pas assez à ce que je fais à l'école ! »

C'est un peu comme si vous receviez une double gifle

Cette conversation avec l'instituteur de votre enfant a agi comme un révélateur. Vous avez eu à la fois le sentiment de méconnaître votre enfant mais aussi qu'il ne trouvait pas en vous une personne suffisamment disponible pour recueillir ses difficultés.

Et vous n'aviez rien vu...

Comme la plupart des femmes qui travaillent, vous passez l'essentiel de votre temps à l'extérieur de la maison et, lorsque vous rentrez, vous essayez bien de puiser au maximum dans vos dernières ressources mais, il faut l'avouer (et qui vous en voudrait ?), vous n'êtes pas systématiquement d'une disponibilité à toute épreuve.
Vous avez été d'autant moins vigilante que vous ne soupçonniez

pas que sa scolarité puisse poser le moindre problème. Dans votre esprit, il était un bon élève et il n'y avait aucune raison pour que cela change. Et penser cela vous permettait de rester complètement disponible pour votre travail.

Comment réagir ?

– Commencez par essayer de remédier à ses difficultés. Vous pouvez recourir, si vous manquez de temps, aux services d'un étudiant, d'une ancienne instit... (voir chapitre 45 *Nous lui achetons tout ce dont il a besoin pour travailler...*) tout en gardant (et votre compagnon aussi) un regard attentif sur ses acquisitions et en valorisant ses progrès.
– Gardez bien à l'esprit que la vie à l'école ne s'arrête pas aux apprentissages. La place que votre enfant occupe au sein de la classe est aussi importante. Savez-vous s'il fréquente un groupe de copains stable ou s'il navigue des uns aux autres, s'il fait plutôt figure de leader ou de suiveur... Vous vous rendrez facilement compte de cela si vous l'attendez de temps en temps à la sortie de l'école, si vous l'accompagnez aux sorties scolaires, si vous le conduisez à ses activités extra-scolaires.
– Observez de quelle façon il se positionne face aux adultes. Accepte-t-il facilement l'autorité de l'instit, des surveillants de cantine, d'étude ? Qu'un enfant s'exprime relativement librement dans son univers familial n'est pas très gênant. En revanche, s'il fait preuve d'une certaine liberté de parole avec les personnes extérieures à sa famille, c'est plus problématique. Cela peut signifier qu'il n'a pas intériorisé un certain nombre de règles ou limites à respecter dans un cadre hiérarchisé donné. Il lui faut apprendre à faire la différence entre les conduites qu'il peut s'autoriser à avoir avec telle ou telle personne, sans quoi il risque de rencontrer tout au long de sa vie des difficultés, notamment dans le monde professionnel.

– Au cours d'une journée, votre enfant est confronté à une multitude de situations qui tiennent une place très importante dans sa vie. Ne pas le prendre en compte, c'est nier d'une certaine façon son existence. Une simple bagarre peut avoir de fâcheuses conséquences et s'il ne vous sent pas suffisamment disponible ou intéressée pour en parler, il est susceptible de l'exprimer d'une tout autre façon : agressivité en retour à la maison ou à l'école, désengagement de la vie scolaire...
– Il est nécessaire que vous établissiez des liens entre l'école, votre enfant et vous-même. Alors n'hésitez pas à participer aux réunions de parents, à accompagner de temps en temps la classe à une sortie quitte à prendre pour cela une demi-journée de congé... Cela le rassurera sur vos sentiments à son égard. Il aura la sensation d'exister bel et bien dans votre tête et d'avoir de l'importance à vos yeux. Il cherchera également à ce que vous soyez fière de lui et mettra tout en œuvre pour obtenir de meilleurs résultats.

49

Il rentre au CP juste au moment où je change de job

Aïe, Aïe, Aïe... au moment même où vous vous apprêtiez à accompagner votre enfant à la « grande école », vous apprenez que vous êtes promue (on vous offre un travail que vous ne pouvez refuser) et vous réalisez que votre disponibilité risque, au moins pendant un temps, d'en pâtir.

Ne cédez pas à la panique

Vous n'êtes pas seule à vous occuper de votre enfant. Son père peut sans doute vous donner un coup de main pour organiser au mieux et prendre en charge ce changement de rythme.

– Dans un premier temps, veillez à bousculer le moins possible les habitudes de votre enfant. Par exemple, s'il déjeunait chez une assistante maternelle ou à la cantine, conservez le même fonctionnement. Et, si une baby-sitter le récupérait le soir après l'école, essayez de la garder.

– Expliquez-lui ce que sera son nouveau rythme en fonction de son emploi du temps et du vôtre. Si vous ne pouvez plus venir le chercher à l'école le vendredi soir, prévenez-le en lui expliquant que vos horaires ne vous le permettent plus. Dites-lui que vous le

regrettez, bien sûr, mais que ce nouveau travail vous apporte d'autres compensations dont lui aussi tirera parti. Si vous faites de longues journées, vous pourrez peut-être de temps en temps prendre un jour de repos, ou négocier d'ici quelques mois votre mercredi après-midi ou un autre jour pour pouvoir, par exemple, accompagner vos enfants à l'école ou à leurs activités.
– Ne niez pas l'importance qu'il faut accorder à cette année de cours préparatoire mais rappelez-vous qu'elle s'inscrit, pour votre enfant déjà scolarisé, dans une continuité. S'il a acquis une certaine autonomie (il sait se laver, s'habiller seul... il accroche sa doudoune au porte-manteau... il participe à bon nombre de petites tâches dans la maison comme mettre le couvert, arroser les plantes sur le balcon, ranger ses jouets de temps en temps... et sait s'amuser seul), l'adaptation devrait se faire naturellement.
– Rappelez-vous encore que vous n'êtes pas seule à accompagner votre enfant sur les bancs de l'école élémentaire. Des professionnels (les instits de maternelle) l'y ont préparé depuis de longs mois et l'ont conduit à se prendre en main. Au travers des jeux, de la vie en collectivité, il a appris à partager, à respecter des consignes. En trouvant des réponses à ses questions, il a aussi eu envie d'en formuler d'autres pour aller plus loin, pour mieux comprendre le monde qui l'entoure. Et de cette émulation est né un véritable engouement pour l'école. En effet, aujourd'hui, en France, rares sont les enfants qui font la grimace à l'idée d'aller en maternelle. La quasi-totalité se montre même franchement enthousiaste. Et il y a peu de raisons, *a priori*, pour qu'ils perçoivent l'école élémentaire de façon anxiogène, sauf si vous-même avez tendance, parfois malgré vous, à l'évoquer avec une certaine inquiétude.
– Préparez la rentrée avec lui. Achetez ensemble le cartable, la trousse et tout le matériel dont il a besoin.
– Suivez ses apprentissages et essayez au moins un soir sur deux de lui faire lire sa page de lecture, l'autre soirée étant réservée au papa. Votre enfant comprendra que son travail scolaire vous inté-

resse et il aura d'autant plus envie de progresser. Encouragez-le et félicitez-le au moindre progrès. Par ailleurs, ménagez-vous d'autres moments (le week-end par exemple) pour jouer, pour vous détendre et vous reposer ensemble. Il va en avoir besoin. En effet, contrairement à ce qui se passe en maternelle, au cours préparatoire, les enfants doivent rester à leur place et répondre à de nombreuses consignes au cours de la journée. Les enseignants leur demandent une rigueur et une attention quasi constantes. Alors, n'orientez pas toutes vos conversations avec lui sur le thème de l'école. Avant d'être un écolier, il est d'abord un enfant.

Balayez votre anxiété et la sienne

Si votre enfant ressent votre inquiétude, vous risquez d'avoir à œuvrer doublement : à la fois pour vous rassurer vous-même mais aussi pour apaiser ses craintes. Cela risque de demander un peu de temps. Attendez-vous donc à une petite période d'adaptation pendant laquelle il risque de se montrer capricieux, peu sûr de lui, craintif ou même plus exigeant que jamais. Soyez patiente. Entourez-le, vous et votre compagnon, de votre amour et assurez-lui que vous pensez à lui lorsque vous êtes au travail. Vous pouvez même lui donner un petit objet à garder au fond de sa poche pour le rassurer. Ce peut être aussi un mouchoir avec votre parfum, une photo...

Renvoyez une image positive de l'école

Si vous gardez un mauvais souvenir de votre scolarité, vous risquez, votre compagnon ou vous-même, de voir avec réticence votre enfant franchir cette étape, restée plus pour vous synonyme de sanction liée aux résultats scolaires que de liberté. Dans ce cas, plutôt que de cristalliser votre amertume ou votre malaise sur votre enfant, mieux vaut essayer de vous dégager de la scolarité (sans pour autant vous en désintéresser) et laisser votre compagnon investir ce territoire. Cette démarche sera bénéfique pour vous, qui garderez toujours une certaine distance, comme pour votre enfant qui s'épargnera les frais de ce contentieux. Après tout, ce n'est pas son affaire.

Vous éviterez aussi de le prendre en otage entre vos ressentiments et l'image qu'il se forgera de l'école. Pour qu'il s'y sente bien, il ne doit donc pas être pris entre deux feux. Pour cela, et quel que soit votre passé scolaire, veillez toujours à... respecter les méthodes de l'enseignant (il a la liberté de les choisir et vous devez lui faire entièrement confiance). À oublier, donc, tous les débats sur les méthodes de lecture puisque aujourd'hui, en France, presque tous les enfants apprennent à lire de la même façon. Ils commencent par la méthode dite globale (très schématiquement, ils mémorisent des mots dans leur globalité) pour ensuite passer à une méthode syllabique (ils décomposent les mots en syllabes). C'est pourquoi on parle de méthode mixte ou semi-globale. Si vous assistez à la réunion de rentrée, il y a fort à parier que l'instit vous l'expliquera très bien.

En cas de problème, rappelez-vous que c'est l'enseignant et le directeur qui font figure d'autorité à l'école. Par exemple, ce n'est pas à vous mais à eux de régler les conflits que votre enfant connaît avec Kévin ou Alexandra. En revanche, à vous de les leur signaler : ils ne voient pas toujours tout !

Vous devez aussi respecter leur image devant vos enfants. À proscrire donc toute attitude critique à leur égard. Vos enfants ont besoin de les admirer et s'ils sentent que vous ne partagez pas leur engouement, cela ne peut que les déstabiliser.

Comment maintenir le lien avec l'école et favoriser l'épanouissement de votre enfant

– Assistez à la réunion de rentrée (voir chapitre 50 *J'ai du mal à me libérer de mes obligations professionnelles. Dois-je quand même assister à la réunion de rentrée ?*) ou vous faire remplacer ou prendre un rendez-vous avec l'instit dès les deux premiers mois de l'année scolaire.
– Participez une fois de temps en temps (quand vous le pouvez et pas forcément dès le premier trimestre) à une sortie, à un atelier le samedi matin auquel les parents sont conviés, à la préparation d'une fête (faire un gâteau, c'est montrer à votre enfant que vous avez à cœur de le rendre heureux au sein de l'école...).
– Rencontrez régulièrement l'instit pour faire le point et montrer à votre enfant combien sa vie à l'école vous intéresse.

Et s'il a beaucoup de devoirs ?

□ Que disent les textes ?

Dans les écoles élémentaires, des études dirigées d'une durée quotidienne de trente minutes sont mises en place, dans chaque classe, pendant le temps scolaire, à la suite des séquences d'enseignement proprement dites, et avant le début des activités périscolaires éventuelles. Dans ces conditions, les élèves n'ont pas de devoirs écrits en dehors du temps scolaire. À la sortie de l'école, le travail donné par les maîtres aux élèves se limite à un travail oral ou à des leçons à apprendre (circulaire n° 94-226 du 6 septembre 1994).

□ La réalité, c'est quoi ?

Le plus souvent, les textes ne sont pas respectés. Dans les faits, ce qui pose problème n'est pas tant la nature du travail (devoir plutôt que leçon) mais la quantité, et donc le temps que l'enfant va devoir y consacrer. Un élève de cours préparatoire ne devrait pas passer plus de 15-20 minutes le soir pour relire sa page et apprendre quelques mots et un de CE2 pas plus de 30 minutes.

Que faire si son maître ou sa maîtresse lui en donne trop ?

Soulevez le problème en réunion de parents en exprimant votre étonnement.

Parfois, ce sont les parents d'élèves eux-mêmes qui font pression auprès de l'instit pour qu'il en donne beaucoup et le jugent, du coup, très compétent.

ET EN PLUS...

À lire

Le Guide de l'école primaire, Safia Amor, « Parents », Jeunes Éditions, 1998.

Guide de l'école, de la maternelle à l'entrée en 6e, Yves Nazé, Albin Michel, 1997.

50

J'ai du mal à me libérer de mes obligations professionnelles. Dois-je quand même assister à la réunion de rentrée ?

Vous finissez votre travail à 19 heures et la réunion a lieu à 18. Cela va vous obliger à partir plus tôt et vous n'êtes pas sûre que votre patron ou vos collègues le voient d'un très bon œil. Alors que faire ?

Pourquoi cette réunion est-elle importante ?

Au cours de cette rencontre, qui fait le plus souvent figure de premier contact avec l'instituteur (ou institutrice) de votre enfant, vous allez entendre parler de la vie de la classe, des projets, du contenu des programmes... Vous pourrez aussi rencontrer les parents délégués qui vous représentent au conseil d'école et vous faire connaître même si vous estimez que votre enfant n'a pas de problèmes particuliers.

– Par votre présence, vous signifiez à l'équipe pédagogique votre intérêt pour la scolarité de votre enfant. Eux aussi ont besoin de se sentir soutenus.

– De la même façon, vous montrez à votre enfant que vous ne vous intéressez pas seulement à ses résultats scolaires mais aussi à l'environnement dans lequel il baigne toute la journée et que vous avez à cœur de rencontrer celle ou celui qui va l'accompagner dans ses progrès et acquisitions au cours de cette nouvelle année.

Les enfants sont souvent fiers et heureux de savoir que vous allez faire connaissance avec leur enseignant(e). Bien souvent, d'ailleurs, ils ont préparé cette réunion qui se déroule généralement au sein même de la classe. Par exemple, ils ont signalé avec une petite étiquette la place qu'ils occupent... ils ont affiché leurs premières productions... Bref, ils sont contents d'accueillir leurs parents dans leur lieu de vie. Ils seront d'ailleurs d'autant plus enclins à parler de leur quotidien que vous leur aurez signifié par votre présence qu'ils comptent pour vous.

Quelle sera votre décision ?

– Vous y serez, même si cela nécessite une certaine organisation. En effet, vous allez devoir demander à partir plus tôt et vous savez que vous vous exposez à quelques remarques moyennement agréables. N'hésitez pas à exprimer à votre enfant les difficultés que vous rencontrez, sans pour autant le culpabiliser. Cela lui permettra de comprendre qu'il n'est pas le seul à faire des efforts. Vous aussi, de temps en temps, vous en faites pour lui.
– Si vous ne pouvez vraiment pas y assister, faites en sorte que votre compagnon, lui, y soit. Ce n'est pas forcément utile que les deux parents soient présents. Si vous êtes séparés et que vous avez la garde principale de votre enfant, veillez à ce que son père en ait été informé suffisamment tôt pour prendre ses dispositions. Vous pouvez encore déléguer l'un des grands-parents.
– Si ni l'un, ni l'autre ne peuvent être présents, demandez un rendez-vous avec l'enseignant de façon à ce qu'il sache que vous êtes intéressée par la vie de l'école. De cette façon, vous allégerez aussi votre enfant qui ne se sentira pas mis de côté ni par son instit, ni par ses copains. Il ne sera pas désigné comme un enfant différent des autres, une position difficile à assumer à cet âge.

VI

LE COUPLE, LE PÈRE

51

Il trouve que je les couve trop... mais je les vois si peu

Mais laisse-les donc faire tout seuls », claironne à tout bout de champ votre compagnon. Et vous savez qu'il n'a pas totalement tort. Vos enfants qui ne sont déjà plus des tout-petits peuvent se prendre en main pour bon nombre de choses. Oui, mais vous avez du mal à lâcher la bride...

Mais quelle mère êtes-vous donc ?

– Vous faites peut-être partie du grand nombre de femmes (c'est une réaction classique) qui ont repris, un peu à contrecœur, leur travail tout de suite après leur congé maternité parce qu'un second salaire était nécessaire au ménage.

– Vous voulez être parfaite et faites en sorte que vos enfants ne manquent jamais de rien. Au premier coup de froid, vous vous passez de déjeuner pour acheter l'indispensable cagoule bleue qui va se coordonner avec la doudoune du même ton, comme si, en dépannage, celle de l'année précédente ne pouvait faire l'affaire.

– Vous vous donnez le sentiment que vous êtes tout le temps, et à tout bout de champ, indispensable à vos enfants. Cela peut être agréable, rassurant pour vous mais parfois dangereux pour eux ainsi que pour votre couple.

Les bonnes raisons pour faire machine arrière

□ Pour vous

Vous allez vous épuiser à force de vous plier tout le temps en quatre pour satisfaire leurs moindres besoins.

□ Pour votre couple, votre mari

Vous mettez votre couple en danger. Votre mari passe au second plan. Vous n'avez plus beaucoup d'énergie pour lui et il est devenu, au fil du temps, un peu comme la cinquième roue du carrosse.
S'il est assez grand pour se débrouiller tout seul – en clair, il n'a pas besoin d'une maman – en revanche, une femme aimante lui est nécessaire (voir chapitre 58 *Il dit que je ne suis pas assez aimante (variante : amante) mais en ai-je vraiment le temps ?*).

□ Pour vos enfants

– Vous risquez d'en faire des êtres insatisfaits. Ils vous réclament une présence, une certaine somme d'attention. C'est à vous de poser les limites avec l'aide de leur père. En effet, ne comptez pas sur eux pour réviser à la baisse leurs exigences.
– Vous risquez d'en faire des êtres peu sociables et malheureux. Quand, à la maison, on est habitué à tout avoir en claquant des doigts, se plier aux règles de vie de la collectivité (savoir attendre son tour, accepter que d'autres fassent plus vite, mieux, avec plus de facilités...) peut être très difficile et, en tout cas, douloureux. La confrontation à la réalité est douloureuse.
– Vous risquez de leur préparer une adolescence douloureuse. À cette période de leur vie, ils sont en quête d'autonomie et moins ils vous sentent prête à les lâcher, plus cette prise de distance aura des chances d'être conflictuelle.

– Vous risquez encore, à terme, d'en faire des trentenaires toujours accrochés à vos basques, incapables de s'installer dans un espace propre parce qu'ayant une identité trop fragile.

Il est temps de redresser la barre

– Écoutez votre compagnon. Il est en train de vous dire que vous avez le droit d'exister en dehors de vos enfants et avec lui. Il peut vous aider, faites-lui confiance et reposez-vous sur lui.
– Ne devenez pas l'objet d'amour exclusif de vos enfants. Vous êtes et serez toujours leur mère mais vous devez les préparer, autant d'un point de vue affectif que matériel, à prendre de la distance par rapport à vous.
– Habituez-les à être autonomes pour leur toilette, le rangement de leur chambre... Exigez sans vous montrer trop rigide mais sans pour autant renoncer. Ils répugnent à s'habiller... Montrez-leur les bénéfices qu'ils peuvent en tirer : « Tu t'habilles, tu peux donc choisir toi-même tes vêtements... »
– S'ils se mettent en colère parce que vous ne cédez pas, résistez. Ils reviendront bien vite vers vous parce qu'ils savent bien inconsciemment qu'ils ne peuvent tout avoir. En leur disant non, vous leur montrez les limites et les rassurez du même coup.
– Absentez-vous. Partez de temps en temps. Offrez-vous un samedi « shopping » avec une amie (et tant pis si ce week-end-là, vous les voyez un peu moins), trois jours en amoureux avec votre compagnon. Confiez vos enfants à des amis, à leurs grands-parents... Vous ne les mettrez pas en danger, pas plus que vous-même, si vous maintenez le lien en passant un petit coup de fil de temps en temps.

52

J'aimerais qu'il ait plus d'autorité sur les enfants. Avec la vie que je mène, j'estime en faire assez comme ça...

Vous avez le sentiment d'être la seule à faire preuve d'autorité et cela vous pèse souvent. Avec votre travail, l'organisation de la maison, les courses... vous estimez qu'il pourrait prendre le relais auprès des enfants.

Vous avez choisi l'homme de votre vie et le père de vos enfants

Lorsque vous avez décidé d'avoir des enfants, vous aviez une représentation précise du père que vous souhaitiez pour eux. Et si vous avez remarqué cet homme, ce n'est certainement pas un hasard. Cette démarche répond toujours à des choix inconscients.
– Commencez par analyser les raisons de votre choix. Peut-être le trouviez-vous naturellement patient, une qualité appréciable quand on souhaite vivre entourée d'enfants ? Peut-être encore l'estimiez-vous assez fort moralement pour protéger toute une couvée ? Néanmoins, indépendamment de ces qualités, vous vous êtes peut-être forgée quelques illusions quant à la place qu'il occuperait et qui ne correspond pas à celle qu'il peut effectivement assurer en ce moment.

– Sachez que chacun hérite d'une histoire familiale et essaie de faire au mieux avec. Ce que vous estimez être une démission n'est peut-être que l'expression d'une difficulté à se montrer, par exemple, différent de son propre père. Ce qui, pour votre compagnon, reviendrait d'une certaine façon à évaluer les compétences éducatives de celui qui lui a donné la vie, voire même à le sanctionner puisqu'il s'emploierait à agir différemment de lui.
– Vous connaissez un peu ses parents au travers de ce qu'il vous en a raconté mais aussi par ce que vous avez pu observer. De cela, vous devez sans doute pouvoir tirer quelques éléments susceptibles d'expliquer, au moins en partie, son comportement face à ses enfants.
– De votre côté, interrogez-vous sur l'attitude de vos propres parents qui font figure de modèle aujourd'hui dans l'éducation que vous donnez à vos enfants, même si vous vous en défendez. Un exemple : face à une mère très présente prenant toutes les décisions et à un père effacé et plutôt absent (déplacement professionnel ou autre), peut-être avez-vous choisi inconsciemment un homme en difficulté par rapport à l'image du père et peut-être aussi êtes-vous en train de reproduire involontairement le fonctionnement de votre mère ?

Comment faire une place au père

Il doit être présent dans votre tête et dans le discours que vous tenez à vos enfants. Par exemple, si, devant eux, vous avez pris l'habitude de parler seulement en votre nom, vous devez maintenant absolument inclure leur père. Sinon, cela revient à instituer une relation duelle avec vos enfants et, en cas de conflit, vous ne vous en sortez plus puisque vous êtes effectivement seule. Vous avez besoin d'un tiers, en l'occurrence du père de vos enfants, pour mettre un peu de distance entre vous et eux.
Le père a pour mission d'éloigner symboliquement les enfants de

leur mère et cela ne passe pas sans une position de castration. C'est lui qui dicte les interdits et c'est la mère qui veille à ce qu'ils soient respectés. Cette démarche est indispensable pour permettre à vos enfants de s'humaniser, c'est-à-dire de pouvoir s'ouvrir sur l'extérieur en sachant accepter les frustrations liées à la vie sociale.

« Mais il n'intervient jamais »

– Invitez-le à prendre position avec vous. Si vous le sollicitez dans votre discours, dans votre organisation de vie, il aura l'impression qu'il existe dans votre tête et dans celle de votre enfant.
– Fonctionnez en relais : « On en parlera avec ton père ce soir, je ne décide pas toute seule. » Rien de tel pour rappeler à chacun qu'il a une place et qu'il doit s'y tenir.

53

Il les élève trop à la dure... J'aspirerais à un climat plus serein

Après votre journée de travail, vous aimeriez pouvoir vous décontracter en famille. Or, c'est tout le contraire qui se produit. Par ses exigences envers vos garçons, votre compagnon instaure un climat de tension.

Comment la pression monte ?

– Votre compagnon ne tolère pas que vos enfants parlent à table, se lèvent même occasionnellement en cours de repas, prennent la parole sans en demander, au préalable, l'autorisation... Autant de règles dont la teneur et la rigidité vous renvoient, vous, à une autre époque.
– Dès que l'un de vos enfants se plaint d'avoir été chahuté par un camarade de classe, d'avoir été mal compris, mal considéré par un professeur, il s'entend systématiquement dire : « C'est de ta faute. Tu n'as qu'à t'en prendre à toi seul... dans la vie, il faut savoir s'imposer, se battre, sinon tout le monde te marche dessus... être un homme, c'est ça... »
– Lorsque vous essayez de temporiser, d'adoucir une mesure, votre compagnon marque aussitôt sa désapprobation. Il vous reproche à vous, leur mère, d'être trop proche d'eux, de trop les couver et

même parfois d'en faire des mauviettes qui ne seront pas capables de se défendre dans la vie.
– Vous reconnaissez volontiers que, face à la dureté dont il fait preuve, vous avez tendance à compenser en vous montrant plus tendre, plus à l'écoute que vous ne le seriez spontanément. Et, selon vous, vos enfants éprouvent visiblement le besoin de trouver refuge auprès de vous.

Pourquoi impose-t-il une telle dictature ?

– Ce modèle d'éducation correspond peut-être à celui qu'il a lui-même vécu lorsqu'il était jeune. Il garde l'image du patriarche qui fait régner la terreur et dont seule la parole compte.
– Cette attitude peut aussi être celle d'un homme qui a eu un père effacé (ou pas de père présent au foyer) et qui a dû se fabriquer une carapace pour survivre. Pour éviter de se faire piéger par ses sentiments, il refoule systématiquement tout ce qui est du domaine de l'émotion et met en place un comportement récurrent qui consiste à combattre l'autre pour montrer qu'il est le plus fort. Il ne comprend donc pas que ses fils puissent fonctionner différemment de lui et surtout qu'ils ne parviennent pas à surmonter des difficultés qui lui paraissent tellement dérisoires.
– Son propre comportement ne lui convient pas forcément mais il n'a pas d'autres références. De plus, fonctionner différemment le déstabiliserait dans les convictions qu'il a dû se forger pour dépasser les obstacles de la vie.

Quelle attitude adopter face à tant de rigidité ?

Montrez-vous diplomate et essayez de lui faire entendre que vos enfants ne peuvent fonctionner comme lui car leur histoire est différente de la sienne. Sans trop revenir sur son passé, expliquez-lui qu'ils ne sont ni mieux ni moins bien que lui au même âge et surtout qu'ils ont bien des difficultés à appliquer ses conseils qui sont inadaptés à leur personnalité et qui ont même plutôt tendance à les terrifier. Si vous parvenez à le convaincre que, pour le bien de tous, il serait intéressant d'aller en discuter ensemble avec un tiers (professionnel et neutre), vous aurez toutes les chances de voir la situation se détendre.

Trouver les mots justes, c'est parvenir à lui faire entendre que la sensibilité n'est synonyme ni de mièvrerie, ni de féminité. De la même façon exprimer ses émotions n'est pas forcément un signe de fragilité.

54

Il veut un troisième enfant. Avec mon travail, est-ce bien raisonnable ?

Vous travaillez depuis toujours et vous appréciez d'avoir une vie extérieure. Vous avez trouvé, au fil des années, un fonctionnement qui vous permet de bien jongler entre vie familiale et vie professionnelle. Mais voilà que votre compagnon émet l'idée d'avoir un troisième enfant. Est-ce bien raisonnable ?

Votre emploi vous intéresse moyennement et...

☐ ... vous êtes plutôt partante

Cela correspond même tout à fait à un choix personnel. Avec un troisième enfant, vous ne vous sentirez plus obligée de travailler à l'extérieur puisque la perte de votre salaire sera en partie compensée par un supplément d'allocations familiales et une allocation parentale d'éducation. De plus, vous ferez l'économie de certaines dépenses actuelles comme celles liées à la garde de vos enfants, à vos transports, aux frais de cantine, aux quelques heures de femme de ménage que vous vous offriez peut-être...
Vous ne pouvez pas encore dire si vous aurez envie de prolonger cette existence après les trois années de congé parental mais, une

chose est sûre, vous allez pouvoir vous occuper pleinement du petit dernier et suivre pas à pas son évolution, ce que vous n'avez pas pu faire avec les autres et que vous regrettez un peu. Mais, qu'à cela ne tienne, vous comptez bien en profiter pour les bichonner eux aussi dès que vous aurez cessé toute activité professionnelle. Enfin, une troisième maternité ne vous effraie ni sur le plan personnel, ni sur le plan matériel. Vous avez toujours su faire face au quotidien et vous n'imaginez pas une seconde que cette nouvelle situation puisse vous déstabiliser.

□ ...vous en avez envie mais cela vous effraie

Si la perspective de cesser provisoirement votre activité professionnelle vous semble tout à fait envisageable, l'idée de vous consacrer totalement à votre famille ne vous rend, en revanche, pas euphorique. Vous vous demandez à quoi peut bien ressembler la vie d'une mère au foyer et surtout si vous allez tenir le coup. De plus, vous n'imaginez pas pouvoir vivre dans le même lieu et vous comptez bien déménager. Mais peut-être faudra-t-il ajouter aux frais de ce changement d'habitation, d'autres liés à l'achat d'une seconde voiture pour cause d'éloignement... Bref, rompre au moins momentanément avec un équilibre que vous aviez fini par trouver à quatre.

Dans ce cas, la décision de concevoir un troisième enfant doit répondre à un souhait véritablement partagé : si, vécue à quatre, la vie est totalement harmonieuse, elle peut aussi être tout à coup très compliquée avec un enfant en plus.

Votre travail vous passionne et...

□ ... vous envisagez une solution de compromis

L'idée de poursuivre à la fois partiellement votre activité professionnelle et de consacrer plus de temps à vos trois enfants correspond à un désir pleinement partagé par votre conjoint et vous-même et cela ne vous pose aucun problème matériel. De plus, vous savez que lever un peu le pied de votre travail ne vous conduira ni à des représailles plus ou moins avouées (mise au placard...), ni à un moindre investissement de votre part.

□ ... vous vous dites que ce projet ne peut que nuire à votre carrière

Dans l'absolu, l'idée de concevoir un troisième enfant ne vous déplaît pas mais elle vous semble, pour le moins, incompatible avec la trajectoire professionnelle sur laquelle vous vous êtes engagée. Autre cas de figure : cela peut impliquer une pause professionnelle ou un travail à mi-temps qui ne sont pas envisageables d'un point de vue professionnel ou budgétaire. Ou encore : votre activité est en pleine expansion et vous ne vous sentez pas la force d'affronter le quotidien. Avec deux enfants, vous avez déjà l'impression de courir tout le temps, alors concevoir un troisième vous semble être une pure folie.

Renoncer à une nouvelle maternité, c'est aussi faire le deuil de sa capacité à donner la vie

La conception d'un enfant ne peut être envisagée dans le seul dessein de rejouer le rôle de jeune parent ou de se rassurer sur sa vitalité. Parfois, vers la quarantaine, les couples se laissent tenter par une nouvelle maternité, soutenus dans leur projet par les progrès de la médecine qui assurent une sécurité sans cesse accrue. Mais n'est-ce pas une façon de s'écarter du processus de vieillissement ? La femme serait-elle toujours désirée par son conjoint si elle ne pouvait être mère à nouveau ? Autant de questions à se poser avant même de se décider.

Une décision à mûrir tranquillement

Quelle que soit votre situation, vous ne pouvez envisager la venue de ce troisième enfant comme s'il s'agissait du premier. Votre âge est différent (et quelques années supplémentaires pèsent lourd dans la balance des nuits plusieurs fois interrompues...), votre implication professionnelle a aussi changé (vous n'êtes plus une jeune débutante et vous devez assurer quoi qu'il arrive), vous êtes peut-être encore plus sensible au stress qu'avant. Alors, si vous avez trouvé un équilibre à quatre, pourquoi risquer de le rompre à cinq ?

Essayez de comprendre ce qui motive votre compagnon et listez ensemble tous les éléments qui risquent de changer dans votre existence. Peut-être a-t-il du mal à imaginer en quoi la vie sera différente et de quelle façon il lui faudra s'impliquer ? À propos, en a-t-il vraiment la possibilité ? Peut-être encore se laisse-t-il séduire par des images de belles et grandes familles qui évoluent dans votre entourage (une sœur avec quatre ou cinq enfants qui, en plus de travailler, parvient aussi à s'impliquer dans la vie associative...).

55

Il veut être père au foyer

Votre congé maternité s'achève et, au moment où vous vous apprêtez à reprendre votre travail, votre compagnon vous avoue qu'il serait tenté par un congé parental. Vous êtes surprise et vous ne savez pas quelle attitude adopter.

Quels sont les avantages...

□ Pour vous

Vous pouvez reprendre votre activité professionnelle en étant plus sereine. Si les journées de travail doivent se prolonger, cela ne vous posera aucun problème.

□ Pour votre compagnon

S'il était en passe de devenir chômeur, si le poste qu'il occupait ne l'intéressait qu'à moitié, s'il a vraiment envie de s'occuper à plein temps de vos enfants, cela peut être un moment de vie plutôt agréable pour lui. Il se sentira peut-être plus valorisé dans ce rôle que dans ses fonctions professionnelles.

□ Pour vos enfants

Ils auront leur papa à plein temps à leurs côtés, ne devront pas se lever plus tôt que nécessaire pour aller chez l'assistante maternelle... leurs rythmes seront davantage respectés.

Les inconvénients

□ Pour vous

Vous risquez de ne pas toujours bien vivre le fait que votre compagnon soit plus présent auprès de vos enfants que vous-même. Peut-être vous sentirez-vous dépossédée de votre rôle de maman ? Peut-être serez-vous à certains moments jalouse de leur complicité perçue au détour d'une conversation ou d'un jeu de cache-cache ?

□ Pour votre compagnon

À terme, ses collègues, sa vie sociale sont susceptibles de lui manquer. Il peut mal supporter cette forme d'isolement qu'il était bien incapable d'imaginer puisqu'il ne l'avait jamais vécue auparavant. À moyen ou long terme, acceptera-t-il de ne pas ramener un salaire un peu conséquent au foyer (voir chapitre 71 *Je vais gagner plus que lui*) ? Supportera-t-il les questions et les remarques étonnées d'un entourage parfois très conventionnel ?

□ Pour vos enfants

Si, peu à peu, votre compagnon se transforme en papa-poule, ils peuvent éprouver quelques difficultés avec leurs images identificatoires. Le père risque de se substituer à la mère.

Quelle réponse donner ?

Avant de vous engager sur ce terrain, commencez par en discuter longuement et à plusieurs reprises tous les deux. Essayez de faire le point ensemble sur ce que peut vous apporter un tel choix de vie et sur les désagréments qui pourraient apparaître. Si votre compagnon s'est toujours montré très impliqué dans les soins et l'éducation de vos enfants, s'il n'a jamais rechigné à les changer, s'il ne s'est jamais plaint d'être fatigué... et s'il ne doute pas de ses capacités à rester à la maison sans avoir de lourds états d'âme, vous pouvez lui faire confiance.

Avant, mettez-vous bien d'accord sur ce que vous attendez l'un et l'autre de cette nouvelle organisation. Vous imaginez qu'il fera le ménage, les courses... Mais, dans son esprit, il en est peut-être autrement. D'ailleurs, supporterait-il vraiment de jouer les ménagères ? Autant de sujets sur lesquels il est nécessaire de débattre tout en sachant que les enfants ont besoin d'avoir devant eux des modèles parentaux différents pour se structurer.

En revanche, s'il ne s'est jamais montré très enthousiaste à les accompagner dans les tâches quotidiennes, si vous sentez qu'il saisit cette occasion plus pour fuir son milieu professionnel que par réel engouement, amenez-le le plus habilement possible à se poser les vraies et bonnes questions et, éventuellement, à la conclusion que ce n'est peut-être pas la meilleure option à prendre.

ET EN PLUS...

Congé parental et allocation parentale d'éducation : c'est aussi pour les pères !
Comme les mères, les pères peuvent bénéficier du congé parental d'éducation (voir chapitre 85 *Depuis que j'ai des enfants, je m'investis moins dans mon travail*). S'ils cessent ou réduisent leur activité pour élever leurs enfants (au minimum deux), la caisse d'allocations familiales (CAF) verse une allocation parentale d'éducation. Son montant s'élève à 3 060,62 F (466,59 €) en cas de cessation totale d'activité, à 2 023,83 F (308,53 €) si la durée de l'activité professionnelle est inférieure ou égale à un mi-temps et à 1 530,31 F (233,30 €) si le temps de travail se situe entre 50 % et 80 % de la durée fixée dans l'entreprise. Les deux parents ont la possibilité d'en bénificier, sachant que le cumul des deux ne peut excéder 3 060,62 F (466,59 €).
Au 1er janvier 1997, en France, 500 000 personnes bénéficiaient de cette allocation. Parmi elles, 5 000 hommes, soit 1 % des allocataires. Nous sommes bien loin de la Norvège où la plupart des pères utilisent ce congé qui est, il est vrai, proposé sous une autre forme : 300 jours rémunérés à 80 % du salaire à prendre sur huit années.

À lire
Un travail et des enfants, petits arbitrages et grands dilemmes, Jeanne Fagnani, « Société », Bayard Éditions, 2000.

56

Il me reproche de trop m'occuper des enfants le week-end

Durant la semaine, vous voyez à votre goût trop peu vos petits. Le matin, c'est leur papa qui les emmène à l'école et vous ne les retrouvez qu'aux alentours de 19 heures. Alors, quand vient le week-end, vous êtes contente de pouvoir enfin partager un peu plus de temps avec eux.

En faites-vous vraiment trop ?

Votre mari s'étonne, ou même vous reproche, de trop vous occuper de vos enfants le week-end, mais peut-être aussi pas assez de lui (voir chapitre 60 *Il veut sortir le soir. Moi, je suis fatiguée*). Avant de réfuter sa thèse, répondez à ces quelques questions afin de faire le point, aussi objectivement que possible, sur votre fonctionnement.

□ Vis-à-vis de vos enfants

– Ressentez-vous le besoin de leur proposer chaque week-end de multiples activités (pas question par exemple qu'ils manquent le dernier Disney) ?
– Vous arrive-t-il, de temps en temps, de les laisser passer le samedi après-midi chez des petits copains du même âge ?

– Répondez-vous le plus souvent possible à leurs demandes en vous disant que vous ne pouvez les priver de tout, qu'ils sont déjà bien assez pénalisés par votre absence durant la semaine ?
– Vous débrouillez-vous pour être entièrement disponible pour eux pendant tout le week-end ?
– Vous accordez-vous de temps en temps le droit de faire un après-midi shopping ou la visite d'une expo avec des amies ou votre compagnon ?

□ Vis-à-vis de votre travail

Vivez-vous votre travail comme, avant tout, une source de revenus non négligeable pour votre famille ? Travailler aujourd'hui correspond-il réellement à votre souhait ?

Et s'il avait raison...

Au travers de sa remarque, votre compagnon est peut-être en train de vous signifier que vous faites partie de ces mères qui, durant le week-end, mettent en œuvre tous les moyens dont elles disposent pour compenser leur absence de la semaine. Il vous arrive même parfois de vous montrer un peu laxiste – n'ayons pas peur des mots – à leur égard, attitude que vous justifiez par un : « Oh ! Si quand je les vois, je dois passer mon temps à les punir, cela n'a aucun sens... » (voir chapitre 14 *Tous les samedis, jour des courses, ils me réclament des jouets*).
Attention ! Vous êtes en train de faire fausse route. Ce n'est pas parce que vous travaillez que vous êtes une mauvaise mère. Votre sentiment trouve son origine ailleurs.

C'est quoi pour vous la mère idéale ?

Il est parfois difficile de se défaire d'une certaine image, souvent celle de sa propre mère. Peut-être en aviez-vous une qui, restant au foyer, était attentive à vos moindres désirs et besoins ? Peut-être avez-vous voulu, plus jeune, acquérir votre autonomie en travaillant à l'extérieur pour vous démarquer de cette image maternelle ? Si vous ne voulez à aucun prix renoncer à cette liberté, vous n'êtes pourtant pas très satisfaite de votre position de mère aujourd'hui.

Qu'attendent vos enfants ?

Si votre présence est effectivement nécessaire à leur équilibre, ils ont avant tout besoin de tisser un lien continu avec vous. En effet, s'ils ont acquis une vraie sécurité intérieure qui vous rend présente dans leur esprit, même quand vous n'êtes pas avec eux physiquement, alors vous pouvez vous autoriser à ne pas accéder systématiquement à toutes leurs demandes. Dans ce cas, ils n'ont pas à recevoir, ni à quémander, des preuves concrètes – cadeaux de toutes sortes, cinéma... – de votre amour. Ce lien se construit sur des sentiments, des émotions partagées qui ne s'achètent ni avec du temps, ni avec de l'argent. En effet, ce n'est pas parce que leur journée du samedi est ponctuée de toutes sortes d'activités qu'ils sont heureux avec vous. Ce sont souvent les moments informels, spontanés qui sont les plus forts. Alors, laissez-les libres de choisir leurs activités (même si elles doivent se dérouler sans vous), d'aller chez leurs copains du même âge s'ils le souhaitent. Ils ont sûrement envie d'avoir une vie sociale et ne souhaitent certainement pas rester tout le temps avec vous pour vous aider à surmonter une certaine souffrance.

Essayez de vous défaire de cette image de mère idéale qui vous poursuit et vous asphyxie. Profitez de vos moments de liberté pour vous retrouver avec votre compagnon. Derriere sa remarque se cache sans doute une bonne dose d'amertume. Existe-t-il encore à vos yeux en dehors de son rôle de père auprès de vos enfants ?

57

Nous ne faisons plus grand-chose ensemble

Avant la naissance de vos enfants, vous partagiez tout ou presque : les sorties, les voyages à l'étranger, les amis... Aujourd'hui, vous avez plus le sentiment de vivre côte à côte que d'être vraiment en couple.

Votre plainte est légitime

Vous avez raison de vous plaindre. Il est en effet inquiétant que vous ne viviez plus rien à deux. Parce que, si vous continuez à glisser sur ce terrain-là, vous serez amenée tôt ou tard à admettre que la seule chose qui vous lie encore à votre compagnon, ce sont vos enfants. Et, comme les enfants finissent un jour ou l'autre par s'envoler du nid, il y a de grandes chances encore pour que vous en veniez à la séparation, un acte jamais facile, et sans doute encore moins à 50 ans qu'à 30...

Commencez par vous interroger sur la nature du lien qui vous unit

Posez-vous ces quelques questions qui devraient vous aider à amorcer une réflexion de fond sur votre couple et sur son fonctionnement. Une rencontre ne se fait jamais par hasard au niveau inconscient. Elle repose forcément sur des images plus ou moins idéalisées du père, de l'amant...

– Que représentait, pour vous, votre compagnon au moment où vous l'avez rencontré ?
– Comment viviez-vous avec votre partenaire avant la naissance de vos enfants ?
– Quel père souhaitiez-vous donner à vos enfants ?
– Selon vous, remplit-il bien son rôle de père ?
– Est-il différent de votre propre père ? Meilleur ? Moins bon ?
– Votre couple adopte-t-il le même modèle que celui de vos parents ?

Comment y remédier

La plus grande difficulté dans une vie de couple est de parvenir à évoluer ensemble. Et cela ne peut se faire qu'au prix d'une grande écoute de la part de chacun. Il est aussi absolument nécessaire de faire une place à l'autre dans sa vie.

□ À faire

– Lui dire que vous avez toujours envie de vivre avec lui, que vous éprouvez des sentiments amoureux et que vous souhaitez trouver ensemble des solutions pour avancer de façon positive et constructive.
– Prendre du temps avec lui en dehors du travail, en dehors des enfants. Dîner ensemble à l'extérieur, aller au cinéma, au théâtre, entreprendre une activité commune (sport, échecs), etc.
Vos enfants sont perspicaces. Il est important que vous leur donniez l'image d'un couple amoureux. D'une part, parce que cela les rassure quant aux liens qui unissent leurs parents et, d'autre

part, parce que cela les conforte dans l'idée qu'ils ont été conçus dans l'amour. Ils doivent pouvoir se dire : « Il y a eu de l'amour, il y en a toujours. »

– Pourquoi ne pas partir plusieurs jours en amoureux ? Vous craignez que vos enfants vous le reprochent et vous vous demandez ce que vous leur répondrez lorsqu'ils vous diront : « Pourquoi vous ne nous emmenez pas avec vous ? » Pourtant, il n'est absolument pas certain qu'ils vous demandent cela. Vous anticipez sur quelque chose qui n'arrivera peut-être pas, et vous risquez de vous priver d'un plaisir essentiel avec votre compagnon. Si vous avez du mal à assumer une séparation, vos enfants risquent au travers de leur attitude, d'exprimer votre ambivalence. Or, pour votre vie de couple, il est important que vous ne vous enfermiez pas dans l'idée que la famille doit rester toujours unie (au niveau des liens affectifs peut-être, mais pas dans une dépendance physique ou psychique). Vous pouvez expliquer que vous avez envie, vous les parents, de vous retrouver en amoureux, ce qui ne les exclut pas eux de votre amour. Vous souhaitez vivre un peu au rythme des grands (sortir le soir, faire la grasse matinée...), avec des centres d'intérêt d'adultes et oublier un peu les contraintes du quotidien. Expliquez-leur qu'ils peuvent aussi en tirer avantage. Après tout, pourquoi n'en profiteraient-ils pas pour se rendre chez leurs cousins qu'ils voient si rarement ou aller chez leurs meilleurs copains qui les sollicitent depuis si longtemps. Vous maintiendrez le lien en leur faisant part de votre itinéraire, en leur passant un petit coup de fil de temps en temps. Cette expérience vous permettra aussi de comprendre que vous n'êtes pas totalement indispensable à vos enfants. Gageons que cela vous aidera à faire le point sur votre situation.

□ À ne pas faire

– Attendre que les enfants soient déjà grands pour réagir. Ce n'est pas au moment où vous vous apercevrez qu'ils commencent à se

tourner vers les autres (vers 10-12 ans), à développer une vie sociale qu'il faudra réagir.
Mieux vaut le faire avant. Sinon vous prenez le risque que votre compagnon se soit construit un univers où vous n'aurez déjà plus beaucoup de place. Et le retour en arrière, s'il est encore possible, est d'autant plus difficile que le nombre d'années écoulées est grand.
– Décider seule (je décide pour les vacances, je ne prends même pas la peine de le consulter...). Même si cela présente certains avantages (personne ne vous contredit...) sur le moment, à terme, cela ne fait que vous enfermer davantage dans votre solitude. Chacun fait semblant d'être avec l'autre et chacun cultive sa solitude sans rien dire.
– Prononcer des phrases définitives. « Trop tard... c'est tant pis pour moi... », car une plainte, aussi légitime soit-elle, devient une véritable complainte dans laquelle se glisse une part de plaisir non négligeable. Elle est, en plus, un excellent moyen pour ne pas trouver d'issue.
– Renoncer. Si vous n'arrivez pas à vous battre seule, confiez-vous à des proches (amies, famille...) qui peuvent être de bon conseil pour vous.

58

Il dit que je ne suis pas assez aimante (variante amante) mais en ai-je vraiment le temps ?

Depuis que vous êtes maman, vous avez mis entre parenthèses votre sexualité. Vous étiez débordée, préoccupée... et la reprise du travail n'a fait qu'empirer les choses. Mais les mois ont passé et vous ne vous êtes pas encore retrouvés. Cela vous inquiète.

Une mère n'est pas seulement mère

Les enfants ne sont capables de bien se situer dans la triangulation père-mère-enfant que si un lien d'amour unit très fort leurs parents. Sans lui, le père risque d'être exclu de la sphère familiale et un rapprochement entre la mère et les enfants peut s'effectuer de telle façon que chacun ne sait plus très bien comment se situer. (voir chapitre 52 *J'aimerais qu'il ait plus d'autorité sur les enfants. Avec la vie que je mène, j'estime en faire assez comme ça...*).

À la longue, cette situation peut être très angoissante pour les enfants qui, s'ils éprouvent du plaisir à se sentir importants aux yeux de leur mère, perçoivent néanmoins de façon inconsciente qu'ils n'occupent pas la bonne place. Un lien d'amour maternel intensif et exclusif risque de les enfermer dans un piège. Ce cocon vers lequel ils voudront toujours revenir les empêchera d'aller vers les autres et vers le monde extérieur.

De son côté, la mère peut trouver un refuge auprès de ses enfants pour mieux s'éloigner de son conjoint et priver le couple de sexualité, les enfants servant d'alibi ou de prétexte.

Dans votre cas précis, vous savez qu'il a raison et vous regrettez cette situation

Peut-être faites-vous partie de ces femmes qui ont ardemment désiré avoir un enfant et qui, lorsqu'il est né, ont eu du mal à s'en séparer. Dans ce cas-là, le père joue un rôle capital. En effet, il faut toute la tendresse d'un homme pour vous inciter progressivement à lâcher prise sur votre enfant et vous permettre de vivre votre sexualité en éprouvant un plaisir dont votre enfant est exclu. Vivre sa sexualité de femme, c'est pouvoir se dire que l'enfant est à sa place d'enfant et qu'il peut vivre sa vie sans que vous soyez présente de façon continue. Chacun a droit à ses espaces de vie et d'intimité.
C'est bien parce que le père joue le rôle de séparateur en disant : « Tu es aussi ma femme » que chacun peut exister en son nom propre et éviter la confusion des rôles.

Le temps joue contre vous

« Je suis trop fatiguée.. » revient à dire : « Je n'ai pas envie de te donner du plaisir. » C'est un peu comme si la mère punissait son compagnon de quelque chose. Bien entendu, cet homme n'y est le plus souvent pour rien et cela renvoie à l'histoire personnelle de cette femme. Un travail sur soi est conseillé afin de lever ce blocage.
Un couple sans sexualité, même si celle-ci évolue au cours d'une vie conjugale, risque de dériver. La frustration peut conduire l'autre partenaire à la vivre dans une relation extra-conjugale.

Et en plus...

À lire

Cramponnez-vous les pères, Christine Castelain-Meunier, Albin Michel, 1992.

Le Vrai Rôle du père, Jean Le Camus, Odile Jacob, 2000.

59

Nous n'arrivons plus à nous extraire de la vie quotidienne

Depuis quelque temps, vous n'êtes vraiment pas au top. Pourtant, vous n'avez ni soucis de travail, ni problèmes avec vos enfants ou votre compagnon mais vous êtes lasse du train-train quotidien...

C'est le lot commun

Comme toute personne vivant en couple, vous êtes soumise à la monotonie du quotidien, aux contraintes du travail, de la vie de famille. Ainsi, entre le matin et le soir, vous vous adonnez à toutes sortes de tâches qui se déclenchent presque automatiquement.

Attention danger !

Lorsque vous n'avez plus d'énergie pour vivre autre chose avec votre compagnon, une petite lanterne rouge doit s'allumer. En effet, ce n'est pas parce que vous vivez ensemble depuis plusieurs années qu'il n'y a plus de place pour la nouveauté et les projets. Il faut apprendre à déjouer la routine qui, si elle vous permet d'assurer un certain confort de vie aux vôtres (les courses le samedi pour être sûre que tout le monde mange à sa faim durant toute la semaine... le repassage le mardi et le jeudi soir pour ne pas entamer le week-end...), est la pire ennemie qui soit pour une vie de couple harmonieuse et épanouissante. Subir le quotidien c'est, d'une certaine façon, accepter qu'il n'y a plus grand-chose de vivant dans le couple.

Comment rompre avec la monotonie

– Changez... les meubles du salon de place, votre recette de tarte aux pommes (même si vous êtes convaincue que c'est la meilleure du monde), les rideaux de votre chambre...
– Réactualisez votre garde-robe, votre coupe de cheveux. Remettez-vous à la gym si vous aviez laissé tomber...
– Sortez un soir par semaine ou tous les quinze jours avec votre compagnon et programmez-vous de temps en temps des petits week-ends en amoureux.
Mais attention, il ne s'agit pas de sortir ensemble pour sortir ensemble. Commencez par vous demander si vous en avez encore envie.

S'interroger sur son propre fonctionnement et en discuter

Si le désir n'existe plus, ni en vous, ni au sein de votre couple, ce n'est pas en vous offrant un petit resto de temps en temps que votre vie changera radicalement. Dans ce cas, le problème est plus profond et vous devez commencer par vous observer vous-même dans votre manière d'être.
– Avez-vous tendance à vous réfugier dans la complainte du « C'est toujours pareil... » Sachez qu'elle ne fait pas évoluer les choses. Rien n'est plus efficace pour que rien ne bouge que de s'installer dans la plainte ou d'attendre que ce soit l'autre qui fasse les propositions.

– Êtes-vous de celles qui refusent une invitation impromptue parce que c'est le soir du repassage et qu'accepter bouleverserait l'emploi du temps de toutes les soirées de la semaine ?
– Ne dépensez-vous pas trop d'énergie pour le quotidien en vous imposant de nombreuses charges et contraintes alors que vos enfants sont aujourd'hui capables de vous alléger de quelques corvées (mettre le couvert, ses vêtements dans la panière de linge sale...) ?
– Vous accordez-vous de temps en temps un moment de vraie détente, quitte à remettre le rangement du placard à la semaine suivante ou à manger des surgelés trois soirs de suite ? Non, pourtant, c'est bien la meilleure façon de retrouver de l'énergie et de redonner couleur et saveur au quotidien.
Vivre, c'est aussi céder à certains élans qui ne sont pas toujours raisonnables et c'est encore rêver, accepter de se laisser surprendre... Cela n'est évidemment possible que si le quotidien ne passe pas toujours au premier plan.

60

Il veut sortir le soir. Moi, je suis fatiguée

Lorsque vos enfants sont couchés, vous vous affalez devant la télé. Ou si vous avez suffisamment de courage, vous lisez quelques pages d'un livre. Alors, envisager de sortir vous semble complètement illusoire, voire déplacé.

La demande de votre compagnon vous agace

Tout à coup, vous avez l'impression de ne pas être vraiment sur la même longueur d'ondes que lui par rapport à vos enfants. Vous estimez que vous ne les voyez pas suffisamment et que vous n'avez pas le droit de vous absenter davantage.
Mais ça, c'est votre logique à vous et, visiblement, votre mari en a une autre. Cela ne signifie pas pour autant qu'il aime moins vos enfants que vous. Il a envie de profiter d'eux mais aussi de vous, sa compagne, en dehors de la maison.
Par cette demande, il vous signifie peut-être qu'il ne sait plus quelle est sa place en tant qu'amant et (ou) qu'il éprouve quelques difficultés à se situer. Certains hommes manifestent ce mal-être en se réfugiant dans le travail.

Qui a raison ?

Un couple doit pouvoir exister en dehors de ses enfants. Pour cela, il est nécessaire de se ménager régulièrement quelques heures pour partager des moments de détente et de plaisir.
Cette démarche est nécessaire pour vous mais aussi pour vos enfants. Même s'ils manifestent de la jalousie à l'égard de leur père qui leur donne l'impression de leur voler leur mère pour quelques heures, ils peuvent aussi être fiers d'avoir des parents qui s'aiment et qui le manifestent. Ils pourraient penser qu'ils sont une entrave à votre épanouissement si vos sorties étaient fréquentes mais, si ce n'est pas le cas, vous n'avez aucune raison de vous inquiéter.

La solution est dans l'équilibre

Consacrer du temps à vos enfants mais aussi à votre compagnon et à vous-même permet à chacun de mieux trouver sa place. Vos enfants n'ont pas à décider de votre vie et vous ne devez pas oublier quels sont vos devoirs envers eux.
Essayez de vous ménager du temps pour vous deux. Vous pouvez choisir la régularité en décrétant, par exemple, que désormais vous sortirez tous les mardis soir ou un vendredi sur deux... selon vos possibilités. Cette option vous permettra de déroger le moins possible de votre ligne de conduite, de satisfaire la demande de votre compagnon et de rassurer vos enfants en leur donnant un point de repère. Ils seront certainement contents d'être confiés à une baby-sitter pleinement disponible pour eux et qu'ils apprécient ou à leurs grands-parents.

61

Il me dit : « Tu veux tout, pas étonnant que notre couple aille si mal... »

Oui, vous êtes exigeante...

– Ce n'est qu'après avoir bien assis votre situation professionnelle que vous avez décidé d'avoir des enfants. Votre compagnon l'a accepté et a su se montrer patient.
– Avant la naissance du premier, vous avez voulu déménager pour vous installer le mieux possible. Pas question d'accueillir cet enfant dans un petit trois-pièces. Vous méritiez forcément tous mieux que cela...
– Dès sa naissance, votre enfant a été couvert de jouets, habillé « griffé » presque de la tête aux pieds. Ainsi vous étiez sûre qu'il ne manquait de rien.
– Vous avez décidé de le faire garder chez vous et vous avez établi un emploi du temps réglé à la demi-heure prêt. Vous ne supportez d'ailleurs pas que la nounou puisse s'en écarter.
– Après la naissance de votre enfant, vous avez repris votre activité très tôt.
– Vous appréciez que votre compagnon soit un père impliqué mais seulement quand vous le souhaitez vous. S'il s'en occupe spontanément, vous avez toujours un œil dessus et vous n'êtes jamais vraiment tranquille.
– Si vous êtes exigeante envers les autres, vous l'êtes aussi envers vous. Vous vous devez d'être parfaite, de sourire à tout moment

et de répondre à tous les besoins, que vous anticipez même parfois. Vous devez, bien sûr, avoir une maison parfaitement tenue.

... mais quel mal y-a-t-il à cela et de quoi me parle-t-il ?

Lorsque votre conjoint vous reproche d'être trop exigeante, vous avez du mal à bien comprendre ce qu'il veut vous dire. Pour vous, tout ne va pas si mal et vous ne comprenez pas vraiment ce qui lui prend.

Votre compagnon, même si vous le valorisez souvent socialement (vous dites à votre entourage que c'est un vrai pro, qu'il est un parfait père, amant...), a parfois le sentiment de s'être laissé enfermer dans une image, celle que que vous lui avez proposée. Aujourd'hui, il se sent nié dans sa fonction de père et même de sujet.

Au fil du temps, il a peut-être eu le sentiment que vous ne supportiez pas qu'il ait une opinion, une parole différente de la vôtre. L'auriez-vous mis dans une petite case semblable à celle dans laquelle vous avez placé votre maison, votre voiture, vos enfants ?

Décompresser, c'est une priorité !

À vouloir tout, vous vous imposez un rythme infernal. Vous êtes d'ailleurs constamment sous pression. Et si vous continuez comme cela, vous allez bien finir par exploser un jour !

Pourquoi ne pas vous octroyer un peu de silence, d'inactivité et surtout du plaisir avec vos enfants, de la sensualité avec votre partenaire ? Pour vous, « vouloir tout » ne date sans doute pas d'hier. Alors demandez-vous pourquoi vous avez besoin de tout maîtriser, de tout contrôler, d'être hyperactive en permanence. Pour une fois, essayez d'entendre la parole de votre compagnon qui, par ce reproche, traduit sans doute un profond mal-être.

Si vous avez pour souci de préserver votre couple et la famille que vous construisez, il est temps de marquer une pause et d'écouter ce que votre conjoint a à vous dire. Si vous avez le sentiment que, même avec la meilleure volonté, vous ne pouvez pas faire autrement, expliquez-le-lui mais n'en restez pas là car cela signifierait que vous n'avez aucun souci de ce qu'il ressent.
N'hésitez pas à vous faire aider si vous avez l'impression d'être enfermée dans ce processus. Cette démarche vous demandera sûrement du temps mais votre conjoint sera soulagé de voir que vous l'avez entendu, que vous cherchez à évoluer pour le bien-être de toute votre petite famille.

62

Avec nos horaires décalés, on ne fait que se croiser

Lorsque vous rentrez du travail vers 14 heures, votre compagnon est en pleine activité. Et quand il est enfin de retour, vers 20-21 heures, il est temps pour vous d'aller vous coucher. Sans quoi votre réveil, autour des 5 heures du matin, risque d'être difficile...

Pourquoi c'est problématique

– Avant, lorsque vous n'aviez pas encore d'enfant, ces horaires décalés ne vous dérangeaient pas plus que cela. Vous aimiez attendre votre compagnon pour dîner dehors, en tête à tête ou avec des amis, et vous savouriez pleinement vos après-midi que vous occupiez à vous détendre, à pratiquer un sport, à voir des amies...
– Maintenant que vous êtes maman, les données sont différentes puisque vous profitez de votre après-midi pour ranger la maison, faire un peu de shopping de temps en temps ou aller à votre cours de gym. Ensuite, vous filez à la sortie de l'école pour récupérer votre enfant et, certains soirs, l'accompagner à une activité extrascolaire. Ensuite, vous rentrez chez vous pour les devoirs, le bain, le dîner, etc.

Faites le point sur votre situation avant de la juger inacceptable

□ Les avantages

– Vous pouvez de temps en temps vous accorder un après-midi pour vous...
– Vous avez la possibilité d'aller chercher votre enfant à l'école et donc de voir ses petits copains, de faire la connaissance des autres mamans de la classe, de croiser de temps en temps la maîtresse, de suivre ses progrès au judo, au foot ou au piano lorsque vous l'accompagnez...
– Vous faites l'économie d'une garde d'enfant.

□ Les inconvénients

– Durant toute la semaine vous croisez votre compagnon. Les seuls échanges que vous ayez concernent les petits réglages de la vie familiale (pense à acheter un pack de lait demain matin... le plombier va passer entre 14 et 16 heures...).
– Au fil du temps, vous avez l'impression qu'ensemble, vous ne faites plus que gérer le quotidien. Le sens même de la vie de couple se perd.
– Votre enfant ne vit pratiquement que des relations duelles : tantôt, il est avec l'un, tantôt avec l'autre et rarement avec les deux à la fois. Pour pallier cela et faire en sorte qu'il profite des effets structurants de la triangulation, vous êtes obligée de compenser l'absence de l'autre en le rendant très présent dans vos propos (« Avec ton père, nous pensons qu'il est préférable que tu ne prennes pas trois desserts...).
– Enfin, lorsque par chance vous vous retrouvez en famille, vous avez d'autant plus de mal à vous extraire pour vivre un moment avec votre enfant.

En conclusion

Tant que cette situation vous apporte plus de satisfactions que de désagréments, il n'y a pas lieu de la remettre en question. En revanche, dès que l'épuisement ou un sentiment de danger pour votre couple pointe son nez, mieux vaut envisager un autre fonctionnement, quitte à changer, si cela est possible, de poste de travail dans la même entreprise, d'activité professionnelle, ce qui vous permettrait d'avoir des plages horaires plus conformes à vos attentes.

63

J'ai du mal à trouver du temps pour partager une passion avec lui

Lorsque vous vous êtes connus, vous aviez en commun la passion de la voile (des voyages, des randonnées pédestres...) que vous ne pouvez plus nourrir aujourd'hui, faute de temps et de disponibilité. Depuis que vous êtes parents, même pour aller au cinéma, c'est toute une organisation.

Admettez-le une bonne fois pour toutes : les temps ont changé

Au cours des trois premières années qui suivent la naissance d'un enfant, il est bien difficile de s'extraire du quotidien, même si cela est indispensable pour votre bien-être mental et pour la santé de votre couple (voir chapitre 57 *Nous ne faisons plus grand-chose ensemble*). Cela nécessite souvent une aide de l'entourage comme celle que peuvent proposer des grands-parents disponibles et en forme ou des moyens financiers permettant de s'offrir les services d'une baby-sitter en plus de la garde habituelle de son enfant.
Si vous souhaitez continuer à voyager, à partir plusieurs jours en randonnée... vous devrez confier votre enfant à une tierce personne. Cela implique, outre une organisation particulière, une disponibilité psychique pour le faire. En effet, si vous avez encore du mal à vous séparer de vos enfants, vous risquez de ne pas très

bien vivre ce temps que vous avez, *a priori*, réservé à vous et à votre couple.

Deux solutions possibles : partager ou différer et changer

Selon vos goûts et l'activité qui vous séduit, vous pouvez peut-être et en attendant des jours plus propices...

– Partager vos projets : si, par exemple, vous êtes tous les deux fous de trecking, vous pouvez décider de partir à tour de rôle. Cela n'empêchera pas celui qui reste de préparer le voyage de celui qui part, ni d'écouter ses récits d'aventures à son retour.

– Différer et changer : vous pouvez aussi décider de mettre ladite passion en veilleuse, le temps de retrouver la disponibilité nécessaire et de partir à la découverte d'autres activités qui se prêtent mieux à votre nouvelle vie. Ainsi, certains couples se sont découvert une vraie passion pour les échecs, les romans noirs, les thrillers au cinéma...

Découvrir fait aussi partie du piment de la vie. Retenez encore qu'un couple qui dure est généralement un couple dont les partenaires évoluent ensemble.

Ne vous résignez pas !

Ce n'est pas parce que vous êtes moins disponibles qu'avant que vous devez tirer un trait sur vos loisirs, votre vie amicale qui sont autant d'occasions de vous extraire du quotidien (voir chapitre 59 *Nous n'arrivons plus à nous extraire de la vie quotidienne*). S'offrir une bulle d'air de temps en temps permet de mieux vivre le quotidien. Lorsqu'on a autre chose dans la tête que les charges et tracas du quotidien, on vit les difficultés avec beaucoup plus de recul et donc de facilité.

64

On craque : on va divorcer

Vous partagez votre vie avec votre compagnon depuis de nombreuses années. Au fil du temps, les tensions se sont multipliées et vous vous êtes éloignés, du fait de votre travail, de vos rencontres... Vous êtes aujourd'hui convaincue que vous n'avez plus grand-chose à partager sauf bien sûr les enfants.

Un divorce ne peut être envisagé à la légère. C'est un acte difficile, douloureux, qui a forcément des répercussions sur l'équilibre de chacun. Lorsqu'il s'effectue dans les cris, les pleurs, voire même la violence, il devient traumatique. L'origine d'un conflit qui s'exprime de cette façon trouve le plus souvent ses racines dans une accumulation de tensions qui n'ont pu être évoquées sereinement au moment où elles sont apparues. Le désaccord, l'éloignement étaient présents et pourtant chacun a fait comme si la situation allait s'arranger. Mais l'attente silencieuse ne résout jamais rien. Au contraire, exposer ses griefs assez rapidement peut permettre de trouver un apaisement, une détente et même des aménagements. Sans cela, chacun construit sa vie en développant des centres d'intérêt propres et le partage n'a plus lieu d'être.

La difficulté de devenir parent

La parentalité est parfois difficile à assumer par l'un ou l'autre des membres du couple. Le désir d'enfant était là mais il s'agissait d'un enfant imaginaire. Sa venue au monde a pu réveiller des souffrances, des inhibitions, mettre en place des blocages. Au fil du temps, votre conjoint a eu de plus en plus de responsabilités professionnelles et s'est montré de moins en moins présent au domicile. Aujourd'hui, il ne participe que très peu aux charges familiales alors que vous ne bénéficiez pas non plus, vous-même, de beaucoup de temps pour les assumer. Peu à peu et face à cette situation, votre agacement s'est dirigé vers lui et a pris la forme de revendications plus ou moins agressives. Du coup, à chaque fois que vous vous retrouvez, la vie est un enfer.
Si vous vous trouvez l'un et l'autre dans l'impossibilité de continuer à vivre ensemble, dites-vous que vous n'êtes pas totalement responsable de votre histoire, pas plus que celle de votre compagnon. Il est préférable que vous mettiez un terme à cette relation lorsque vous avez vraiment le sentiment que vous n'avez plus rien à attendre de votre couple. Renoncez à faire « comme si », sans quoi vous prenez le risque que la relation ne cesse de se dégrader au fil des jours. Et vous n'en tireriez aucun bénéfice, pas plus pour vous que pour vos enfants.

Vous n'êtes pas sûre, vous doutez

La période de doute durera le temps qui vous est nécessaire à une telle prise de décision. Personne d'autre que vous ne peut en fixer l'échéance. Surtout ne vous hâtez pas, vous risqueriez d'avoir ensuite des regrets. Et les marche arrière ne sont bonnes pour personne !

Et les enfants, dans tout ça ?

Décider de rester pour ses enfants n'est certainement pas le meilleur choix. Ils ont besoin de constater qu'un respect mutuel existe entre vous. Or, à trop tirer sur la corde, les chances de maintenir un bon climat à la maison diminuent chaque jour. La décision de se séparer a forcément des répercussions psycho-affectives sur les enfants mais elles sont moins douloureuses que celles engendrées par des conflits perpétuels qui, de plus, entretiennent l'insécurité. Bien souvent, le divorce va se cristalliser autour de l'argent ou de détails du quotidien, des reproches sur votre manque de disponibilité par rapport à vos enfants, votre conjoint... qui témoignent bien de la difficulté à aborder directement les questions essentielles. La tristesse peut aussi s'exprimer par différents biais : l'agressivité, la rancœur, des revendications sans fin...
Vous pouvez vous faire aider dans ce processus de séparation, soit en vous entretenant seule ou à deux avec un psychothérapeute, soit en recourant à une médiation familiale (voir encadré chapitre 77 *Il appelle au dernier moment pour dire qu'il ne viendra pas chercher les enfants... et je dois aller au travail*). Parfois, se parler en présence d'un tiers donne un tout autre poids aux paroles et permet de retrouver une capacité d'écoute de l'autre.

Que faut-il leur dire ?

« Nous ne nous aimons plus suffisamment pour continuer à vivre ensemble de façon sereine et personne n'y peut rien. Il n'est pas question pour autant de vous priver de l'un ou l'autre d'entre nous. Nous allons donc trouver tous les aménagements possibles pour que le lien soit maintenu en permanence et que vous n'ayez pas trop à souffrir de cette nouvelle vie. Nous restons vos deux parents, quand bien même, à l'avenir, nous serions amenés à reconstruire une autre vie avec une nouvelle personne. »

65

Il veut que je m'arrête de travailler

Vous avez toujours eu une activité et vous n'aviez jamais pensé que votre compagnon puisse vous demander de rester à la maison lorsque vous deviendriez maman. Vous ne savez que faire...

Et vous, que voulez-vous ?

– Vous souhaitez prendre un peu de temps pour élever votre bébé sans écarter la possibilité de retravailler tôt ou tard. Vous pouvez alors opter pour un congé parental, un travail à temps partiel... (voir chapitre 85 *Depuis que j'ai des enfants, je m'investis moins dans mon travail*).
– Vous voulez poursuivre votre activité pour ne pas risquer d'être mise au placard ou freinée dans votre progression professionnelle. Et, de toute façon, même si vous aimez très fort votre bébé, vous ne pouvez vous imaginer rester toute la journée à la maison. Pour vous, travailler, c'est être utile, active, en contact direct avec le monde...
– Vous êtes indécise et vous ne savez pas quoi penser de cette proposition. Si vous doutez vous-même, c'est que vous n'avez peut-être pas vraiment envie de poursuivre et le souhait de votre compagnon est soutenu, en grande partie, par votre état d'esprit. C'est un peu comme s'il venait à la rencontre de vos désirs. Si vous montriez du

plaisir, une réelle motivation à reprendre ou poursuivre votre activité professionnelle, pensez-vous qu'il exprimerait ce souhait de la même façon (avec autant d'aplomb, de conviction...) ?
Peut-être avez-vous, tout simplement, du mal à vous séparer de votre bébé. Et, même si poursuivre une activité professionnelle vous tente, vous ne supportez pas l'idée que votre enfant puisse être gardé par une autre femme que vous. Vous voilà face à vos propres difficultés et la proposition de votre compagnon constitue sans doute une option à retenir puisqu'elle peut vous éviter de souffrir, au moins le temps de régler cette question. Cela est préférable pour vous, pour votre enfant qui ressentira forcément votre mal-être et pour votre situation professionnelle. Difficile en effet d'être motivée et de s'investir totalement quand on est là au prix d'un véritable déchirement.

Pourquoi vous demande-t-il cela ?

Vous pouvez être étonnée par ce souhait soudain. La plupart des couples s'entendent, avant même de mettre un bébé en route, sur le mode de vie qu'ils souhaitent. Mais il est possible que votre compagnon n'ait pas vraiment imaginé la situation ou qu'il soit lui-même en proie à une véritable angoisse face à la séparation. Il se demande peut-être de quelle façon votre bébé vivra le fait d'être malade sans que vous soyez systématiquement à ses côtés. Peut-être redoute-t-il encore que son enfant souffre de votre absence ? Peut-être encore ne supporte-t-il pas que vous preniez du plaisir ailleurs que dans l'univers qu'il pense avoir créé pour vous ?

Connaissez-vous son histoire ?

Quel modèle de mère a-t-il dans la tête ? Est-ce celui de sa mère, d'une autre femme ? Si sa propre mère était très présente, très disponible, cela peut expliquer qu'il éprouve quelques craintes à ce que vous ne veilliez pas 24 heures sur 24 sur son enfant. Peut-être aussi a-t-il vécu un abandon, un rejet maternel qui pourrait expliquer ses craintes (il projette sur son enfant ce qu'il a lui même vécu) ?

Comment négocier si vous êtes définitivement contre

« Je ne suis pas comme ta mère, il faut que tu l'acceptes. » Voici la phrase à ne pas dire si vous souhaitez éviter un gros conflit. Si vous abordez le problème de cette façon, vous risquez de le blesser (une mère est une mère !), de le déstabiliser par rapport à ce qu'il croit être le modèle de référence et de bloquer toute discussion.

Amenez-le sur le terrain du dialogue et essayez de lui faire entendre qu'à vos yeux les deux modèles (mère au foyer ou mère active) sont parfaitement défendables mais qu'en ce qui vous concerne c'est le second qui vous convient. Et s'il souhaite que votre enfant ait une maman qui aille bien dans sa tête, il doit se ranger à vos arguments. L'équilibre familial en dépend. Il doit l'admettre et vous aider pour que tout fonctionne au mieux. Pas question en effet qu'il vous fasse payer votre choix en n'apportant ni aide ni soutien.

Soyez patiente. Il vous faudra sans doute de multiples conversations et du temps pour lui faire admettre un choix qui s'oppose à un lourd héritage.

66

Il ne veut pas que je lui parle de mes soucis de travail

Votre responsable n'apprécie pas vos méthodes et vous craignez qu'il ne se sépare de vous. Vous êtes inquiète, vous dormez mal et vous vous montrez de moins en moins disponible pour votre famille. Votre compagnon ne veut rien entendre et vous vous sentez très seule.

Pourquoi il ne souhaite rien entendre

– Vous en avez peut-être maintes et maintes fois parlé ensemble et il a l'impression que vous n'avez pas beaucoup tenu compte de ses conseils. Il est las de cette situation et souhaite que vous trouviez maintenant vous-même la solution puisque ses propositions ne semblent pas avoir retenu votre attention.
– Il est peut-être d'un naturel très introverti, peu enclin à discuter de ce type de problème et ne comprend donc pas pourquoi vous avez vous-même tant besoin d'en parler.
– Vit-il bien le fait que vous travaillez ? Peut-être souhaite-t-il davantage avoir à ses côtés une mère plutôt qu'une femme qui travaille à l'extérieur. Lorsque vous vous êtes connus, vous étiez peut-être déjà active et cette situation ne le dérangeait pas ou même le flattait. Mais, maintenant que vous êtes maman, il est possible qu'il en soit autrement, même si votre salaire est nécessaire au bon

fonctionnement du ménage. Peut-être encore a-t-il du mal à supporter votre malaise parce que vous êtes, pour des raisons financières, obligée de travailler et que cela le renvoie à un sentiment d'échec ? Il pense ne pas être à la hauteur pour assumer toute sa petite famille et vous mettre à l'abri de ce type d'agression. Certains schémas ont la vie dure dans l'esprit de bon nombre d'entre nous, même si nous affichons une modernité sans faille.

Dans un premier temps, protégez vos enfants

Si vous vivez mal votre journée au travail, cela ne peut qu'avoir des répercussions sur votre vie personnelle. Et votre existence devient vite un enfer. Vous êtes tendue, facilement irritable et vos enfants ainsi que votre compagnon sont les premiers à en faire les frais. Pourtant, vous savez bien qu'ils ne sont nullement responsables de la situation et que ce n'est pas en criant que vous réglerez quoi que ce soit. Cloisonner vie professionnelle, quand elle est conflictuelle, et vie personnelle relève de l'exploit. N'ayez donc aucune honte à expliquer aux uns et aux autres que vous êtes énervée parce que vous avez des soucis de travail.
Quelques paroles suffisent souvent à apaiser les enfants qui, tout à coup, comprennent qu'ils ne sont pas responsables de votre mauvaise humeur.

Les solutions possibles

□ Partir

Vous ne changerez pas le fonctionnement des personnes qui travaillent avec vous et encore moins s'il s'agit de vos supérieurs hiérarchiques. Même s'il est souhaitable d'essayer de dialoguer, la solution est souvent d'aller voir ailleurs, surtout si, malgré vos efforts, le conflit augmente. Il ne s'agit nullement d'un échec mais de la nécessité de sauvegarder votre santé physique et psychique. Et cela, même si, pendant un temps, votre salaire doit être moins important et vos fonctions moins valorisantes.

□ Vous interroger

Rester dans un poste et s'exposer aux critiques ou manœuvres déstabilisantes ne peut que poser question. Pourquoi ne pas céder s'il en va de votre santé psychique ou du bien-être de votre famille ?
Cette situation vient peut-être en écho à une autre situation vécue antérieurement et dans laquelle vous ne vouliez pas lâcher prise. Peut-être encore vous mettez-vous systématiquement face à une personne qui peut user de son ascendant pour vous critiquer ? Cela vous paralyse et vous ne trouvez aucun argument à opposer. Ce type d'histoire trouve souvent son origine dans l'enfance. Vous êtes-vous toujours sentie soutenue ? Appréciée à votre juste valeur ? Peut-être encore, au cours de votre scolarité, avez-vous entendu que vous aviez peu de capacités. Bien des phrases prononcées par les parents, les enseignants (le fameux « fait ce qu'il peut » au bas du bulletin de notes, par exemple) peuvent être traumatisantes et conditionner un individu pour toute sa vie. Il peut alors chercher à se convaincre, durant son existence, de ce qu'il a entendu et aller d'échec en échec ou passer à des situations de moins en moins valorisantes.

□ Remédier à la situation

Si vous êtes vous-même dans une logique de répétition, il serait sans doute bon que vous amorciez une vraie réflexion dans cette direction.

67

Il est jaloux de ma vie au travail, avec mes collègues

Raconter les soucis du quotidien à d'autres femmes qui sont souvent aussi mamans, vous soulage beaucoup. Ainsi, vous avez moins l'impression de porter tout, toute seule, d'autant que votre compagnon n'est pas toujours très loquace sur ces questions. Mais il vous semble que ce dernier n'apprécie pas trop vos relations.

Il ne supporte peut-être pas...

- ... que vous rapportiez les dires des unes et des autres à la maison et que vous mettiez en application la plupart des conseils de vos collègues. D'ailleurs, dès que vous commencez une phrase par : « Tu sais, Irène, elle achète toute sa viande chez Délireprix et elle en est très contente... ou les Dumont partent toujours en vacances avec cet organisme, on devrait faire comme eux... », vous notez chez lui un enthousiasme modéré et vous vous dites, bien entendu, que « c'est toujours pareil, dès que cela vient de moi, il n'est jamais partant... il ne m'écoute pas, il ne tient pas compte de ce que je dis... » ;
- ... que vous sollicitiez objectivement plus l'avis de Claude, Dominique, Anne et Patricia que le sien pour des décisions qui le concernent en premier chef (la santé des enfants, le choix du mobilier, la couleur de la peinture du salon...). À chaque fois que

vous mettez en avant leur avis, il se sent dévalorisé. C'est un peu comme si vous estimiez qu'il n'a d'opinion sur aucune question qui concerne sa famille. Même s'il montre peu d'élan, même s'il prend assez peu d'initiatives, c'est avec lui, *a priori*, que vous avez tout de même choisi de vivre ! Ne vous étonnez pas que, lorsque vous lui proposez de répondre favorablement à l'invitation à dîner de l'une d'entre elles, il rechigne ou cède en traînant les pieds ;

- ... que vous parliez de votre vie de famille à l'extérieur. Il vit mal que vous livriez aux autres les menus détails de votre quotidien, mais peut-être aussi d'autres événements qui le touchent de près : les difficultés qu'il rencontre momentanément dans son travail, avec votre mère, vos différends conjugaux... Il se sent spolié.

Peut-être se montre-t-il jaloux car...

- ... vous le considérez plus comme père que comme homme vivant à vos côtés. Et cela ne lui échappe pas. Il a d'ailleurs de plus en plus de mal à le supporter ;
- ... vous vous êtes peu à peu éloignée de lui car vous êtes plus mère que femme. Vous donnez tout votre temps disponible mais aussi tout votre amour à vos enfants et vous n'avez plus d'énergie pour vivre des moments agréables avec lui. C'est un peu comme si vous construisiez votre vie sans lui, sans tenir compte de ses désirs, de ses attentes.

À écouter les récits de votre vie au travail, il a de plus en plus le sentiment que ce que vous vivez avec vos collègues est beaucoup plus gai et attrayant à vos yeux que ce que vous vivez avec lui. Il est jaloux de votre investissement affectif avec vos collègues de travail.

Avez-vous réellement envie de partager votre vie avec votre compagnon ?

S'il semble ne pas trop apprécier les relations que vous entretenez avec vos collègues, peut-être devez-vous interpréter son manque d'enthousiasme comme un signal d'alarme et vous demander quelle place vous lui concédez à vos côtés et surtout si celle-ci le valorise.
Même s'il s'est montré patient jusque-là, n'est-il pas en train de vous signifier que la manière dont vous vivez ensemble ne lui convient pas ?
Si tel est le cas, soit vous prenez en considération son désir réel de partager des moments de plaisir avec lui sans collègues, enfants... soit vous pensez que sa remarque n'a pas lieu d'être mais sachez que vous risquez alors d'aller à la rupture (voir chapitre 64 *On craque : on va divorcer*).
Mais peut-être encore craignez-vous un rapprochement avec lui et utilisez-vous les autres (vos enfants, vos collègues...) comme une défense, une barrière bien pratique. Cela pourrait revenir à dire que cet homme est avant tout à vos yeux le père de vos enfants et rien de plus : vous construisez votre vie sans lui, sans tenir compte de son avis, de ses aspirations, de ses désirs.

Ménagez-vous, ménagez vos relations et attention aux fausses amitiés

Si des liens affectifs peuvent effectivement se tisser dans le monde professionnel, une certaine modération s'impose. Il est important de sauvegarder l'intimité de son couple et de ne pas mélanger systématiquement relations de travail et amitiés. Cela ne fait souvent pas bon ménage. En effet, quand des enjeux de pouvoir s'installent (un poste plus intéressant est à pourvoir, l'une d'entre vous prend du galon...), il est plus facile de déstabiliser ou de manipuler l'autre, volontairement ou involontairement, quand on connaît bien son fonctionnement. Ces pseudo-amitiés ne résistent pas aux intérêts personnels, à l'image que certains souhaitent donner d'eux-mêmes, aux ambitions multiples et variées.

68

Il ne supporte pas que je ramène des dossiers à la maison pendant le week-end

Vous avez un poste à responsabilité, vous êtes enseignante... et vous estimez que votre implication professionnelle ne peut s'arrêter à la porte de votre bureau (école...). Mais, de son côté, votre compagnon estime que votre travail empiète trop sur votre vie personnelle.

Ce qu'il faut garder à l'esprit

Il vous est peut-être difficile de faire autrement mais sachez que...

- ... avoir des enfants, un conjoint, cela signifie que vous ne fonctionnez pas toute seule. Vous ne pouvez ignorer les attentes de ceux qui vous entourent. Ils ont besoin de partager des moments essentiels avec vous. Cela est nécessaire pour que votre famille puisse exister et s'exprimer en tant que telle et non pas en tant que somme d'individualités ;
- ... avoir une famille ne permet pas de faire passer son ego en premier. Vous devez une certaine écoute et disponibilité aux vôtres (voir chapitre 84 *Depuis que je suis maman, je ne peux plus accepter les déplacements*) ;
- ... renvoyer fréquemment à vos proches l'image d'une mère absente physiquement pendant la semaine et psychiquement le week-end peut faire naître un doute dans leur esprit quant à la place que vous leur accordez dans votre coeur. Vos enfants et

votre compagnon ne peuvent bien vivre que s'ils ont le sentiment d'exister dans la réalité ;

• ... l'absence de disponibilité alors que vous êtes présente physiquement peut entraîner une agressivité verbale, ou même physique ;

• ... être mère, ce n'est pas seulement avoir donné un jour la vie. Il s'agit surtout d'accompagner votre enfant sur ce chemin semé d'embûches qu'est la vie afin qu'il puisse advenir en tant que sujet.

Pourquoi ne pouvez-vous pas faire l'impasse sur votre travail ?

□ C'est une question d'organisation

Pendant la semaine, votre emploi du temps change chaque jour (si, par exemple, vous êtes prof) ou vous ne travaillez pas le mercredi et vous avez décidé de réserver ces plages horaires exclusivement à vos enfants, aux courses... En contrepartie, vous préférez prendre du temps sur votre week-end pour préparer vos cours, relire vos dossiers... Dans ce cas, ne vous étonnez donc pas que votre compagnon n'apprécie pas trop la situation : il a sans doute le sentiment d'être mis de côté, voire même d'être ignoré.

Si vous souhaitez vraiment faire plaisir à tout le monde et tenir compte des différentes remarques qui vous sont formulées, revoyez votre organisation. Profitez, par exemple, de la sieste, si votre enfant la fait encore, pour travailler et si vous ne pouvez vraiment pas faire autrement. Mais ne soyez pas trop exigeante envers votre entourage. Donnez l'autorisation à vos enfants de vous déranger de temps en temps (si, par exemple, vous avez entrepris une petite tâche pendant qu'ils jouaient). Ils doivent savoir que vous êtes là avant tout pour eux. Ils accepteront d'autant mieux votre travail si vous prenez la peine de leur expliquer que cela ne vous empêche pas de faire autre chose ensemble après.

Votre activité sera alors vécue comme une parenthèse et non comme un rejet de votre part.

□ C'est une question d'ego

Peut-être vous sentez-vous plus valorisée en tant que professionnelle qu'en tant que mère de famille ? La maison, les travaux domestiques, les sorties au parc avec vos enfants... ne vous emballent pas plus que ça. Vous ressentez un réel plaisir dans les rapports de forces au travail, un certain sentiment de puissance (quasi masculine) qui vous donne pleinement l'impression d'exister alors que le quotidien de la maison est synonyme d'ennui pour vous.

□ C'est une question de crainte

Peut-être pensez-vous que lâcher un peu de lest en vous montrant plus disponible risque d'induire une demande grandissante de la part de votre entourage au point de ne plus savoir quelle est votre place. Ou que, vous-même, vous ne puissiez plus les lâcher ? Mettre trois piles de dossiers entre vous et eux peut être une façon de garder vos distances. En clair, vous craignez peut-être de vous enfermer dans votre amour.

69

Il ne m'aide pas à la maison. Pourtant, moi aussi, je travaille...

Incroyable ! Il passe tous les soirs devant la boulangerie et ne pense jamais à acheter le moindre morceau de pain. Quant aux chaussures qui traînent dans l'entrée, il n'aurait jamais l'idée de les ranger. Est-ce qu'il me prend pour la bonne, pour sa mère ?

Il ne fonctionne pas comme vous

Une bonne fois pour toutes, admettez que les hommes sont différents des femmes. L'actuel débat sur la parité pourrait vous laisser penser le contraire. Pourtant, cela revient, d'une certaine façon, à nier la différence des sexes qui est à l'origine même de l'identité. Filles et garçons sont différents dans leur corps mais aussi dans leur tête, donc dans leur fonctionnement psychique.
Ainsi, dans la vie quotidienne, les préoccupations d'une femme ne sont pas celles d'un homme. Si, le samedi, votre priorité de la matinée est de faire tourner une machine (pour que le linge ait le temps de sécher avant d'en mettre une deuxième en route...), pour lui, ce sera peut-être de faire les comptes. En général, les pères portent, au moins dans leur tête, toutes les responsabilités financières et pensent à assurer le quotidien de leur famille. Ils se préoccupent, souvent aussi, plus que les mères de l'avenir des leurs au cas où ils seraient amenés à disparaître mais aussi de

l'épargne, des placements... Même si cela ne se traduit pas par des actes précis, toutes ces questions sont très présentes dans leur esprit. Ce mode de fonctionnement n'exclut en rien les femmes. Elles ont aussi ces préoccupations mais réussissent souvent à garder face à elles une certaine distance, justement parce qu'elles savent que leur compagnon s'en charge.

Comment exprimez-vous votre agacement ?

Si vous l'attendez tous les soirs avec une phrase du type : « Ah, j'en étais sûre, tu n'aurais pas pensé à acheter le pain... récupérer le courrier... », ne comptez pas trop débloquer la situation. Vous risquez surtout de le figer dans son attitude.
En revanche, si, le matin, vous lui demandez de s'arrêter sur le chemin du retour pour acheter la fameuse baguette ou récupérer deux soirs par semaine les enfants chez l'assistante maternelle (variante : à la sortie de l'école...), vous constaterez peut-être avec un certain étonnement qu'il l'effectuera sans problème. Mais gardez bien à l'esprit que ce sera à vous d'organiser, de penser, d'anticiper toutes ces questions de la vie quotidienne. Vous pouvez aussi lui passer un petit coup de fil en fin de journée pour qu'il y pense... Même s'il vous semble insensé qu'il puisse oublier, rappelez-vous toujours que vous n'êtes pas interchangeables. Et puis ce sont justement ces différences qui permettent à vos enfants de se structurer.
Pour les enfants, la mère représente avant tout le pôle rassurant, disponible, chaleureux, bienveillant. Elle répond à leurs besoins fondamentaux. De son côté, le père fait plus figure d'autorité. Il « frustre », impose mais protège également toute sa famille. Ce rôle est totalement accepté par les enfants quand il s'inscrit dans un contexte d'amour qui s'oppose à l'arbitraire et à l'autoritarisme. Et c'est dans cette complémentarité que l'enfant trouvera sa place de sujet.

70

Depuis que j'ai repris le travail, il dit que la maison est mal tenue

Vos enfants ne sont plus des tout-petits et vous avez souhaité renouer avec l'univers du travail. Mais votre compagnon n'est pas franchement enthousiaste.

Votre conjoint respecte votre choix mais...

... vous sentez qu'il ne partage pas fondamentalement vos aspirations. D'ailleurs, quand il vous dit que la maison est mal tenue, vous entendez : « Tu as décidé de travailler à l'extérieur mais tu n'es pas capable d'assurer le quotidien. » Or, si depuis que vous êtes active, vous avez effectivement revu à la baisse vos exigences concernant la tenue de votre intérieur, vous estimez qu'il n'y a pas pour autant péril en la demeure. Il est temps de provoquer une petite discussion et de réaffirmer votre choix de vie.

Deux cas de figure possibles

– Il entend votre argumentation et, même s'il n'adhère pas pleinement à vos idées, il consent à trouver avec vous des aménagements pour que personne ne soit vraiment mécontent.
Il reconnaît que son attente correspond peut-être à celle que sa

mère lui a dictée (c'est le modèle qu'il a intégré tout au long de son enfance et de son adolescence) et qu'il peut supporter que le tube de dentifrice soit de temps en temps sans bouchon et que le linge s'empile dans la corbeille pendant deux ou trois jours sans que vous, ou lui, daigniez remplir le tambour.
Voyez de quelle façon vous pouvez impliquer vos enfants dans tous ces petits gestes du quotidien qui font la différence : faire son lit, ramasser son linge, mettre le couvert, vider la poubelle...
– Il n'entend pas ce que vous lui dites et vous allez droit au clash si vous maintenez vos positions. Vous devez alors convenir que votre relation a été établie sur une double illusion. Vous pensiez que votre compagnon prendrait en compte vos désirs (et donc vous-même telle que vous êtes) et lui, qu'il se ferait à l'idée que vous travaillez. Or, le quotidien vous démontre le contraire. Essayez de trouver un terrain d'entente (une femme de ménage pourrait vous soulager... L'un et l'autre pourriez-vous alléger vos horaires hebdomadaires afin de vous occuper ensemble de la maison...). S'il s'engage sur le terrain de la discussion, c'est plutôt bon signe. Cela peut vouloir dire qu'il a envie de sauver les meubles.

À méditer...

L'intérieur d'une maison reflète toujours l'état d'esprit de ceux qui y vivent. Le fait est qu'une maison où tout est laissé à l'abandon alors que ce n'était pas le cas avant, peut être très mal vécu par un conjoint et, bien sûr aussi, par les enfants qui vivent dedans. De la même façon, lorsqu'une personne n'investit plus ni temps avec ses enfants et son compagnon, ni attention dans la tenue de la maison, c'est souvent signe de dépression.

LE CHÈQUE EMPLOI-SERVICE : POUR EMBAUCHER SANS TROP DE PAPERASSERIE

Le chèque emploi-service vous permet de rémunérer la personne que vous employez pour entretenir votre maison et de déléguer à un service administratif, le CNTCES (Centre national de traitement du chèque emploi-service), les corvées administratives qui y sont liées. Un chéquier contenant 20 chèques vous est remis, à votre demande, par l'établissement qui tient votre compte (banque, caisse d'épargne, poste). Autre avantage : vous n'avez pas à rédiger de lettre d'engagement ou de contrat au moment de l'embauche pour les emplois de moins de huit heures par semaine ou de moins de quatre semaines consécutives dans l'année, ni ensuite à remplir de bulletins de paie ou à calculer les cotisations patronales et salariales.

Attention, pour utiliser ce mode de paiement, vous devez obtenir l'accord de la personne que vous employez.

Centre national de traitement du chèque emploi-service : 3, avenue Émile-Loubet, 42961 Saint-Étienne Cedex 9, tél. 04 77 43 23 50. Minitel : 3615 Emploi ou Info-emploi, tél. 0 803 347 347 (0,99F/min).

71

Je vais gagner plus que lui

Super ! Vous venez d'apprendre que vous allez être promue avec, à la clé, un supplément de salaire non négligeable. Bien sûr, vous vous ruez sur le téléphone pour annoncer la bonne nouvelle à votre compagnon mais, quand vous abordez la question du salaire, il marque un temps d'arrêt. Vous réalisez alors que le vôtre va être supérieur au sien.

Dans la tête d'un homme, que représente le salaire ?

Pour beaucoup d'entre eux, le salaire est une représentation de la capacité à faire vivre sa famille, à subvenir à ses besoins essentiels, à se sentir utile dans la vie quotidienne. Il leur permet d'être reconnus en tant que pères même si, bien évidemment, leur rôle ne se limite pas à alimenter le compte bancaire. Mais l'argent est aussi symbole de valeur personnelle, de puissance donc de virilité. Pour les femmes qui sont mères, l'argent a avant tout une valeur nourricière. Il sert à offrir une vie confortable et agréable à ses enfants. Il agit encore et avant tout comme une nième enveloppe maternelle.

Lorsque leur compagne se met à gagner plus d'argent qu'eux, les hommes peuvent se sentir atteints dans leur identité, humiliés, castrés dans le sens où ils sont rendus impuissants dans les deux sens du terme (« en avoir »).

Comment réagir ?

– S'il le vit vraiment mal, dites-lui : « Ce n'est pas parce que, durant un temps, je vais gagner plus d'argent que toi que tu n'es pas indispensable dans ce foyer.... »
– Le mettre en avant aussi souvent et aussi naturellement que possible et, surtout, rendre à César ce qui lui revient : « Heureusement que je peux compter sur ta patience, ta disponibilité, ton sens de l'organisation... ma réussite, c'est beaucoup à toi que je la dois... »
– Garder tout le temps en mémoire que l'argent n'est certainement pas l'unique témoin de réussite. Votre compagnon excelle peut-être dans son travail qui est nettement moins rémunérateur que le vôtre mais tout aussi respectable. Rappelez-lui que vous appréciez ses qualités professionnelles (peut-être est-il un très bon artisan, technicien... dans des domaines où vous ne pourriez afficher ni talent ni compétences...).
– Même si vous avez un lourd contentieux à régler avec lui, évitez d'aller sur ce terrain en lui lançant des phrases du type : « S'il ne fallait compter que sur ton salaire, on serait bien mal en point... ce n'est pas avec ce que tu gagnes qu'on va pouvoir partir en vacances... » Il ne pourra que se sentir dévalorisé, cassé dans sa virilité et même réduit à néant.
– Si des rapports de forces s'organisent autour de l'argent, l'homme ne peut que se sentir écrasé. Mais cette attitude est le plus souvent celle de femmes qui se posent en rivale face à leur compagnon, un peu comme si elles revendiquaient en permanence un phallus qu'elles n'auront jamais.

72

C'est vrai, nous avons deux salaires mais de là à ce que chacun ait son appartement...

Vous venez d'être maman et vous avez tout juste repris votre travail. Vous aviez le sentiment que votre compagnon et vous étiez en train de trouver peu à peu votre place dans cette nouvelle vie quand, tout à coup, il vous annonce qu'il préférerait que vous ne viviez plus sous le même toit. Il vous assure pourtant que cela ne change rien à ses sentiments.

Mais qu'est-ce qui lui prend ?

Vous vivez très mal le projet de votre compagnon et vous avez le sentiment d'être rejetée ou, pire, abandonnée.
Votre premier réflexe est sans doute de penser que, depuis que vous êtes maman, vous ne représentez plus le même attrait pour lui. Vous avez le sentiment qu'il vous regarde différemment, qu'il vous désire moins.
Pourtant, bien souvent, dans ce type de situation, ce n'est pas la femme qui est en question mais la mère. Votre compagnon fait peut-être partie de ces hommes, qui lorsqu'ils deviennent papa, revivent de façon douloureuse leur histoire de petit garçon face à leur propre mère. Et, si elle a été difficile (dénigrement de la mère par une partie de la famille... abandon... mère envahissante...), ils auront tendance à éloigner cette mère d'eux (vous

dans ce cas précis), tout en souhaitant garder une relation avec la femme. Ils ne refusent pas pour autant leur paternité, ne s'avèrent pas non plus être de mauvais pères ou des pères absents. Ils souhaitent simplement être actifs dans la relation et refusent de se voir imposer un rôle par l'autre partenaire.
Autre cas de figure : si vos relations sont très souvent conflictuelles (variante : vous n'arrivez pas à vivre ensemble) alors que vos sentiments sont réels, profonds et bien vivaces, il est possible qu'il craque tout simplement et que la solution des deux appartements soit à ses yeux la seule façon de préserver vos sentiments mutuels. Votre compagnon est peut-être encore un indépendant qui a essayé de se couler dans un certain moule (un couple avec enfants(s) donc une famille) et qui se rend compte qu'il ne peut pas tenir sur la distance. Il a trop besoin de ne pas avoir à rendre de comptes sur ses horaires, ses relations...

C'est déroutant mais cela peut fonctionner

Ne voyez pas forcément tout en noir ; si vos moyens vous le permettent (tout le monde ne peut supporter les charges de deux toits...), essayez au moins quelque temps avant de remettre toute votre vie en question. Qui sait ? Vous y prendrez peut-être goût...

□ Les avantages

– Vous ne vous voyez que pour vivre les bons moments, quand vous en avez vraiment envie tous les deux.
– Vous avez le sentiment de bénéficier d'une certaine liberté, d'être indépendante, de vivre au rythme que vous souhaitez.
– Vous recevez qui vous voulez, quand vous le voulez, sans l'assentiment de l'autre.

□ Au moins un inconvénient !

– Deux toits, c'est aussi deux fois plus de charges... donc, peut-être moins d'argent pour les loisirs, les vacances, l'habillement... et une vraie contrainte pour celui qui n'a pas vraiment choisi cette situation même s'il a fini par l'accepter parce qu'il y trouve quand même son compte.

□ Les dangers

– Pour le couple : la situation du couple peut devenir encore plus complexe qu'auparavant lorsque celui qui s'est vu imposer la situation y prend vraiment goût et s'organise de plus en plus seul sans vraiment prendre en compte l'avis de l'autre.
– Pour l'enfant : si chacun des parents se laisse aspirer par un certain style de vie dans lequel l'enfant a de moins en moins de place, ce dernier peut avoir le sentiment d'être en trop ou penser que ses parents assument difficilement leur rôle.

□ Pour que ça marche

– Les deux membres du couple doivent être d'accord pour partager ce style de vie : tout de suite ou après une période d'essai.
– Vivre séparément tout en se montrant très présent et disponible pour son enfant. Certains pères passent par exemple tous les soirs au domicile de la mère et de l'enfant et sont là également pour le petit déjeuner.
– Décider d'un lieu de vie unique pour l'enfant.
– Chacun des parents doit respecter l'autorité de l'autre. Par exemple, si l'enfant n'a pas le droit de passer plus de 30 minutes devant un CD-Rom chez l'un, il doit en être de même quand il est chez l'autre.

73

On travaille tous les deux et on tire toujours le diable par la queue

Votre mère était femme au foyer et vous avez grandi avec l'idée que deux salaires ne pouvaient que vous conduire à une vie confortable. Vous découvrez, un peu amère, que la réalité est autre...

Vos besoins sont différents et la société a changé

Aujourd'hui, face aux multiples sollicitations de notre société de consommation, nous avons souvent beaucoup de mal à résister à la tentation et cela nous conduit parfois à des attitudes paradoxales. En effet, il n'est pas rare de constater que plus les parents ont quelques soucis financiers et plus ils gâtent leurs enfants, comme s'ils voulaient les préserver de ces problèmes. De la même façon, il est toujours étonnant d'observer que des familles aux revenus modestes possèdent télévision, téléphone portable (parfois plusieurs) mais aussi magnétoscope, ordinateur, Playstation... Ceci répond à la volonté de se conformer à l'image de la famille idéale qui jouit d'un bon niveau de confort et à l'importance accordée à l'image que nous renvoyons de nous-même aux autres. Résultat des courses : cela débouche, le plus souvent, sur une réelle difficulté à être en phase avec nos propres revenus.

D'autre part, si vous partez du principe que votre niveau de vie doit être supérieur à celui de vos parents qui n'avaient qu'un salaire, vous avez sans doute tendance à vouloir mettre la barre un peu haut. Il vous faut vivre dans une maison plus confortable, partir peut-être plus souvent en vacances avec vos enfants que vous ne partiez vous-même à leur âge, sortir davantage... Si vous êtes dans cette situation, commencez par vous défaire de cette idée. Aujourd'hui, en effet, il n'est pas rare qu'un salaire du ménage couvre à lui seul les dépenses fixes de la famille et que, comme le faisaient peut-être vos parents, il vous est nécessaire de faire des budgets (même si c'est un vrai pensum). Dites-vous que personne ne s'en sort autrement, même pas les familles aisées... Enfin, il faut revoir vos priorités. Est-il préférable de partir tous en vacances une semaine ou d'acheter la dernière télé à l'écran ultra-plat, ultra-grand, ultra-haute-définition ?

Sortez votre calculatrice

Commencez par établir la liste des frais incontournables (loyers ou traites de la maison, eau, électricité, téléphone, crédits, impôts sur le revenu, taxe foncière, crèche, cantine...). Définissez ensuite un budget pour la nourriture, les vêtements, les loisirs, les vacances...

☐ Vous estimez pouvoir vous en sortir, mais tout juste

Vous allez devoir vous montrer extrêmement vigilante. Prévoyez des enveloppes (une pour la nourriture, une en prévision des vacances...) à ne dépasser sous aucun prétexte. Si la perspective de fonctionner de cette façon ne vous enchante guère, consolez-vous en vous disant qu'elle aura au moins l'avantage de vous éviter les sueurs froides des fins de mois et d'atténuer l'insécurité dans laquelle vous vivez depuis longtemps.

□ Vos charges sont trop lourdes

Prenez les postes un par un et voyez de quelle façon les alléger. Tenez ensuite des comptes très serrés en notant toutes vos dépenses et en vous disant que c'est l'affaire de quelques mois. C'est fastidieux mais efficace : de cette façon, il est en effet plus facile de comprendre où part l'argent. Ensuite, après un mois et à la lumière de ces données, ajustez les sommes allouées aux différents postes. Et si, malgré cela, vous ne vous en sortez toujours pas, pensez à revoir les frais fixes et notamment votre loyer. Peut-être trouverez-vous un appartement moins cher mais qui vous permettra tout de même de vivre dans des conditions décentes ? Même si cela vous semble difficile au départ, pensez toujours au bénéfice que vous en retirerez, à savoir moins de soucis, moins de tensions dans votre couple... la possibilité de faire un petit extra de temps en temps...

□ Et si je restais chez moi ?

Cette idée vous traversera peut-être l'esprit avec d'autant plus de facilité qu'une fois réglés les frais de cantine, de transport pour vous rendre à votre travail, de mode de garde, il ne vous reste plus grand-chose. C'est en effet un calcul à faire puisque vous bénéficierez peut-être de certaines aides comme celle accordée dans le cadre du congé parental (voir chapitre 55 *Il veut être père au foyer*). Mais avant de prendre toute décision, pesez bien le pour et le contre et posez-vous les bonnes questions (« Le jour où je souhaiterai reprendre un travail, cela sera-t-il possible ? Facile ? En aurai-je envie ? Vais-je supporter de rester à la maison, coupée au moins dans un premier temps d'une certaine forme de vie sociale ?... »). Vous pouvez effectivement aussi profiter de cette période pour réfléchir à une reconversion professionnelle ou établir un plan de carrière... (voir chapitre 91 *Je vais être licenciée et me retrouver à la maison*).

□ Vous estimez ne pas être rémunérée à hauteur de vos compétences

Il est alors grand temps de solliciter un entretien auprès de votre supérieur hiérarchique pour faire, avec lui, un bilan de votre situation au sein de l'entreprise. Si vous estimez que votre engagement professionnel est bien supérieur aux bénéfices financiers que vous en tirez, faites-le savoir habilement et voyez si vous pouvez espérer obtenir une amélioration de votre rémunération. Si cela est possible, essayez aussi de créer une concurrence entre votre employeur et un autre pour obtenir un salaire plus élevé. Se vendre, c'est se donner une valeur et aussi garder une certaine estime de soi.

Autre piste : vous êtes employée depuis un certain temps et vous aimeriez bien gravir les échelons. Vous pouvez peut-être bénéficier d'un congé formation (demander auprès de votre employeur et voir chapitre 85 *Depuis que j'ai des enfants, je m'investis moins dans mon travail*).

74

Il est au chômage depuis plusieurs mois alors que moi, je travaille

Cette situation, qu'il n'a pas choisie, provoque en lui des comportements inhabituels que vous avez parfois du mal à comprendre.

Première possibilité. Il vous dit : « C'est le monde à l'envers : les hommes à la maison et les femmes au travail ! »

– La situation devient pesante. Vous avez de plus en plus le sentiment que votre compagnon supporte mal son inactivité professionnelle.
– Il s'enferme dans le silence ou vous adresse quelques remarques caustiques qui vous laissent sans voix. Il est probable que votre conjoint n'a pas l'âme d'être père au foyer et qu'il vit son inactivité comme un désaveu de la société à son égard. Dans sa tête, il est peut-être devenu un bon à rien et cette inutilité le mine.
– Il ne supporte pas de gagner moins d'argent qu'auparavant et de vous imposer un train de vie inférieur à ce qu'il était. Il se sent humilié.
– Vous le sentez perdu par rapport aux valeurs qui sont les siennes. il voit de moins en moins ses anciens collègues parce qu'il a le sentiment d'être le vilain petit canard : lui, il n'a plus de travail !

Quelle attitude adopter ?

□ Évitez l'excès de conseils

Le voir tourner en rond dans la maison, ne pas participer au quotidien vous exaspère. Vous aimeriez qu'il réagisse mais les multiples conseils que vous lui donnez et qui partent d'un bon sentiment l'anéantissent plus qu'ils ne le réveillent. Cette perte d'emploi peut éveiller d'autres pertes, plus anciennes mais encore douloureuses comme un décès, une séparation brutale...

□ Laissez-lui le temps de faire le deuil de ce qu'il était

Vous n'êtes pas dans sa tête et vous ne savez peut-être pas combien cette situation est pour lui une source de souffrance. Il lui faut se réapproprier une bonne image de lui-même, reconstruire des repères, retrouver de l'énergie pour proposer ses services...

□ Soyez patiente, délicate, chaleureuse

Si, vous-même, vous vous éloignez de lui, cela renforcera en lui le sentiment qu'il est un bon à rien.

□ Proposez de temps en temps...

« Et si nous allions au cinéma ? As-tu envie d'aller rendre visite aux Martin ? » Mais n'en faites tout de même pas trop. Il risque de penser que vous cherchez à remplir son emploi du temps pour l'occuper. Or, ce n'est pas parce qu'il est inactif au niveau du faire qu'il est pour autant totalement passif (du moins au niveau psychique).

□ Incitez-le à se remettre au sport

Cette activité lui donnera un but, structurera son emploi du temps, lui permettra sans doute de lier connaissance et d'avoir quelque chose à raconter le soir autour de la table familiale. De plus, il retrouvera une forme physique non négligeable pour garder le moral.

□ Ne chargez pas ses journées de tâches ménagères sous prétexte qu'il passe l'essentiel de son temps à la maison

Ce n'est pas parce qu'il est à demeure qu'il doit jouer les femmes de ménage, les cuisinières, les intendantes... N'oubliez pas qu'il se sent déjà dévalorisé. Alors ne plus s'occuper que de l'intérieur risque de le conforter dans l'opinion qu'il a de lui-même.

□ Sachez trouver les mots

Recevoir la souffrance de l'autre, pouvoir lui dire : « Je t'entends bien mais je ne suis pas la mieux placée pour t'aider. Peut-être pourrais-tu consulter un thérapeute si tu te poses toutes sortes de questions par rapport au sens de ta vie ? On ne peut pas tout porter seul. Chacun a ses faiblesses mais, quoi qu'il en soit, je suis toujours à tes côtés. »

□ Parlez à vos enfants

Surtout qu'ils ne s'étonnent pas de voir leur père à la fois très présent physiquement mais aussi parfois très préoccupé et peu disponible pour eux ! Et, quant à leurs exigences en matière de tenues vestimentaires... prévenez-les qu'il faudra les revoir à la baisse. Pendant un temps, ils devront se passer, au moins en partie, des marques qu'ils affectionnent tant. En règle générale, les enfants comprennent très bien. Une franche explication ou un compte-rendu réaliste de la situation est toujours préférable à de pesants non-dits.
Expliquez-leur que chacun va devoir assumer cette nouvelle donne et retrouver une place dans la famille où le respect intégral de l'autre doit persister.

Deuxième possibilité. Il vous dit : « Je ne sais si j'aurai le temps de passer chercher ce papier aujourd'hui à la mairie ! »

Pendant cette période de chômage, il s'est transformé. En effet, à la vertigineuse question que se posent tous les chômeurs : « Mais que vais-je faire de tout ce temps ? », lui semble avoir trouvé très vite une réponse. En effet, vous êtes étonnée de constater qu'il a renoué avec ses anciennes passions. Il s'est remis à travailler le bois (à la voile, au vélo...) et accorde l'essentiel de son temps à cette activité. Il s'y investit totalement et s'est même fait de nouvelles connaissances.

Vous avez l'impression qu'il connaît un regain d'énergie par rapport à sa période d'activité professionnelle. Jamais vous ne l'avez vu aussi actif et bourré d'initiatives : il organise son emploi du temps en fonction des activités extra-scolaires des enfants, découvre une autre forme de vie. Vous préférez cela à une phase de léthargie mais vous vous demandez s'il va retravailler un jour.

Quel pourrait être votre rôle ?

□ Restez à son écoute

Accompagnez-le dans ses démarches. Peut-être retrouvera-t-il du travail par ce biais ?

Si vous vous montrez sécurisante, peut-être encore s'appuiera-t-il sur vous pour retrouver une certaine stabilité ?

□ Montrez-vous patiente

Cette période semble plutôt positive pour votre couple et votre vie de famille. Si votre compagnon sait mettre à profit son temps, s'il vit bien cette situation, sachez tenir votre langue. Vous apprécierez sans doute bientôt les retombées positives et concrètes de ses démarches.

VII

L'EX... MARI, COMPAGNON, CONCUBIN

75

Depuis que j'ai repris le travail, leur père critique mon style de vie et mes enfants me le rapportent

À chaque fois qu'ils rentrent d'un week-end chez leur père, c'est la même histoire. Il semblerait que votre ex ne supporte pas que, désormais, vous vous assumiez seule...

La séparation vous a conduite à reprendre une activité professionnelle

Pour qu'un couple se porte bien, il est indispensable que chaque membre soit bien différencié de l'autre, même si la plupart des instances de la vie commune (éducation des enfants, budget, choix du lieu de vacances...) sont partagées. Ce fonctionnement implique un profond respect de l'autre. À partir du moment où l'un cherche à dominer, un rapport de forces s'installe et les relations deviennent conflictuelles.

Dans votre cas, le fait que vous ayez cessé de travailler pour élever vos enfants n'a peut-être qu'accentué cette tendance. Aujourd'hui, votre ex-compagnon vit votre retour à la vie active comme un second déni de sa personne. Non seulement vous ne partagez plus le même toit mais, en plus, vous vous assumez seule. Il vous perçoit comme une rivale. Ce sentiment peut aussi s'accompagner d'un mouvement de culpabilisation : « Et, en plus, tu vas moins bien t'occuper des enfants... »

Il cherche à vous blesser, à vous déstabiliser

Il est toujours douloureux de se séparer de celui ou de celle qu'on a aimé(e). Mettre un terme à un projet de vie commune s'accompagne souvent d'une certaine dose d'amertume liée à un sentiment d'échec.

La souffrance occasionnée par cette rupture peut se manifester violemment : cris, hurlements, coups, envoi de lettres avec accusé de réception... ou prise en otage des enfants en les chargeant de critiques à l'encontre de l'autre parent.

Dans ce cas, plus rien n'est respecté : ni les personnes, ni les souvenirs. Le sentiment d'amour d'autrefois s'est retourné en un sentiment de haine mais la charge affective attachée à l'autre est de même quantité même si la qualité est différente.

Tant que l'investissement est fort, c'est-à-dire que le processus de deuil ne se fait pas, la situation peut difficilement changer.

Surtout, préserver les enfants

Ils ne sont en aucun cas responsables des choix de vie de l'un ou l'autre de leurs parents. Ils essaient déjà péniblement de s'y retrouver, de prendre leurs marques dans chacune des maisons. Cela implique pour eux une véritable gymnastique, source de déséquilibre psychologique ou somatique. Les associer à vos différends ne fait qu'augmenter le risque de les déstabiliser davantage. Les impliquer dans vos histoires de couple est extrêmement pervers puisque c'est leur demander de renier l'un de vous, le « méchant », pour ne garder que le « bon ».

Parfois, ils n'ont pas assez de force psychique pour se défaire de ce discours parental manipulateur et cela peut les conduire, à l'âge adulte, à rompre définitivement avec l'un de leurs parents ou même avec certains de leurs frères et sœurs, la fratrie s'étant organisée en deux clans : celui de la mère contre celui du père. Autre conséquence : la difficulté, à l'âge adulte, d'établir une relation avec l'autre sexe parce qu'une déplorable image de la femme ou de l'homme s'est élaborée au cours de leur histoire personnelle. Il leur faudra entreprendre un long travail personnel pour se défaire de l'emprise parentale et accéder à la place qui est la leur.

Comment déjouer le piège de l'autre parent ?

– Prendre rendez-vous avec son ex-compagnon pour lui expliquer, sans le culpabiliser au risque de le braquer, que son attitude pourrait déstabiliser ses propres enfants. « Nous ne sommes pas d'accord mais il est essentiel qu'aux yeux de nos enfants nous nous respections. »
– Si vous ne pouvez pas le rencontrer, ni même vous entretenir avec lui au téléphone, parlez avec vos enfants et dites-leur : « Je ne juge pas ce que dit ton père. Je ne rentrerai pas dans cette bataille, j'essaie de respecter ce qu'il est avec ses différences et je souhaiterais qu'il en fasse autant. »
Vous pouvez tenter une médiation familiale (voir chapitre 77 *Il appelle au dernier moment pour dire qu'il ne viendra pas chercher les enfants... et je dois aller au travail*).

76

Depuis que j'ai un salaire, il ne paie plus la pension alimentaire des enfants

Vous êtes heureuse d'avoir enfin trouvé du travail. Cela vous permet de renouer avec une vie sociale et d'être plus à l'aise financièrement. Mais cela ne justifie en rien que votre ex-compagnon ne vous verse plus d'argent pour les enfants.

Pourquoi réagit-il de cette façon ?

Avant de vous lancer sur la scène judiciaire, mieux vaut, dans un premier temps, essayer de comprendre sa réaction d'autant que, lorsqu'un couple se sépare, tout est source de conflit.
Ne plus payer la pension alimentaire peut être interprété comme un signe de rétorsion parce que...
– Il a le sentiment de ne plus avoir de prise sur vous. Lorsque vous viviez sous le même toit vous ne travailliez peut-être pas, ce qui lui convenait plutôt bien. Dans son esprit, vous répondiez totalement à son attente et cela le rassurait.
– Maintenant, il se sent renié. L'existence que vous avez aujourd'hui est très différente de celle que vous aviez lorsque vous étiez ensemble et il a le sentiment qu'en adoptant un nouveau style de vie, vous rejetez en bloc ce qui fut vos choix communs d'autrefois. C'est, pour lui, une nouvelle rupture.
– Il estime que vous vous en tirez mieux que lui financièrement

et il souhaite que le montant de la pension alimentaire soit réestimé.
– Il considère que le travail que vous avez trouvé n'est pas assez valorisant et que vos enfants peuvent en souffrir ou qu'il ne vous laisse pas assez de disponibilité pour eux.

Pour trouver une solution, deux possibilités

– Si la situation n'est pas trop conflictuelle et que vous pouvez parler, essayez de trouver un terrain d'entente tout en ne lâchant pas sur le fait qu'il doit participer financièrement à l'éducation de ses enfants. Chaque parent a des droits sur sa progéniture mais aussi et surtout des devoirs.
Si la pension actuelle grève trop son budget, vous pouvez accepter qu'il vous donne une somme moins importante. Chacun doit pouvoir vivre décemment.
– S'il est impossible d'en parler ensemble, inutile de perdre votre temps et votre argent avec des envois de lettres en recommandé avec accusé de réception. Mieux vaut alors déposer une requête auprès du JAF (juge aux affaires familiales). Le juge n'agit pas pour pénaliser tel ou tel parent. Il prend des décisions dans l'intérêt de l'enfant.

ET EN PLUS...

Comment récupérer ma pension alimentaire ?

La loi française a prévu trois recours.

Si vous n'avez pas perçu votre pension depuis moins de 6 mois, vous opterez pour le paiement direct. Cette procédure peut être déclenchée dès le premier impayé ou paiement partiel. Il vous suffit de fournir à un huissier de justice de votre lieu de résidence une copie certifiée conforme de votre jugement de divorce ou de l'ordonnance de non-conciliation ainsi que les coordonnées de l'employeur, de la banque... de votre débiteur. Le tiers devra vous régler directement et les arriérés seront payés de façon échelonnée sur l'année à venir.

Si vous n'avez pas perçu de pension depuis plus de 6 mois, vous devez engager une procédure de saisie classique auprès du greffe du tribunal d'instance de votre domicile. Si la tentative de conciliation proposée n'aboutit pas, le juge procédera à la saisie.

Enfin, si ces deux recours échouent (par exemple par faute de débiteur), il ne vous reste plus qu'à écrire une lettre recommandée avec accusé de réception au procureur de la République du tribunal de grande instance de votre domicile. Ce sera alors au trésor public de récupérer la pension auprès du père de vos enfants.

À lire

Le Divorce, « Les Guides », CNIDFF EDITION.

Le Recouvrement des pensions alimentaires, « Les Guides », CNIDFF EDITION.

Pour se procurer ces guides et le catalogue complet des publications CNIDFF, s'adresser à CNIDFF DIFFUSION, Maison de l'information, 7, rue du Jura, 75013 Paris. Tél. : 01 42 17 12 34. Minitel : 3615 CNIDFF.

77

Il appelle au dernier moment pour dire qu'il ne viendra pas chercher les enfants... et je dois aller au travail

Vous travaillez le samedi et la pire des choses qui puisse arriver c'est que votre ex ne vienne pas chercher les enfants comme convenu le vendredi soir. D'abord pour eux, bien sûr, qui vont être déçus une fois de plus et puis, pour vous, qui avez déjà suffisamment de mal à tout mener de front.

Vous êtes en colère parce que...

– Une fois de plus, vous allez devoir résoudre seule la situation et vous trouvez cela injuste et lourd.
– Vous estimez, à raison, que ces désistements impromptus nuisent à votre vie personnelle : vous le soupçonnez même de chercher à vous provoquer ou même à vous empêcher de refaire votre vie.
– C'est vous qui allez, une fois encore, essuyer les larmes de vos enfants et essayer d'alléger leur peine.
– C'est vous, encore, qui devrez trouver une solution « express », voire « miracle », pour les faire garder. Ces désistements ne doivent pas avoir de répercussions sur votre vie professionnelle : vous risquez de rencontrer des problèmes au travail.

Quelques vérités à ne pas oublier

– La séparation d'un couple n'est jamais facile et elle l'est encore moins quand des enfants sont nés de cette union.
– Les enfants sont souvent pris en otage alors qu'ils ne sont, bien évidemment, en rien responsables de la situation.
– Dans un couple, la rupture est rarement occasionnée par un seul partenaire. Mais, malheureusement, beaucoup ne l'entendent pas comme cela et le font payer à leur ex-conjoint. Ils peuvent jouer, de façon cyclique, soit au jeu de l'absent soit au jeu du « Coucou, me revoilà ».
– Être parent n'est pas seulement un droit : chacun doit éduquer ses enfants sans même se demander s'il en a envie ou pas.
– Il est préférable que l'autorité parentale soit partagée par les deux parents. Ainsi, chacun répond à des obligations financières et éducatives.
– Si l'un des parents est en difficulté (il ne donne plus signe de vie, il apparaît, disparaît...), l'autre parent ne peut le forcer à fonctionner différemment mais il peut lui rappeler qu'il a une responsabilité légale à assumer. Surtout, ne jamais nier son existence et dire : « Puisqu'on ne le voit plus, on n'en parle plus et on fait comme s'il n'avait jamais existé. »
– Lorsque l'un des parents n'assure plus la garde conjointe des enfants et ne paie plus la pension, mieux vaut faire intervenir le juge pour qu'il le réinscrive légalement en tant que père (ou mère) devant son enfant. Cette démarche a le mérite de rappeler à chacun (le père, la mère, l'enfant) son statut et les droits et obligations qui s'y rattachent. Et c'est, de plus, très sécurisant pour l'enfant.
– Ne pas raconter de mensonge du type : « Tu ne vois plus papa parce qu'il est parti en voyage. » Vous vous rendriez complice de la situation. Et, si votre enfant venait à l'apprendre (et ils l'apprennent toujours un jour !), quelle opinion aurait-il de vous ?

Ce qu'il faut dire...

□ ... au parent qui se fait absent

« – C'est toi qui le dis aux enfants... » Vous le renverrez de cette façon à sa position de parent qui est d'assumer ses faits et manquements devant ses enfants.

– « Tu me mets une fois de plus dans une situation difficile », sans en dire davantage (surtout canalisez votre mécontentement), car, si son désistement soudain répond à la volonté de vous mettre des bâtons dans les roues, son plaisir va être à la hauteur de votre colère. Cela lui prouve qu'il a la mainmise sur votre vie et donc qu'il existe encore bel et bien à vos côtés. Rentrer dans cette logique, c'est s'engouffrer dans une spirale infernale.

– « Qu'est-ce que tu proposes à la place ? » permet, en général, d'ouvrir le dialogue. Mais s'il vous répond « rien », surtout, gardez votre sang-froid.

– « À l'avenir, tu serais vraiment aimable de me prévenir à l'avance pour que je puisse préparer les enfants et trouver une autre organisation. »

□ ... aux enfants

« – Pour l'instant, votre père ne peut pas se rendre disponible mais ce n'est pas parce qu'il ne vous aime pas. »

Il est important que, devant vos enfants, vous parliez de leur père de façon respectueuse. Et cela, même si vous vivez mal la séparation. Cet homme est leur père et ils ont besoin de garder un contact avec lui quoi qu'il en soit. Restez donc le plus neutre possible à son égard.

– « Je comprends que vous soyez en colère et tristes mais le mieux est d'en parler à votre père la prochaine fois que vous le verrez. »

Veillez toujours à bien faire la différence entre ce que vous ressentez et ce que vous devez faire passer à vos enfants.
– « Je vais devoir trouver une solution pour vous faire garder puisque, demain, je travaille et je ne peux absolument pas m'absenter. Mon patron le verrait d'un très mauvais œil. »

Ce qu'il vous reste à faire

Trouver une solution de garde. Si vos enfants peuvent participer à vos recherches, c'est encore mieux. Demandez-leur avec qui ils aimeraient partager ce samedi (grands-parents ? cousins ? amis ? baby-sitter préférée ? ancienne nounou ?) dans l'attente d'un dimanche entre vous très prometteur...

Et en plus...

La médiation, c'est quoi ?

Les deux parents expriment leurs oppositions, leurs souhaits devant une tierce personne, le médiateur, dans un lieu neutre. Cette démarche, qui permet de déconflictualiser les rapports, concourt aussi à réorganiser la vie dans l'intérêt de tous, et surtout des enfants. Elle est très souvent couronnée de succès.

Renseignements :

- Centre d'information et de documentation des femmes et de la famille : 01 42 17 12 34 ;
- CERAF médiation : 01 42 63 05 00 ;
- les services sociaux des mairies.

À lire

POUR LES ENFANTS

– Dès 3 ans :

Les Deux Maisons de petit blaireau, Marie-Hélène Delval/David Mac Phail, Bayard Poche, 1993.

La Petite Fille à la valise, Pili Mandelbaum, Pastel, 1995.

– Dès 7 ans :

Léon a deux maisons, Dominique de Saint-Mars/Serge Bloch, Bayard, 1996.

La Ronde des familles, Virginie Dumont et Bernard Soria, ill. Michel Boucher, Actes Sud Junior, 1997.

POUR LES PARENTS

La Médiation familiale, sous la direction de Lisette Laurent-Boyer, « Travail social », Bayard, 1993.

La Médiation familiale, Jocelyne Dahan, Éd. Morisset, 1996.

78

Sa nouvelle compagne propose de prendre les enfants le mercredi. Ainsi, ils n'iraient pas au centre de loisirs...

Vous êtes séparée depuis plusieurs années et vous avez la garde des enfants. Votre ex-mari vit aujourd'hui avec une autre femme qui a elle-même un enfant...

Première situation : vous la connaissez...

... et vous la trouvez plutôt sympa. Lorsque vous l'avez rencontrée, le courant est passé et les enfants, bien que discrets, semblent s'accommoder de cette personne. Vous avez le sentiment qu'elle est plutôt prévenante à leur égard sans chercher à prendre votre place ou à les séduire dans le but de se rapprocher davantage de leur père. En plus, ils s'entendent plutôt bien avec son enfant dont ils parlent comme d'un camarade de jeux. Enfin, avec votre ex, les relations se sont bien détendues au cours de ces derniers mois.

□ Votre attitude

Vous n'y voyez sans doute aucun inconvénient pour vos enfants surtout s'ils semblent en avoir très envie.

Deuxième situation : vous ne la connaissez pas

En revanche, vos relations avec votre ex sont plutôt bonnes et vos enfants vous parlent toujours de cette personne de façon positive. Entrez en contact avec elle et essayez de comprendre ce qui peut motiver sa proposition. Engagez aussi la discussion sur vos enfants qu'elle côtoie régulièrement afin de vous rendre compte de la façon dont elle les appréhende, si elle les connaît bien, si elle fait cas de leur sensibilité...

□ Votre attitude

Acceptez s'il vous semble qu'elle prend bien en compte la personnalité de chacun et que cette proposition est motivée par des raisons louables (elle a du temps, sa fille apprécie beaucoup vos enfants, ils ont décidé de faire du cheval ensemble le mercredi...).

Troisième situation : vos échanges avec votre ex sont extrêmement limités

Et les enfants vous parlent rarement de ce qui se passe pendant les week-ends. D'ailleurs, cette proposition ne semble pas déclencher chez eux beaucoup d'enthousiasme.

□ Votre attitude

Soit vous vous y opposez, après en avoir parlé avec vos enfants. Soit vous décidez de rencontrer cette personne de façon à essayer de faire sa connaissance et de mieux mesurer ce qui se cache derrière cette proposition.

Quatrième situation : l'idée même vous insupporte

Cela signifie sans doute que la séparation est encore douloureuse et que la présence de cette nouvelle femme auprès de votre ex vous fait violence. Pourtant les choses étaient bien difficiles entre vous deux... mais peut-être n'avez-vous pas encore fait totalement le deuil de votre vie commune et son souvenir est teinté d'une forte amertume. Attention à ne pas trop cultiver ce sentiment car il risque de ne plus vous quitter. Dans ce cas, il vous serait alors difficile d'investir dans une nouvelle relation avec un autre homme. Demandez-vous si vous n'êtes pas non seulement jalouse de cette femme mais aussi de votre ex qui a su tirer un trait sur votre histoire et refaire sa vie.

□ Votre attitude

Si vos enfants vous sentent fermée à la discussion, ils n'oseront pas vous parler de ce qu'ils souhaitent vraiment, à moins qu'ils n'aient pas une très bonne opinion d'elle (elle est méchante...). Attention néanmoins de ne pas vous laisser piéger par des images qui relèvent plus du conte (la méchante marâtre de Cendrillon) que de la réalité.

Si vous aviez décidé d'une autre organisation, il est dommage de repousser d'emblée la proposition mais peut-être n'avez-vous plus confiance en votre ex et doutez-vous des qualités humaines de la personne qui vit à ses côtés. Avant de vous faire des films noirs, prenez le temps de bien considérer tous les paramètres. Une décision prise seule, rapidement et sans concertation ne facilitera pas les échanges avec le père de vos enfants. Sachez enfin qu'introduire une nouvelle personne dans une relation (ici la nouvelle compagne) permet souvent de faire évoluer la situation.

VIII

L'EMPLOYEUR, LES COLLÈGUES...

79

J'ai peur d'annoncer à mon patron que je suis enceinte

Avant de vous décider à mettre en route votre bébé, vous avez voulu faire vos preuves au travail et acquérir la confiance de votre supérieur. Aujourd'hui, vous craignez de la perdre...

Vous n'avez pas à vous sentir coupable d'être enceinte

Vous êtes une femme... vous êtes en âge de procréer... vous vivez en couple... il n'y a donc rien de surprenant à ce que vous attendiez aujourd'hui un enfant. Celui ou celle qui pourrait s'en étonner aurait une réelle capacité à occulter la réalité – ce qui est son problème et non le vôtre – ou encore ferait preuve d'une sacrée mauvaise foi. S'il est vrai que, souvent, dans l'esprit des employeurs, l'annonce d'une grossesse ne tombe jamais au moment opportun, la réalité est tout autre. En fait, ils vont devoir se passer de vos services pendant quelques mois et cela est forcément contraignant. Preuve, au passage, que, si personne n'est vraiment indispensable, toute présence est fort utile.

Vous n'avez pas à nier votre grossesse

Par peur de gêner et parce que se sentant coupables d'on ne sait quel crime, les futures mamans ont parfois tendance à nier leur

grossesse. Elles se refusent à parler de leurs petits maux, des préparatifs liés à la naissance... et elles s'obstinent aussi à fonctionner comme avant, en occultant qu'elles sont plus fragiles psychiquement et physiquement.
Même s'il est de bon ton dans certains milieux professionnels de ne pas avouer son stress, sa moindre résistance (autrement dit des faiblesses...), lorsqu'une femme est enceinte, elle y est davantage sujette. C'est ainsi et tout le monde doit le respecter.
Alors, avant même que votre corps ne vous rappelle à l'ordre (votre col s'efface et vous redoutez un accouchement prématuré – votre bébé ne grossit pas suffisamment – vous risquez une fausse-couche...), montrez-vous raisonnable. Pour autant, ne péchez pas par excès inverse. Si tous vos propos, au travail comme chez vous, tournent autour de ce petit être à venir, vous vous exposerez sans doute à quelques remarques acides.

Méfiez-vous de vos propres contradictions

Vous ne devez pas vivre votre état comme une régression. Même si vous avez parfois le sentiment d'être mise de côté (vous n'êtes plus impliquée dans certains projets qui démarrent et qui devraient aboutir pendant votre congé maternité... vous ne partez plus à l'étranger... on ne vous confie que les « petits dossiers » parce qu'on craint que vous ne vous arrêtiez dès le lendemain...), pensez que cela n'est pas si grave, que cela ne durera qu'un temps et que, après tout, c'est aussi bien pour vous. Songez à votre bonheur et préparez-vous : vous allez bientôt être maman.
N'êtes-vous pas à certains moments très heureuse d'évoquer votre état et, à d'autres, agacée à l'idée que votre entourage professionnel vous en parle à tout bout de champ ? La grossesse est, en effet, une période de grands remaniements psychiques qui fait naître touts sortes de contradictions.

Ce bébé, vous l'avez fait à deux

Si vous rencontrez des difficultés avec votre employeur, n'hésitez pas à en parler largement à votre conjoint. Ces discussions vous permettront de prendre une certaine distance avec votre milieu professionnel et de vous recentrer sur l'essentiel : votre famille. D'un point de vue psychique, vous êtes deux à porter cet enfant et il est important que vous fonctionniez en tant que « couple-parent » bien avant la naissance de votre enfant. Cette attitude ne peut qu'être positive pour votre enfant comme pour votre couple.

Comment concilier vie professionnelle et grossesse

Voici quelques conseils qui vous permettront de mener à bien ces neuf mois sans créer une rupture avec votre travail...

– Plus vous vous montrerez professionnelle avec votre employeur et moins vous prêterez le flanc à d'éventuelles remarques désagréables. Rassurez votre patron (vous allez faire votre possible pour être aussi performante que de coutume...) mais n'en faites tout de même pas trop. Vous n'êtes pas sa mère et, après tout, n'a-t-il pas lui-même connu le bonheur de la paternité grâce à une femme ?

– Ne tardez pas à annoncer l'heureux événement. Si le Code du travail ne fixe aucun délai (vous n'avez comme seule obligation que d'envoyer un courrier en recommandé au moment de votre départ en congé maternité), faites en sorte d'en informer votre employeur aussi tôt que possible de façon à ce qu'il puisse prendre les mesures nécessaires à une réorganisation (momentanée !) du fonctionnement du service. En général, il est bon d'attendre que le risque de fausse-couche soit passé, sachant que la plupart surviennent au cours des trois premiers mois.

– Si vous souhaitez aller sans embûches jusqu'à votre congé maternité, fractionnez vos vacances en prenant, par exemple, une semaine tous les deux mois. Cela vous permettra de vous ressourcer régulièrement.
– Si vous le pouvez, évitez les transports en commun ou décalez un peu vos horaires de façon à éviter la cohue. Consultez la convention collective de votre entreprise. Elle prévoit peut-être des aménagements d'horaires.
– Si votre caisse d'allocations familiales ne vous a pas envoyé votre carte de priorité, n'hésitez pas à la demander. Elle vous permet de couper les files aux guichets des administrations et services publics et d'accéder aux places réservées dans les transports publics.

LA LOI EST DE VOTRE CÔTÉ

Dès que votre grossesse a été constatée « médicalement », vous ne pouvez être licenciée. Il en est de même pour les périodes de congés légales avant et après votre accouchement (Code du travail, art.L.122-25-2).
En revanche, l'employeur peut vous licencier pour faute grave (injure, vol...) ou pour compression de personnel liée à des difficultés économiques rencontrées par l'entreprise. Dans tous les cas la résiliation du contrat de travail par l'employeur ne peut prendre effet ou être signifiée pendant le congé de maternité (ou d'adoption) (Code du travail, art.L.122-27).
Si votre état le nécessite, vous pouvez obtenir, certificat médical à l'appui, une mutation temporaire durant votre grossesse. En cas de désaccord avec l'employeur, c'est le médecin du travail qui tranche. Votre employeur peut également, avec l'accord du médecin du travail, vous affecter provisoirement, si votre état l'exige, à un autre poste (avec votre consentement si celui-ci est basé dans un autre site). Dans les deux cas, votre rémunération sera inchangée et vous retrouverez votre poste dès que votre état vous le permettra, la plupart du temps dès votre retour de congé maternité.

80

Au travail, on nie ma grossesse

Vous étiez heureuse ce jour-là d'annoncer la grande nouvelle à vos collègues et à vos supérieurs mais ce fut un flop total. Pas même un petit mot gentil à votre égard. Vous avez seulement entendu : « Ah bon, et quand est-ce que tu pars ? »

Ne comptez pas sur un éventuel changement

Certains milieux professionnels sont plus durs que d'autres à l'égard des femmes enceintes (voir encadré p. 313). Mieux vaut en tenir compte dès le départ : cela évite bien des déconvenues. Dites-vous, sans rien attendre, que, si une certaine humanité s'installe au fil des mois, ce sera tout bénéfice pour vous.
Sachez encore que, si votre environnement professionnel réagit de cette façon là, il n'affichera pas de meilleures dispositions lorsque vous serez maman et que vous devrez faire face aux maladies (qui ne se programment pas), aux réunions qui démarrent à 18 h 45 au lieu des 18 heures prévues alors que vous avez affirmé le matin même à la nounou que : « Cette fois-ci, c'est sûr, je serai là à 20 heures au plus tard... »

Vous-même, ne jouez pas leur jeu

Ce n'est pas parce que votre entourage professionnel ne vous soulage d'aucune charge de travail que vous devez tout accepter. Si votre médecin vous déconseille certains déplacements qui nécessitent plusieurs jours de voyage, le portage de matériel (si vous êtes prof d'EPS, par exemple...), écoutez-le. Il en va de votre santé et de celle de votre bébé.
Dans un tel contexte, il y a fort à parier que l'on vous reproche bientôt, et de façon plus ou moins explicite, votre baisse de régime. Ne vous laissez pas déstabiliser par cette manœuvre et dites-vous que, si c'est effectivement vrai, il ne s'agit là que d'une situation temporaire, liée à votre état, et que cela ne remet nullement en question vos compétences.

Et maintenant posez-vous les vraies questions...

Avez-vous vraiment quelque chose à partager avec des gens qui évoluent dans un univers capable de vous faire souffrir au moment où vous vous apprêtez à donner la vie ? Si vous ne pouvez plus assumer les mêmes tâches qu'auparavant, il ne s'agit nullement d'un manque de valeur personnelle mais plutôt d'un moment de vulnérabilité accrue par un entourage professionnel peu attentif. Qu'en sera-t-il lorsque vous serez mère avec des charges supplémentaires ?
Il est peut-être temps de reconsidérer votre position avec votre compagnon et d'envisager à terme un changement de poste ou une réorientation professionnelle (voir chapitre 91 *Je vais être licenciée et me retrouver à la maison*).

ET EN PLUS...

Grossesse et travail, le couple infernal

Attendre un bébé en travaillant relève parfois du parcours du combattant. C'est ce que démontrait déjà une sociologue, Anne-Marie Devreux, chercheur au CNRS, dans un rapport rédigé en 1988 (*La Double Production*, CSU-CNRS et CNAF). Celle-ci expliquait notamment que plus on se situe dans les classes extrêmes (cadre à haut niveau de responsabilité et ouvrière) et plus on en bave. Pour les premières, être enceinte signifie, tout à coup, qu'elles sont avant tout des femmes. Et quand elles naviguent dans un milieu essentiellement masculin, les rapports ont tendance à se durcir. Pour les secondes, l'absence d'entraide correspond à une impossibilité d'alléger la charge de l'autre sans courir le risque de diminuer sa propre rentabilité et de perdre, éventuellement, la prime qui s'y rattache.

Ce sont les professions intermédiaires qui s'en sortent le mieux et encore davantage si le milieu est essentiellement féminin tant au niveau de la hiérarchie qu'au niveau de l'entourage. Enfin, autre paramètre de taille en faveur des femmes enceintes dans ce type de milieu : la sécurité de l'emploi.

En vingt ans, il semble que les choses n'aient pas beaucoup changé. Pour preuve, les témoignages recueillis par une journaliste, Céline Pigalle, et consignés dans son ouvrage passionnant...

À lire

Femmes au travail, de qui se moque-t-on ? Céline Pigalle, « Droit de Regard », Prat, 2000.

81

On m'incite à abréger mon congé maternité

Quand vous avez annoncé à votre employeur que vous attendiez un heureux événement, cela n'a pas semblé beaucoup le réjouir. D'ailleurs, il vous a très clairement expliqué que votre absence allait nuire cruellement au bon fonctionnement du service... et qu'il apprécierait que vous soyez le moins absente possible.

Vous ne savez pas quoi lui répondre

□ Avant de dire quoi que ce soit, quelques vérités à bien connaître

– La durée du congé maternité (voir encadré) n'a pas été fixée arbitrairement et encore moins pour faire plaisir aux jeunes mamans. Cet arrêt de la vie professionnelle a marqué un grand progrès dans la prévention des risques de complications liés à la grossesse. Les semaines qui précèdent l'accouchement sont particulièrement fatigantes. Vous vous sentez lourde, la circulation sanguine est plus difficile, vous vous essoufflez (le diaphragme est comprimé par un bébé qui prend de plus en plus de place). Et puis vous devez vous organiser pour accueillir cet enfant autant d'un point de vue matériel (préparer sa chambre, ses petites affaires...) que psychique. Être libérée de certaines contraintes du quotidien permet de faire un point sur soi-même et de se préparer plus sereinement à la maternité. Quant aux semaines qui suivent la naissance, elles sont tout juste suffisantes pour réaliser que vous êtes désormais maman, tisser un lien avec votre bébé et établir un attachement de qualité, vous remettre des nuits difficiles et trouver le mode de garde qui vous convient le mieux.

– Vous portez un bébé en vous et vous ne pouvez pas continuer à fonctionner comme si vous étiez toute seule. Un enfant est le fruit d'un amour partagé. La décision d'un aménagement du temps en faveur de votre travail ne vous appartient pas totalement. Il est nécessaire que vous en parliez avec le futur papa.

– Si la grossesse n'est pas une maladie, vous devez néanmoins être vigilante et peut-être plus à votre écoute (sans tomber dans l'excès) qu'en temps ordinaire. Un utérus qui se contracte (sensation de resserrement comme si votre ventre était pris dans un étau) au cours du cinquième ou sixième mois peut indiquer que le col s'efface et qu'un risque de naissance prématurée est à craindre. Même si, aujourd'hui, les services de néonatologie font des merveilles, une naissance à 28 ou 30 semaines n'est certainement pas souhaitable. Ni pour la santé de votre bébé, ni pour votre moral. Combien de mamans sont tenaillées par le sentiment de ne pas avoir suffisamment bien porté leur enfant (variante : d'avoir été une bonne mère) pendant la grossesse (voir chapitre 4 *À chaque fois que je dois me séparer de mon bébé né prématurément, c'est une véritable épreuve*) parce que leur bébé est né avant terme ? Réponse : elles sont malheureusement nombreuses.

– Pour mener cette grossesse au mieux, vous devez suivre le plus scrupuleusement possible les conseils et recommandations de votre médecin. C'est lui, et non votre patron, qui est le mieux placé pour vous dire ce que vous avez à faire. S'il estime, par exemple, que vous devez vous arrêter une semaine au cours du deuxième trimestre de votre grossesse pour reprendre votre souffle, écoutez-le. Un arrêt (ou une semaine prise sur vos congés) vous permettra de vous reposer. Vous vous donnerez plus de

chances d'aller, sans embûches, jusqu'à la fin de votre période de travail.
– Même si votre grossesse se déroule dans de bonnes conditions, il est fort probable qu'elle soit ponctuée de moments de fatigue, de changements de rythme et vous ne pouvez être sourde à toutes ces modifications.
Un surmenage lié à de multiples pressions dans le domaine professionnel peut influer sur le développement de votre fœtus et peser sur la période postnatale où vous aurez besoin de toute votre énergie.
– Devenir mère, c'est accepter de modifier son mode de vie et parfois d'être amenée à faire des choix. Même s'il est souvent difficile de renoncer à une promotion, cela peut être préférable à la mise en péril d'un équilibre familial.

□ Si vous décidez de poursuivre votre activité professionnelle jusqu'au bout

– Faites-le en toute connaissance de cause et après avoir évalué les risques avec votre conjoint autant du côté du bébé que du côté du travail (crainte d'être mise au placard, à terme licenciée, mal vue...).
– Ménagez-vous des petits temps de repos (week-ends prolongés), faites-vous aider le plus possible (avant et après la naissance) et prenez tout de même le temps de vous préparer à l'accouchement avec une sage-femme installée en libéral. Elles savent concocter des préparations (remboursées par la Sécurité sociale) qui mêlent à la fois des informations physiologiques à des temps de décontraction, de travail sur soi, *via* le yoga ou la sophrologie. Ne vous en privez pas : la préparation à l'accouchement a été conquise de haute lutte dans les années cinquante. Lorsqu'elle est adaptée à vos besoins et attentes, elle s'avère vraiment très bénéfique.

Et en plus...

Vos droits pendant et après la grossesse

• Vous bénéficiez d'un congé maternité de 16 semaines pour un premier ou un deuxième enfant (6 avant, 10 après). Pour un troisième et plus, celui-ci s'étend à 26 semaines (8 ou 10 avant, 18 ou 16 après). En cas de grossesse gémellaire, vous avez droit à 12 semaines avant et 22 après. Et si vous attendez des triplés ou plus, vous bénéficierez de 24 semaines avant et 22 après. Enfin, si vous accouchez après la date du terme annoncée par votre médecin, la durée du congé est allongée d'autant.

• Si vous souhaitez reprendre avant, sachez que seule une interruption d'activité de huit semaines est obligatoire (deux avant la naissance et six après). Si votre employeur vous fait travailler pendant cette période, il est passible d'une amende.

• Vous avez la possibilité de vous absenter pour vous rendre aux sept visites médicales obligatoires et cela, sans diminution de salaire. Prévenez votre employeur.

• Vous ne pouvez pas être licenciée lorsque vous êtes enceinte à moins que vous ne commettiez une faute grave ou que votre entreprise connaisse de sérieuses difficultés économiques l'obligeant à rompre votre contrat de travail.

• Votre salaire est garanti. Les indemnités journalières de la Sécurité sociale sont calculées sur les trois derniers mois de votre salaire brut, duquel sont déduites les cotisations sociales salariales et la CSG, dans la limite du plafond de la Sécurité sociale. Certaines conventions collectives maintiennent le salaire à 100 %.

Pour en savoir plus, vous pouvez commander la brochure *Maternité, femmes salariées*, 45 F, CNIDFF, tél. : 01 42 17 12 34.

À lire

Une année dans la vie d'une femme, Maïté Jacquet, Mathilde Nobécourt, « Bibliothèque de la famille », Albin Michel, 1999.

Ma grossesse, mon enfant, Pr René Frydman et Dr Julien Cohen-Solal, Guide, Odile Jacob, 2000.

Attendre bébé, Christine Schilte, Pr René Frydman, Hachette, 2000.

Guide de la grossesse, Pr Emile Papiernik, « Réponses », R. Laffont, 1999.

Attendre mon enfant aujourd'hui, Dr Edwige Antier, Fixot, 2000.

82

On m'a piqué mon ordinateur pendant mon congé maternité

Vous êtes partie sereine en congé maternité sans jamais imaginer qu'on pourrait profiter de votre absence pour vous déposséder de quoi que ce soit. Et pourtant...

Une maternité ébranle toujours l'entourage... même professionnel

Chacun réagit en fonction de sa propre histoire. Ainsi, les femmes en mal d'enfant (problème de stérilité, fausses-couches à répétition, pas de relation suffisamment durable avec un homme pour mettre un bébé en route) ou celles qui déclarent haut et fort qu'elles n'en souhaitent pas, mais qui néanmoins ne sont pas toujours aussi certaines de leur choix, peuvent inconsciemment vous faire payer très cher votre bonheur.

Par exemple, alors que votre énergie est largement entamée par des nuits encore chaotiques, elles en font un maximum pour vous prouver leur efficacité et vous renvoyer à vos couches.

Vos collègues peuvent aussi vous signifier de diverses façons leur rancœur, y compris en vous dépossédant de votre ordinateur, bureau... Ils vous reprochent, toujours inconsciemment, de les avoir « lâchés », de ne pas avoir maintenu un contact suffisamment fréquent et régulier avec eux pendant les quatre mois de votre

congé. Mieux vaut donc maintenir un lien en appelant de temps en temps, en allant déjeuner avec eux à la cantine. De cette façon, ils peuvent constater que vous êtes toujours intéressée par ce qui se passe au travail et que vous ne les oubliez pas.
Si vous occupez un poste à responsabilités, vous avez démontré en devenant maman que vous suiviez une autre logique que celle qui voudrait que vous consacriez toute votre vie à votre carrière. Vous vous êtes d'une certaine façon fragilisée aux yeux de vos supérieurs et il est fort possible que certaines personnes de votre entourage en profitent pour tenter de s'asseoir dans votre fauteuil.

Comment réagir ?

– Vous pouvez demander d'emblée un entretien à votre supérieur et lui exprimer votre surprise. Ce sera une bonne façon de le renvoyer à ses devoirs et d'observer de quelle façon il entrevoit votre réintégration.
– Il vous est encore possible de faire comme si de rien n'était et vous dire que vous reprendrez peu à peu, et sans fracas, votre place. Méfiez-vous néanmoins. L'échange de votre ordinateur peut être un premier pas pour vous déstabiliser. Êtes-vous prête à vous lancer dans la lutte à un moment où votre souci premier est de savoir que votre bébé se porte bien loin de vous ? Les tensions que vous ressentez au travail peuvent influer sur la relation que vous avez avec lui. Gare à ne pas lui en vouloir de vous avoir fragilisée d'un point de vue professionnel. Si tel est le cas, interrogez-vous sur le sens de votre ambivalence et de votre difficulté à vous situer en tant que femme au travail et mère.

83

Je suis « au placard » depuis mon retour de maternité

La personne qui vous a remplacée s'est montrée tellement compétente que votre employeur a décidé de l'embaucher. Vous avez tout à coup le sentiment d'être en trop...

Plusieurs stratégies sont possibles

Une mise au placard peut être vécue comme une véritable blessure qui en réactive parfois d'autres plus anciennes. De plus, cette manœuvre survient à un moment de votre vie où tout votre équilibre physiologique et psychologique a été bouleversé. Vous êtes encore fragile. Vous risquez de déprimer (voir chapitres 97 *Depuis la naissance de ma fille, je suis épuisée...*, et 98 *Depuis que je suis maman, je n'ai plus aucune estime de moi...*). Surtout, tenez compte de ces différents paramètres dans le choix de la conduite à tenir.

– Vous pouvez demander un entretien à votre chef et discuter avec lui de votre position actuelle.

– Vous pouvez opter pour un déni apparent. Même si votre bureau est tout à coup coincé entre la plante verte et la photocopieuse, votre humeur est joviale. Cette stratégie nécessitant certaines ressources, mieux vaut être sûre, avant de l'adopter, de tenir le coup. En effet, elle peut agacer et inciter à sortir l'artillerie lourde.

– Vous pouvez décider de patienter un peu en vous disant que vous intégrerez bientôt un autre service. Cette option implique que votre entreprise se prête bien à ce type de mouvements. En êtes-vous sûre ?
– Vous souhaitiez changer d'entreprise et vous vous dites que, finalement, les conditions de retour sont telles que cela va vous donner l'impulsion. Sachez néanmoins qu'une telle démarche nécessite une bonne dose d'énergie. En êtes-vous capable en ce moment ? Refléchissez-y avant de vous lancer... Mais surtout, accordez-vous le temps nécessaire. Quitte à partir, autant le faire pour une heureuse destination. Si vous avez vraiment pris cette décision, vous ne devriez que vous sentir plus légère : peu à peu, et en attendant autre chose, vous allez faire le deuil de cet emploi et vous vous impliquerez moins dans les petits tracas et gros tiraillements de la vie de bureau (ou d'ailleurs).
– Vous optez pour la pause (voir chapitre 85 *Depuis que j'ai des enfants, je m'investis moins dans mon travail*) parce que vous craignez d'être tellement submergée par ces problèmes que vous risquez de passer à côté de votre bébé. Et cela n'est pas concevable à vos yeux.

ET EN PLUS...

Ce qu'en dit la loi

Après votre congé maternité, vous devez retrouver le poste que vous occupiez auparavant. Si, pendant votre grossesse, vous aviez été provisoirement affectée sur un autre poste, vous devrez réintégrer votre poste initial. Seule une réorganisation du service peut justifier un changement de poste (voir encadré chapitre 79 *J'ai peur d'annoncer à mon patron que je suis enceinte*).

84

Depuis que je suis maman, je ne peux plus accepter les déplacements

Contrainte et forcée, vous vous rendez bien compte qu'avec votre bébé vous ne pouvez plus travailler de la même façon qu'avant.

Votre ego et votre moral en prennent un coup

Vous supportez difficilement de ne plus être sous les feux de la rampe, de ne plus pouvoir rayonner comme avant au cours de dîners et déplacements professionnels. Vous aviez beaucoup de plaisir dans ces contacts, beaucoup de satisfactions sur le plan narcissique.

Vous avez désiré votre bébé mais vous auriez aimé que votre compagnon vous aide davantage et vous libère de certaines charges afin de ne pas trop modifier l'exercice de votre profession. Mais il s'avère que c'est encore plus difficile pour lui que pour vous. Il se sent, bien sûr, capable de donner le biberon ou de changer votre bébé mais, le soir, il a très envie de retrouver non seulement son enfant mais aussi sa femme. De plus, se substituer à vous, du fait de votre absence, ne l'enchante guère.

La réalité est là

Votre enfant ne peut être mis entre parenthèses. Une réorganisation professionnelle s'impose et un changement de poste doit peut-être même être envisagé. Néanmoins, si vous pouvez simplement limiter vos déplacements en contrepartie d'une part de travail plus sédentaire (ou administrative par exemple), n'hésitez pas, dites-vous que cela ne durera qu'un temps.

Reconnaissez qu'actuellement votre investissement dans le travail ne peut plus être le même et essayez de ne pas le vivre comme une perte. Au contraire, dites-vous que vous êtes en train de bâtir avec votre compagnon des bases solides pour une vie qui permettra bientôt à tout le monde de se sentir bien et, à vous, de reprendre d'ici quelque temps votre parcours.

Positivez : vous n'aurez pas (ou moins) à courir après les baby-sitters... vous partagerez réellement votre vie avec votre compagnon et profiterez ensemble de votre tout-petit. Sur un plan personnel, cela vous donnera peut-être l'occasion de vous inscrire dans un club (de sport, culturel...), histoire de jouir davantage de votre temps libre, chose impossible auparavant et même source de frustration pour vous.

85

Depuis que j'ai des enfants, je m'investis moins dans mon travail

Vous n'êtes pas de celles qui font les choses à moitié. Et pourtant, vous le constatez vous-même, depuis la naissance de vos enfants, vous n'avez plus le feu sacré pour votre travail...

C'est le moment de faire le point

Devenir maman après avoir consacré pas mal d'années à votre métier bouscule l'ordre que vous aviez établi pour vous-même et pour votre petite famille. Cela arrive souvent autour de la quarantaine. Vous n'êtes plus tout à fait sûre de vouloir vous investir autant qu'avant dans votre travail et préférez donner la priorité aux vôtres ou bien vous ennuyez-vous tout simplement. Vous avez le sentiment d'avoir fait le tour et une réorientation professionnelle ou un changement de poste ou de fonction vous ferait le plus grand bien.
Rester au même poste, dans les mêmes lieux, sans grand espoir d'autres horizons n'est pas forcément l'option la plus pertinente. Une déstabilisation professionnelle a toujours des répercussions sur sa vie personnelle. Vous pouvez même finir par avoir le sentiment de n'être ni une bonne mère, ni une bonne épouse, ni une bonne pro. (voir chapitre 97 *Depuis la naissance de ma fille, je suis*

épuisée et j'ai le sentiment de n'être ni une bonne mère, ni une bonne épouse, ni une bonne « pro »).
En revanche, si vous êtes heureuse au travail, vous avez toutes les chances de rayonner en famille.
Enfin, cette position ne permet de développer aucun projet. Alors, dites-vous, parce que c'est vrai même si cela vous irrite un peu, que chaque personne a la possibilité de changer de travail, de lieu d'exercice, de fonction... cela peut demander plus ou moins de temps, plus ou moins d'efforts, plus ou moins de sacrifices, mais c'est possible. Si vous doutez ou hésitez, parlez-en à une personne compétente qui vous permettra de faire un bilan professionnel (voir encadré) et d'y voir plus clair quant à vos aspirations profondes.

Première hypothèse : vous voulez être plus disponible pour votre famille

Avant d'imaginer un retour définitif à la maison, commencez par vous offrir une pause (voir encadré congé sabbatique, reconversion, formation...) si vos moyens vous l'autorisent. Cela vous permettra de faire le point en toute quiétude, de tester vos capacités à être heureuse et épanouie en tant que femme au foyer (ce qui ne veut pas dire devenir la bonne à tout faire). Mais, avant d'entamer cette procédure, demandez-vous si vous n'êtes pas en train de céder à certaines pressions de votre entourage (voir chapitre 65 *Il veut que je m'arrête de travailler*) ou parce que vous éprouvez en ce moment des difficultés passagères. Vous avez momentanément du mal à tout concilier (voir chapitre 97 *Depuis la naissance de ma fille, je suis épuisée...*)
Si ce choix correspond à une aspiration profonde, si vous ne le vivez pas comme un sacrifice que vous faites pour le bien-être de votre famille, foncez. Vous en profiterez pour vous adonner à d'autres activités qui vous permettront de rester bien insérée dans

le tissu social (participation à la vie scolaire, associative...) et de cultiver une vie conjugale harmonieuse (sorties en amoureux, petits week-ends concoctés de longue date...).

Deuxième hypothèse : vous souhaitez progresser professionnellement

Lorsque vous avez débuté votre carrière, peut-être aviez-vous imaginé une autre évolution et vous êtes aujourd'hui un peu déçue de ne pas avoir accédé à des sphères plus élevées. Vous avez de beaux enfants, en bonne santé, qui vont à l'école, qui commencent à être un peu autonomes... Il est peut-être temps pour vous maintenant de passer à la vitesse supérieure même si cela semble, *a priori*, au-dessus de vos forces ou de vos capacités. Dès que vous aurez entamé une démarche dans ce sens, même si elle vous demande quelques sacrifices (travailler le soir, le week-end, effectuer quelques déplacements, partir en stage...), vous en ressentirez très vite les bienfaits sur votre moral. Vous aurez l'impression (qui ne devrait pas tarder à se confirmer) que les portes s'ouvrent devant vous et même que vous avez dix ans de moins !
Si vous décidez de vous impliquer davantage dans votre vie professionnelle, et donc d'être un peu moins présente à la maison, demandez-vous avant si vous êtes prête à le supporter et dans quelles conditions. Si vous pouvez employer une personne de confiance pour vous seconder dans les tâches ménagères, accueillir les enfants à la sortie de l'école... ce sera une excellente chose. Attention aussi à ne pas tomber dans l'excès inverse qui consisterait à vous décharger totalement sur votre compagnon et sur des aides éventuelles. Vos enfants auront toujours besoin que vous suiviez un minimum leur travail scolaire, que vous leur consacriez du temps (voir chapitre 48 *Je pensais qu'il était bon élève... et que je pouvais me consacrer tout entière à mon travail*). En revanche, vous pouvez leur expliquer que vous serez pendant quelque temps

– le temps de vous installer dans vos nouvelles fonctions – un peu moins disponible pour eux mais qu'ils peuvent toujours compter sur vous pour un rendez-vous régulier (l'histoire du soir...) ou pour leur passer un petit coup de fil dès que vous savez que vous allez rentrer plus tard... des précautions indispensables pour que le lien d'amour perdure.

À tout moment, faites preuve d'organisation. Si vous devez avoir des réunions tardives, essayez, si possible, de les intercaler avec celles de votre compagnon. Si vous pouvez bénéficier d'une promotion professionnelle qui vous permettra de vous épanouir personnellement, ce serait dommage de vous en priver.

À vous de rester vigilante pour maintenir un cadre de vie susceptible de respecter tous les partenaires.

COMMENT FAIRE UNE PAUSE

Pour obtenir ces différents congés, vous devez en faire la demande à votre employeur par lettre recommandée avec AR plusieurs mois à l'avance. À votre retour, vous réintégrerez, en principe, votre poste ou un emploi similaire à un salaire équivalent.

Le congé parental d'éducation

Vous avez la possibilité de le demander à n'importe quel moment avant la troisième année de votre enfant. Il est renouvelable tous les ans. Vous pouvez opter pour un congé à temps complet ou pour un congé à temps partiel. Pendant cette période, votre contrat est tout simplement suspendu. Vous conservez donc les avantages acquis et vous devez retrouver votre poste (ou un emploi équivalent) à votre retour. Pendant votre congé, vous ne pouvez être licenciée sauf pour motif économique. Si vous avez deux enfants, vous êtes susceptible d'obtenir une allocation parentale d'éducation versée par votre caisse d'allocations familiales (renseignements auprès de votre CAF ou sur Minitel 3615 CAF). Vous avez encore la possibilité, pendant ce congé, de faire évaluer vos savoirs (bilan de compétences) afin de définir un plan de carrière, une formation... Pour l'obtenir, vous devez en faire la demande auprès de votre employeur en précisant les coordonnées de l'organisme que vous avez choisi. Ce dernier ne révélera les résultats de ce bilan qu'à vous et à vous seule.

Le congé sabbatique
Il vous permet de cesser votre activité professionnelle pour une période allant de 6 à 11 mois. Pour l'obtenir, vous devez justifier de 3 ans de présence dans votre entreprise. Vous pouvez disposer de ce temps comme vous le souhaitez mais vous n'êtes, bien sûr, pas rémunérée.

Le congé de formation
Si vous souhaitez accéder à un niveau supérieur de qualification, vous perfectionner professionnellement, changer d'activité ou de profession, vous ouvrir plus largement à la culture et à la vie sociale, préparer ou passer un examen pour l'obtention d'un titre ou d'un diplôme technologique, vous pouvez demander ce congé. Sa durée est au maximum d'un an ou de 1 200 heures. Pour être rémunérée, vous devez obtenir l'acccord d'un organisme paritaire agréé pour la prise en charge de votre formation (environ 80 % du salaire). Vous devez justifier d'une année d'ancienneté dans l'entreprise.

Le congé pour entreprendre
Vous voulez reprendre ou créer une entreprise. Vous pouvez bénéficier d'un congé d'une année, renouvelable une fois, mais vous devez justifier de trois années d'ancienneté dans l'entreprise qui doit compter plus de deux cents salariés.

Le congé pour convenance personnelle
Si vous êtes fonctionnaire, vous pouvez obtenir une mise en disponibilité pour convenance personnelle. Renseignez-vous auprès de votre employeur pour connaître sa durée et les conditions précises (ancienneté...). Si vous travaillez dans le secteur privé, aucune disposition légale ne régit ce type de congé. Il faut un accord d'entreprise ou des dispositions particulières de la convention collective.

86

Je crains que mon enfant ne tombe encore malade

Votre bébé est souvent malade. Vous avez épuisé votre quota de jours de congé (voir encadré p. 331) et, lorsque vous êtes au travail, vous redoutez que la personne qui s'en occupe ne vous appelle une fois de plus. Que va finir par penser votre patron ?

Vous êtes anxieuse

Depuis quelque temps, vous vivez dans la crainte que le téléphone sonne, qu'on vous annonce une nouvelle fois que votre enfant a 38,5° C et qu'il serait bon que vous passiez le récupérer au plus vite. Vous voyez déjà la mine de votre employeur qui s'est pourtant montré compréhensif jusque-là mais qui risque maintenant d'être un peu agacé par vos départs intempestifs. D'ailleurs, vous comprenez très bien qu'il puisse se lasser : il a besoin de vos services et il vous paie pour cela.

Faites fonctionner les relais

Vous ne pouvez pas tout assumer toute seule. Alors si votre enfant est malheureusement souvent malade, mettez en place une sorte de chaîne de solidarité. Mais avant, faites-vous préciser par les personnes qui s'en occupent dans la journée les limites de leurs services. Par exemple, si votre tout-petit est gardé à la crèche, sachez que cette institution accepte généralement les enfants sous traitement à la condition qu'ils ne soient pas contagieux. La directrice, qui est une professionnelle de santé, est habilitée à donner les médicaments prescrits. Sachez encore que certains médecins viennent examiner leurs petits patients en crèche à la demande des parents. S'il est gardé par une assistante maternelle ou par une nourrice à domicile, demandez-lui si elle accepte de recevoir le pédiatre ou d'emmener votre enfant en consultation. Vous passerez un petit coup de fil ensuite au médecin pour vous faire préciser le traitement. Si cette démarche ne peut être fréquente, elle vous permettra au moins une fois de temps en temps de souffler et surtout de vous préserver d'un point de vue professionnel. Mais, lorsque des complications surviennent (votre enfant a plus de 39° C, le pédiatre a prescrit des antibiotiques...), mieux vaut le garder chez vous et si vous ne pouvez pas rester à ses côtés, établissez un roulement entre plusieurs personnes et bien sûr, en premier lieu, avec son père. Demandez ensuite à vos parents, beaux-parents, belles-sœurs, amies, voisines... s'ils seraient prêts à vous dépanner et de quelle façon ils pourraient intervenir.

Pourquoi tombe-t-il souvent malade ?

Si vous avez totalement confiance en les personnes qui s'occupent de votre enfant, vous vivez néanmoins peut-être très mal le fait de ne pas le voir grandir. Il peut ressentir votre ambivalence et, du coup, ne pas s'autoriser à s'épanouir totalement à la crèche (« Comment puis-je être heureux puisque maman ne l'est pas ? »). La maladie s'avère être un bon compromis puisque, dès qu'elle se manifeste, vous accourez pour être à ses côtés. Ainsi, il a le sentiment de combler votre manque. Si telle est votre situation, il serait nécessaire de consulter un psychologue clinicien de façon à ce que votre tout-petit ne s'en trouve pas fragilisé. Votre anxiété sera alors « parlée » à votre bébé et celui-ci n'aura plus forcément besoin de somatiser en guise de réponse.

ET EN PLUS...

Pouvez-vous vous absenter pour enfant malade ?
La loi prévoit un congé rémunéré en cas de maladie ou d'accident d'un enfant de moins de 16 ans dont vous assumez la charge. Sa durée est de trois jours maximum par an plus deux jours si votre enfant a moins de 1 an. Ces journées ne sont pas rémunérées et vous devez, pour en bénéficier, fournir un certificat médical. La convention collective de votre entreprise peut prévoir un congé plus long ou (et) une rémunération. Votre caisse primaire d'assurance maladie peut, au titre des prestations supplémentaires facultatives et après examen de votre situation, vous accorder des indemnités journalières pour enfant malade. Depuis mai 2000, un « congé pour enfant malade » de 3 mois maximum est possible, asserti d'une allocation.

La réglementation des crèches
Les crèches collectives ou familiales sont soumises à une réglementation commune précisée dans le *Journal Officiel* (*J.O.* 16 décembre 1975 – arrêté du 5 novembre 1975 portant réglementation du fonctionnement des crèches).
Article 14 : L'enfant qui, à son arrivée à la crèche, paraît malade peut soit être rendu à la personne qui l'accompagne, soit être gardé et isolé.
Article 15 : Lorsqu'un enfant est malade ou est victime d'un accident, la directrice doit en avertir au plus tôt le médecin de la crèche ou le médecin traitant et appliquer les mesures qu'il préconise. L'enfant ne peut être admis dans la crèche durant sa maladie qu'avec l'accord du médecin de la crèche et dans les conditions fixées par ce dernier. En cas d'urgence, la directrice prend les mesures nécessaires et en avise immédiatement le médecin chargé de la protection maternelle et infantile.
Article 16 : En cas de maladie contagieuse survenant dans la crèche, le médecin de la crèche décide des mesures à prendre.
En cas d'épidémie, le directeur départemental de l'action sanitaire et sociale décide des mesures à prendre en liaison avec le médecin de la crèche.

87

Avec mon job, je dois fréquemment trouver une baby-sitter au dernier moment

Vous aimez bien votre emploi mais vous devez souvent vous montrer très souple au niveau des horaires. Que ce soit pour une réunion non programmée et décidée en fin de journée, un remplacement de dernière minute... vous avez de plus en plus de mal à le supporter.

Connaissez-vous bien vos droits ?

Si votre entreprise applique une certaine flexibilité, cela ne l'autorise pas pour autant à faire n'importe quoi. Il est important que vous connaissiez vos droits et que vous ne cédiez pas à une certaine forme de chantage ou de harcèlement de la part de votre employeur.

En revanche, s'il est dans son bon droit mais que vous avez du mal à supporter les coups de stress qu'implique cette flexibilité au niveau des horaires, tentez d'en parler avec votre chef et essayez de voir s'il ne serait pas possible de trouver une autre organisation du travail (est-il normal qu'une mère de famille impose à d'autres mères une réunion impromptue à 19 heures alors qu'elle peut avoir lieu le lendemain matin ?) ou un autre poste qui vous conviendrait mieux.

Attention, si vous vous rendez systématiquement disponible sans broncher, il n'y a aucune raison pour que cette situation change.

Et n'en attendez pas par ailleurs de primes et de gratifications. Cela paraît tout à fait normal aux yeux de votre employeur puisque personne n'ose jamais lui dire qu'il y a certaines limites à ne pas dépasser. Pensez aussi à négocier un mode de récupération.

Une organisation béton

Plutôt que d'avoir à implorer l'assistante maternelle qui s'occupe de vos enfants pendant la journée ou qui les récupère à la sortie de l'école, de bien vouloir consentir une nouvelle fois à patienter deux petites heures (auquel cas vous vous mettez dans une position infantilisante et vos enfants ne sont pas à l'abri de ses réflexions ainsi que celles de sa famille), optez d'emblée pour un autre système de garde.

Vous pouvez par exemple trouver une jeune baby-sitter pour laquelle le prolongement des horaires n'est jamais un problème et qui assure le relais pour une, deux, trois... heures selon vos besoins. Le tout étant de mettre cartes sur table dès le début de cette collaboration et de lui assurer un minimum de revenu (ou d'heures) de façon à ce qu'elle n'ait pas le sentiment d'être la seule à faire des efforts. Convenez aussi que vous puissiez la joindre dans l'après-midi pour lui préciser vos horaires de retour.

Optez encore, et si possible, pour une seule et unique personne. À l'incertitude de vos horaires, ne rajoutez pas l'incertitude de la baby-sitter. D'ailleurs, si vous naviguez entre deux ou trois personnes, sans savoir le matin même quelle est celle qui sera susceptible de récupérer votre enfant à la sortie de l'école ou de la crèche au cas où vous ne pourriez y être, appelez pour donner le nom de la personne et demandez qu'on prévienne, si possible, votre enfant, avant même cet instant.

Peut-être pouvez-vous aussi trouver une organisation avec le père de vos enfants. Par exemple, si vous assurez tous les matins (déposer les enfants à la crèche, à l'école, faire quelques courses...), lui partant plus tôt, peut peut-être davantage délimiter ses horaires de sortie.

ET EN PLUS...

Pour trouver une baby-sitter de qualité, voir encadré chapitre 43 *La baby-sitter ne respecte pas mes consignes et incite Marine à me mentir*.

88

Je voudrais renégocier mes horaires de travail mais je crains d'essuyer un refus

Sans songer à un mi-temps, vous souhaiteriez pouvoir rester avec vos enfants le mercredi après-midi.

Comment convaincre votre employeur

Avec le passage aux 35 heures, le monde du travail va devoir peu à peu trouver un autre mode d'organisation et surtout d'autres rythmes. L'ère du 9-18 heures, cinq jours sur sept, pour le plus grand nombre est désormais révolue. D'ailleurs, à terme, lorsque chaque entreprise et chaque salarié aura trouvé son nouveau rythme, il y a fort à parier qu'une profonde réorganisation de la vie sociale s'engagera (modifications des heures d'ouverture des bibliothèques, de certains services publics... modifications des programmes télé... nouvelles propositions du secteur du tourisme, par exemple, avec des week-ends de trois jours...)
En attendant, et en dehors de la RTT (réduction du temps de travail : passage aux 35 heures) prévue par la loi, les arguments « gagnants » en faveur d'une organisation différente de votre temps de travail sont ceux qui jouent dans le sens de votre employeur. Alors proposez-lui des horaires qui puissent servir ses intérêts, sans oublier les vôtres mais que vous vous abstiendrez de développer. Expliquez-lui, par exemple, que, s'il accepte que vous ne travailliez

pas le mercredi après-midi, vous êtes d'accord pour être présente le jeudi soir jusqu'à 20 heures, moment où il prépare souvent seul l'organisation de la semaine suivante ou le planning des ventes... Évitez, à tout prix, de mettre en avant votre propre intérêt même si, à vos yeux, il est légitime.

89

Je suis souvent en déplacement

Votre profession vous oblige à quitter parfois, pour plusieurs jours, votre petite famille. Une préparation rigoureuse s'impose...

Organisez !

Partir pour plusieurs jours n'est pas un problème en soi. Cela peut même présenter un avantage considérable si vous avez la possibilité de bénéficier ensuite de plusieurs jours de repos consécutifs pour récupérer. Mais cela nécessite quelques aménagements...
– Essayez de faire appel à la même personne pour garder vos enfants à chaque fois que vous vous absentez. Instaurer une continuité dans le mode de garde est essentiel pour leur équilibre : ils doivent pouvoir se repérer.
– Maintenez le contact par téléphone. Si possible, choisissez un moment repérable pour eux. Ce peut être juste avant le dîner ou, pourquoi pas, un petit quart d'heure avant le coucher. Il ne doit pas y avoir de rupture de lien.
– Prévoyez un relais avec une personne pour l'entretien de la maison si votre compagnon ne peut s'acquitter des tâches ménagères. Vous assurerez ainsi une continuité dans la tenue de la maison et vous vous éviterez des grincements de dents et du stress bien inutiles à votre retour.

– Mesurez bien vos limites ainsi que celles de votre entourage. Ils acceptent bien une, deux, trois absences au cours d'un mois mais peut-être pas davantage. Soyez à l'écoute : les manifestations peuvent être multiples et variées. Par exemple, si vous constatez que votre enfant est systématiquement malade lorsque vous vous absentez, c'est peut-être signe qu'il ne supporte pas si bien la séparation. Vous devrez sans doute engager une petite discussion avec lui en lui précisant de nouveau les modalités de votre absence (« Je pars pour mon travail... je t'appelle tous les soirs... je sais que tu es entre de bonnes mains... »). Du côté de votre conjoint, veillez aussi à ce qu'il ne se lasse pas ou vive, tout simplement, de plus en plus mal cette situation. La relation conjugale doit être très forte pour que celui qui reste ne se sente pas abandonné.

90

On me propose de travailler de nuit. Est-ce compatible avec ma vie de famille ?

Quitter la maison à 21 heures pour n'y revenir qu'au petit matin… voilà une proposition qui vous pose question. Pourriez-vous en tirer quelques avantages pour améliorer votre qualité de vie ?

Les avantages

– La nuit, l'ambiance de travail est très différente de celle du jour. Entre collègues, une certaine chaleur se dégage. Généralement, chacun se montre plus détendu, plus à l'écoute. La décontraction, qui ne nuit pas à la rigueur dans le travail, est de mise.
– Les mères qui travaillent de cette façon sont en général plutôt satisfaites. En effet, ces horaires leur permettent d'être présentes au réveil de leurs enfants et de les accompagner à l'école. Ils permettent aussi de les conduire à leurs activités extra-scolaires (piscine, judo…). Elles disent aussi bénéficier de plus de temps libre puisqu'elles ne sont pas en fonction toutes les nuits contrairement à celles qui travaillent cinq jours sur sept.

Les inconvénients

– Les déjeuners entre amies, les petites virées dans les boutiques en plein milieu de journée.. c'est fini ou presque. En tout cas, cela

se mérite. En effet, si vous souhaitez rencontrer vos proches, vous devez vous réadapter à leurs horaires. Et cela perturbe votre propre équilibre puisque vous êtes obligée de rompre momentanément avec celui que vous avez mis en place (vous dormez désormais de 9 heures à 15-16 heures).
– Avec des enfants, cela nécessite une organisation précise qui ne doit subir aucune faille. Si votre conjoint ne peut vous relayer, il sera nécessaire de faire appel à une tierce personne.
– Si c'est la baby-sitter qui assure le coucher, cela nécessite de sa part un certain doigté (à vous de trouver la bonne personne... voir chapitre 43 *La baby-sitter ne respecte pas mes consignes...*) puisque c'est un moment délicat où la présence du papa ou de la maman facilite bien les choses : les enfants peuvent avoir besoin de se raconter...
– En règle générale, au bout d'une dizaine d'années, il est difficile de continuer sur ce rythme-là. La fatigue s'installe, le temps de récupération ne suffit plus à compenser le décalage. La plupart des personnes arrêtent non par absence de goût ou d'intérêt pour la formule mais par épuisement.

91

Je vais être licenciée et me retrouver à la maison

Vous travaillez depuis de longues années et vous avez réussi à jongler, plutôt avec succès, entre vie familiale, vie professionnelle et vie conjugale. Vous êtes une bonne « pro », motivée, mais vous venez d'apprendre que la société dans laquelle vous travaillez dépose son bilan.

Vous n'aviez pas imaginé cette situation et vous êtes accablée. Vous savez que l'on engage de préférence un jeune diplômé à moindres frais et vous ne voyez pas comment vous allez pouvoir tenir le coup à la maison. Et puis, que vous ayez été licenciée dans de bonnes ou mauvaises conditions, la rupture avec la vie d'avant engendre forcément stress, sentiment d'abandon et parfois déprime. Si vous avez eu le sentiment d'être humiliée, vous pouvez même avoir à présent une bien piètre image de vous-même. Vous craignez de vous sentir inutile, non productive. Et vous vous demandez bien quel regard vont porter sur vous votre mari et vos enfants qui vous ont vue (et même admirée) en pleine activité.

Comment faire face ?

Dans un premier temps, et pour pouvoir ensuite passer à un autre chapitre de votre histoire, vous allez devoir faire le deuil de votre position actuelle pour pouvoir retrouver des repères, de l'énergie et votre dignité. Pour mettre en route ce processus, plusieurs voies s'ouvrent à vous.

– Cherchez un emploi en utilisant toutes les ressources possibles (ANPE, APEC, relations, petites annonces, journaux, Internet...). Vous pouvez convenir d'un temps dans votre journée destiné à cela (9 heures-13 heures) et vous accorder le reste de la journée pour votre épanouissement personnel, ce qui vous permettra d'arriver en forme aux entretiens d'embauche.

– Tentez de vous orienter vers un autre type de travail, situé peut-être dans un autre secteur d'activité. Cela peut être l'occasion de réinvestir autrement votre vie professionnelle sans que votre qualité de vie en pâtisse (voir encadré).

– Essayez d'accepter de rester au foyer en participant à des activités sportives, culturelles, associatives. Une implication à laquelle vous pensiez jadis mais que, faute de temps, vous n'aviez pu réaliser. Vous avez été active et dynamique, il n'y a aucune raison pour que cela change. Toutes les chances sont de votre côté pour vous faire apprécier à votre juste valeur dans d'autres secteurs où vous ferez sans doute des rencontres intéressantes délestées, *a priori*, de tout pouvoir hiérarchique.

Quelques bénéfices

– Vous allez profiter de vos enfants au moins quelque temps : les attendre à la sortie de l'école, suivre de plus près leurs devoirs, les accompagner au cours de sorties de classe... autant de démarches que vous ne pouviez faire avant et que vous regrettiez, faute de disponibilité.

– Vous allez aussi penser un peu à vous, prendre du temps pour faire un bilan sur votre parcours professionnel et peut-être même en profiter pour vous reconvertir. Vous avez donc devant vous quelques mois pour mûrir votre projet mais aussi vous autoriser à ne pas occuper forcément tout votre temps libre pour une multitude de tâches quotidiennes. Prenez le temps de souffler.

Ce qu'il faut dire pour que tout se passe bien...

□ ... à un enfant de 5 ans

« Mon chef qui n'avait plus d'argent dans ses caisses nous a expliqué qu'il ne pouvait pas nous faire travailler sans rien nous donner. Maintenant et en attendant de trouver un autre emploi, je vais pouvoir profiter un peu plus de toi et de ton papa. Mais cette situation ne durera pas parce que j'ai besoin d'un salaire mais aussi d'avoir une vie à moi, en dehors de la maison, comme tu en as une à l'école avec tes copains. »

□ ... à des plus grands

« Cette situation est provisoire. Il n'y a donc aucune raison pour que les bonnes habitudes soient oubliées. Vous faisiez votre lit, rangiez votre chambre... que tout cela continue. Ce temps m'est destiné. Je vais l'employer à penser un peu à moi. Après toutes ces années de travail, ce n'est que justice. Bien sûr, vous en profiterez mais pour des choses agréables et qui en valent la peine : découvrir ensemble un musée, aller à la piscine, s'initier au multimédia, faire du sport... »

□ ... à votre compagnon

« Ce n'est pas parce que je suis à la maison que je vais soudain tout prendre en charge. Lorsque j'aurai retrouvé un travail, revenir en arrière (à l'organisation précédente) serait difficile pour tout le monde. Je compte sur toi pour que tout le monde me respecte dans ce statut provisoire. Aucune phrase désobligeante ne doit être tolérée dans cette maison » (les adolescents peuvent parfois se montrer très durs).

Et en plus...

Comment définir votre projet professionnel ?
Que vous soyez inscrite à l'ANPE (Agence nationale pour l'emploi) ou à l'APEC (Association pour l'emploi des cadres), profitez des aides qui vous sont offertes.
Vous pouvez participer à une SOA (session d'orientation active) qui réunit une quinzaine de personnes pendant 50 heures réparties sur un mois et qui doit vous permettre de faire le point sur vos différentes expériences (professionnelles ou non) et de reconnaître vos compétences afin d'établir un projet planifié.
Vous avez également la possibilité d'effectuer un bilan de compétences dans un CIBS (Centre interinstitutionnel de bilan de compétences) de façon individuelle ou collective. À l'issue de celui-ci, vous devriez pouvoir élaborer votre nouveau projet professionnel.

Si vous êtes en activité, vous pouvez aussi effectuer un bilan de compétences. Vous le ferez sur votre temps de travail (avec l'accord de votre employeur) ou en dehors, si vous souhaitez, par exemple, que cette démarche reste confidentielle. Le financement peut être pris partiellement en charge (entre 50 % et 80 %) par l'OPCA (Organisme paritaire collectif agréé) et complété par votre employeur ou vous-même. Il peut aussi être complètement à votre charge. Le coût d'un bilan de compétences individuel varie généralement entre 12 000 et 15 000 F.
Renseignements : 0 800 624 624, site Internet (www.c-i-f.com)

92

Je vais être mutée

Votre entreprise est sur le point de déménager et vous le vivez très mal. Vous allez passer chaque jour plus de deux heures dans les transports contre un petit quart d'heure actuellement. Votre qualité de vie va en prendre un sacré coup.

La solution est à trouver à deux

Cette nouvelle vous irrite et vous bouscule. Alors que votre vie était bien organisée, bien huilée... tout à coup, vous voilà amenée à faire des choix. Vous devenez « acteur » de votre vie avec, devant vous, un virage à négocier. Et, en règle générale, tout se passe mieux si un copilote (votre compagnon) vous assiste. Alors, avant toute décision, prenez bien le temps de réfléchir... à deux.

Premier cas de figure : vous démissionnez

Pour vous, cette situation n'est pas envisageable ; vous estimez que votre vie est déjà loin d'être rose et que cette nouvelle donne risque bien d'être la goutte d'eau qui va faire déborder le vase. Vous optez alors pour la démission que vous essaierez de négocier au mieux en fonction des contraintes imposées (renseignez-vous

auprès des délégués du personnel de votre entreprise, auprès de l'inspection du travail ou auprès des représentants syndicaux).
Cette option implique de pouvoir prendre du temps pour rechercher du travail dans le secteur que vous souhaitez ou de profiter de cette interruption pour effectuer un bilan de compétences (voir chapitre 91 *Je vais être licenciée et me retrouver à la maison*) et (ou) refaire une formation.
Mais cette décision ne peut se prendre qu'après réflexion et discussion au sein du couple. En effet, vous devez évaluer si vous allez pouvoir tenir le coup avec le seul salaire de votre compagnon et quelles sont vos chances réelles de retrouver assez rapidement un poste. Dans certains cas, il est préférable, en trouvant les aménagements nécessaires pour que la vie ne soit pas un calvaire, de différer un peu son départ... au moins le temps de prendre quelques contacts.

Deuxième cas de figure : vous décidez d'accepter...

... mais vous ne voulez pas lâcher le morceau si facilement auprès de votre employeur. Vous vous dites qu'après tout lui aussi peut faire des efforts. Réfléchissez à la façon dont vous pourriez vous organiser et soumettez-lui vos projets. « J'aimerais effectuer un peu plus d'heures sur trois jours par semaine de façon à pouvoir être à la sortie de l'école les deux autres jours... » « Désormais, je voudrais pouvoir travailler à quatre cinquièmes. Pour moi, c'est la seule solution possible... », « Je vais être obligée de prendre une nounou pour faire le relais. Je souhaiterais donc être augmentée... »
Essayez de maintenir une continuité avec vos enfants en réorganisant votre vie de famille dans les meilleures conditions. Pour cela, il vous faut trouver de nouveaux aménagements avec votre conjoint, la nourrice, une voisine...

Troisième cas de figure. Vous décidez de déménager...

... parce que vous estimez que vous ne trouverez pas de meilleur poste ailleurs. C'est pour vous le seul moyen de maintenir une bonne qualité de vie au sein de votre famille. Si vous le pouvez, essayez de combiner ce choix avec une amélioration de votre situation (vous achetez votre appartement alors que vous étiez locataire, vous louez une surface plus grande, dans un cadre plus sympa...) de façon à ce que chacun en tire un bénéfice.

93

Je voudrais un deuxième enfant mais, entre boulot et bébé, je n'arrive pas à choisir

Votre compagnon et maintenant votre jeune enfant vous demandent un petit second. Vous n'y êtes pas franchement opposée mais vous ne vous sentez pas complètement partante. Comment allez-vous pouvoir jongler entre vie familiale et vie professionnelle ?

Ce projet vous effraie un peu même si...

- ... votre compagnon vous assure de son soutien (vous le croyez puisqu'il s'est toujours montré très impliqué pour le premier) ;
- ... votre aîné vous demande un petit frère ou une petite sœur à tout bout de champ ;
- ... vous gardez un excellent souvenir de votre enfance passée au milieu de plusieurs frères et sœurs ;
- ... vous n'avez jamais vraiment désiré n'avoir qu'un seul enfant. Vous dites même souvent que vous ne céderiez pas si souvent au vôtre s'il avait des frères et sœurs et qu'il irait probablement plus facilement vers les enfants de son âge.

Et pourtant...

- ... vous craignez de rompre l'équilibre familial que vous avez fini par trouver avec, vous en convenez facilement, pas mal de difficultés ;
- ... vous redoutez de ne pouvoir tout mener de front sans perdre du terrain sur le plan professionnel. Et vous savez combien votre travail est important pour votre équilibre ;
- ... vous craignez de ne pas supporter ses pleurs et peut-être même de ne plus avoir assez de patience ;
- ... vous avez peur que ce bébé vous échappe. Avec toutes vos contraintes professionnelles, vous vous demandez bien quelle sera votre place auprès de lui entre la nourrice, le père et les autres intervenants qui graviteront autour de lui.

Quelle est la solution ?

– Accepter de céder du terrain sur le plan professionnel, au moins pendant un temps, même si vous êtes très bien entourée, ou renoncer à ce projet. Vous ne pouvez pas continuer sur le même rythme tout en ayant un tout-petit à la maison. C'est ma-thé-ma-ti-que-ment impossible. En revanche, vous pouvez investir votre travail autrement. Peut-être trouverez-vous des biais professionnels qui vous permettront de fonctionner différemment sans vous retrouver sur une voie de garage ?
– Se donner du temps avant de prendre une quelconque décision avec son compagnon. Il est essentiel de ne pas céder aux pressions et nécessaire aussi de bien s'écouter avant de franchir le cap. Le désir d'enfant trouve son origine dans l'histoire de chacun. Par exemple, un adulte issu d'une famille nombreuse souhaitera peut-

être n'avoir qu'un seul enfant parce qu'il estimera avoir souffert d'un manque d'attention de la part de ses parents.

Que dire à votre enfant ?

– Si la réponse est non, expliquez-lui que son papa et vous-même ne comptez pas avoir un autre enfant... pour l'instant. Laissez-vous cette porte de sortie au cas où, d'ici quelques années, vous reviendriez sur votre décision. Expliquez-lui que vous craignez de ne pas avoir assez de temps sans que l'un ou l'autre n'en souffre.
– Si la réponse est oui, dites à votre enfant que vous et son père y pensez mais que vous ne faites pas un bébé pour lui faire plaisir ou répondre à son attente. Il ne doit pas imaginer qu'il s'agit d'un cadeau qu'on lui fait et qu'il n'est nullement décideur (ce n'est pas un adulte) de ce qui se passe.

IX

ET MOI…

94

J'ai choisi le mi-temps et c'est pire qu'avant

Depuis la naissance de votre troisième enfant, vous avez opté pour un mi-temps. Vous pensiez ainsi pouvoir mieux concilier vie familiale et vie professionnelle. Un peu amère, vous constatez aujourd'hui que non seulement vous gagnez moins bien votre vie, mais aussi que vous n'avez pas plus de temps pour vous.

Commencez par redéfinir les objectifs de votre mi-temps

– L'aviez-vous choisi pour avoir plus de temps pour vos enfants, pour votre conjoint ou pour vous ?
S'il s'agit des trois à la fois, il est peut-être nécessaire que vous réévaluiez ce que vous considérez être prioritaire pour vous sans qu'aucune des parties ne soit lésée, même pas vous. Si vous souhaitiez pratiquer un sport mais aussi accompagner vos enfants à leurs activités, les récupérer à la sortie de l'école et faire les courses plutôt la semaine pour éviter à votre compagnon et à vous-même cette contrainte le samedi, convenez que ce programme est trop ambitieux. Sans compter que, si pour compenser la perte de salaire liée à la réduction d'activité, vous avez décidé de renoncer aux services d'une femme de ménage... cela ne fait qu'alourdir

davantage la charge de travail de votre semaine, *a priori* plus légère.
– Vous étiez-vous engagée auprès de votre compagnon à prendre davantage en charge le ménage, les courses, les relations avec l'école, le pédiatre... culpabilisée à l'idée, tout à coup, de travailler un peu moins que lui ?
Si tel est le cas, reparlez de cette question ensemble et sans tarder de façon à rééquilibrer les charges sans omettre que ce qui relève de l'organisation est parfois plus lourd à porter que ce qui relève de la réalisation. Sans vous lancer dans des comptes d'apothicaire (j'ai passé trois fois de suite l'aspirateur, alors maintenant c'est à ton tour ou c'est plus fatigant de composer les menus que de faire les courses, alors...), rappelez-lui que si, le soir, il souhaite retrouver une compagne épanouie, détendue et disponible pour tous, vous ne pouvez endosser seule toute la charge de travail.

Votre emploi du temps est peut-être ingérable

Si votre employeur vous a accordé cet aménagement de mauvaise grâce, il y a fort à parier qu'il ne soit pas très favorable à votre vie de famille. Si vous travaillez tous les jours de la semaine avec, entre deux temps de travail (8-11 h et 15-17 h), des plages horaires dont vous ne pouvez rien faire, ou si vous êtes soumise à une certaine flexibilité, cela ne vous facilite certainement pas la vie, en tout cas pas dans le sens que vous souhaitiez.
Essayez de renégocier vos horaires de travail avec votre employeur et si vous avez le sentiment que c'est en pure perte, essayez de trouver de votre côté une autre solution : un retour au temps plein en attendant d'obtenir un autre poste ou de dénicher une autre entreprise plus favorable aux mères de famille, un congé parental, un congé formation si vous envisagez une reconversion (voir chapitre 85 *Depuis que j'ai des enfants...*).

ET EN PLUS...

À la lumière du passage aux 35 heures

La plupart des sociologues qui se sont prononcés sur les bénéfices, pour les mères de famille de la réduction du temps de travail se rejoignent sur un point : les corvées (ménage, courses...) qu'elles assumaient le week-end avec une implication plus ou moins importante de leur compagnon sont désormais effectuées pendant ce temps gagné mais, cette fois-ci, sans aide, puisque souvent les horaires ne correspondent pas. Dans cette affaire, les grands gagnants sont donc, pour l'instant, les hommes...

De son côté, le ministère de l'Emploi et de la Solidarité a cherché à évaluer l'impact des 35 heures dans la vie des femmes. Voici quelques résultats du sondage SOFRES réalisé du 22 au 27 septembre 1999 à sa demande.

Que font les femmes de leur temps libre ?

Famille et enfants : 66 %
Tâches quotidiennes : 62 %
Se reposer : 48 %
Voir des ami(e)s : 34 %
Sport, culture, activité artistique : 29 %
Bricolage, jardin : 25 %
Sortir : 20 %
Bénévolat : 8 %
Rien de particulier : 1 %

95

Parfois, j'ai envie de faire la fête avec mes copines, de m'évader pour oublier un peu le quotidien. Est-ce normal ?

Ces dernières années ont été bien remplies et ne vous ont pas vraiment laissé le temps de souffler. Vous vous êtes installée dans une vie professionnelle (et vous avez réussi) mais aussi dans une vie conjugale avec mari (ou compagnon) et enfants. A priori, *une existence qui vous laisse peu de place et de temps pour la détente, la fête, les amis ou le cinéma.*

Votre réaction est normale et banale

– Il est légitime et nécessaire d'avoir de temps en temps envie de prendre l'air, d'échapper aux contraintes d'un quotidien forcément bien huilé, voire même un brin routinier. Cela vous permet de vous oxygéner et de reprendre votre souffle pour poursuivre une vie familiale et professionnelle avec entrain, légèreté et bonne humeur.
– Vous éprouvez un peu de nostalgie par rapport à votre vie de femme célibataire où vous étiez totalement libre de vos mouvements et ne rendiez de comptes qu'à vous-même.
– Vous avez besoin de vous sentir femme. Peut-être doutez-vous de votre capacité à plaire : trop occupée par vos jeunes enfants, vous avez délaissé le registre de la séduction depuis quelque temps et ressentez tout à coup le besoin de vous tester par rapport

aux autres hommes. Là encore, votre réaction est normale tout comme l'envie de renouveler votre garde-robe, de réactualiser votre maquillage... Il s'agit d'un plaisir narcissique. Avoir l'impression de plaire au monde extérieur et pas seulement aux membres de sa famille est essentiel. C'est une façon de ne pas se laisser enfermer. Mais, face à cela, deux attitudes sont possibles de la part de votre compagnon. Il peut soit être flatté que d'autres personnes (hommes ou femmes) vous regardent (vous admirent...) ou au contraire manifester une certaine jalousie. À vous donc d'être suffisamment habile pour que tout le monde y trouve son compte... à moins que vous n'aimiez provoquer des crises !
Soyez coquette pour vous en premier lieu mais aussi pour votre mari et vos enfants. Eux aussi ont besoin d'être fiers de vous.
– Un couple, ce n'est pas une prison. Si vous ressentez de façon très aiguë l'envie de vous échapper, c'est peut-être que vous vous êtes imposée dans votre tête des limites trop précises et très restrictives. Chacun doit vivre sa vie – c'est d'ailleurs nécessaire pour le bien-être du couple – mais en veillant à ne pas écarter l'autre de ses projets ou de son quotidien. La notion de partage est essentielle.

Comment faire part de votre envie à votre compagnon ?

– Vous ne pourrez vous échapper qu'en parlant de façon détendue de vos souhaits. Si vous le faites en claquant la porte, vous le vivrez tous les deux très mal. Vous serez excédée et éprouverez l'envie disproportionnée de tout envoyer balader. Votre compagnon se sentira trahi et votre sortie sera gâchée. Vous traînerez derrière vous un sentiment de culpabilité et l'angoisse du retour à la maison.
– Mieux vaut, pour vous, l'énoncer en ces termes : « Cela me ferait plaisir d'aller au cinéma avec Véro. Nous irons peut-être ensuite

prendre un verre. N'y vois rien d'autre que le besoin de m'oxygéner un peu. J'en ai vraiment besoin en ce moment. J'espère que tu me comprends. »

– Proposez à votre compagnon d'inverser la situation à la prochaine occasion. « Je t'assure que cela ne peut nous faire que du bien à tous les deux. D'ailleurs, tu devrais de temps en temps en faire autant. Pourquoi ne vas-tu pas voir le prochain match de foot (la dernière expo) avec Jean-Pierre ou faire les bouquinistes ? Cela ne s'est pas produit depuis la naissance des petits… je suis sûre que cela te ferait à toi aussi beaucoup de bien… »

96

Mon travail me stresse et je ne supporte plus mes enfants...

Ils se chamaillent sans cesse alors que, une fois rentrée à la maison, vous n'aspirez qu'à une seule chose : trouver un peu de calme. Entre les cris de la maison et les pressions du travail, vous craquez.

Vous vous dites que cela ne peut plus durer

Vos enfants n'ont pas à faire les frais de ce que vous vivez au travail. De cela, vous en êtes pleinement consciente même si vous avez parfois du mal à garder votre calme. D'ailleurs, lorsqu'il vous arrive de vous emporter, vous le regrettez un quart d'heure plus tard. Mais vous ne savez comment sortir de cet engrenage dont vous n'êtes pas non plus totalement responsable. Et, enfin, vous n'avez pas envie que vos enfants aient de leur mère l'image d'une femme sans cesse fatiguée, à bout de nerfs et hurlant comme une harpie.

Quelques pistes pour sortir de cette situation

□ Essayez de régler vos problèmes de travail

S'ils sont liés à une mauvaise organisation, à un emploi du temps surchargé, à des dysfonctionnements au niveau du service ou tout simplement à une très mauvaise ambiance, essayez d'en parler avec les personnes concernées. Vous ne pouvez accepter que votre sphère professionnelle empiète à ce point sur votre vie personnelle. Parfois, un changement de poste, même s'il est moins rémunérateur ou valorisant, est de loin préférable pour le bien-être de la famille tout entière.

□ Tentez de contenir vos soucis jusqu'au soir pour en parler avec votre compagnon lorsque les enfants sont enfin au lit

C'est un exercice difficile mais pas impossible. Attention, néanmoins, à préserver aussi votre compagnon. Il a sans doute lui aussi des soucis et ne peut vous assister systématiquement tous les soirs. D'ailleurs, si les consultations liées au stress engendré par le travail et menées par des psychologues fleurissent autant, ce n'est évidemment pas pour rien. Cela témoigne bien du malaise d'une époque.

□ Ne répondez pas aux provocations de vos enfants...

... même s'il n'est pas toujours facile de résister. À l'adolescence, par exemple, leurs tentatives sont multiples. Elles peuvent s'exprimer par exemple par la tenue vestimentaire qui peut être négligée ou d'un goût douteux. Vous craignez d'être jugée par le monde extérieur au travers de l'accoutrement de vos enfants et cela vous irrite. Agacement que vous projetez aussitôt sur eux en leur témoignant vivement votre désapprobation. Leur langage peut aussi vous exaspérer. De votre côté, surveillez vos paroles – les enfants peuvent se vexer facilement – et tenez vos promesses. Pour assurer une certaine cohésion familiale, il est important d'insister sur le respect de la parole et l'écoute de celle-ci.

□ Prenez un peu de recul si vous êtes à bout de nerfs

Partez seule, ou avec votre compagnon, quelques jours, pour faire le point et imaginer des aménagements de vie possibles.

97

Depuis la naissance de ma fille, je suis épuisée et j'ai le sentiment de n'être ni une bonne mère, ni une bonne épouse, ni une bonne « pro »

Vous avez l'impression de courir le marathon depuis deux ans. Les semaines s'enchaînent sans que vous les voyiez passer. Vous vous escrimez à remplir le réfrigérateur, veillez à ce que la maison soit propre et que personne ne manque de rien. Et tout cela, sans oublier le rendez-vous chez le pédiatre, la prise des médicaments en temps et en heure, votre boulot...

C'est classique

Le double épuisement physique et moral conduit toujours et forcément à un désinvestissement que vous ne maîtrisez pas. De semaine en semaine, vous vous videz de votre énergie et la dépression vous guette. C'est un mécanisme classique contre lequel vous pouvez lutter.

Pourquoi vous en êtes arrivée là

– C'est le lot de tout le monde : l'imagination vous a joué un de ses tours et vous ne vous êtes pas assez méfiée. En effet, le fossé peut être grand entre la vie de famille que vous aviez imaginée et celle qui se déroule sous vos yeux chaque jour.

– Tisser des liens avec votre bébé, développer une relation intime avec lui a mobilisé, au cours des premières semaines, tout votre esprit et votre attention.
– Quand un bébé arrive, la disponibilité psychique et physique de sa mère pour l'accueillir doit être totale. Vous avez pu vous sentir aspirée et ne plus avoir le sentiment d'exister. En plus, au cours des premières semaines, tous les regards se sont tournés vers ce petit être alors que vous aviez tellement besoin d'être soutenue et aidée.
– Votre couple ne fonctionne plus comme avant et, d'une certaine façon, c'est votre bébé qui a redistribué les rôles. Maintenant, vous êtes avant tout une maman alors qu'avant vous endossiez plus facilement différents rôles comme celui de mère, de sœur... auprès de votre compagnon.
– Vous êtes devenue mère et votre bébé vous captive tellement que vous en oubliez d'être femme et épouse. Attention ! C'est une des causes les plus banales de séparation. Vous ne faites plus qu'un avec votre tout-petit et, du coup, votre conjoint se sent exclu.
– Quand vous vous tournez vers votre compagnon, vous avez parfois la cruelle impression qu'il vous aime moins qu'avant, en tout cas différemment. Mais vous êtes bel et bien différente d'avant, tout comme lui l'est aussi.
Il ne retrouve peut-être plus la complicité de jadis avec la super-maman toute accaparée par son bébé que vous êtes devenue aujourd'hui.
– Vous essayez de coller à l'image de la mère parfaite que vous avez en vous (« Je veux être plus, mieux, différente... de ma propre mère...) et vous vous escrimez à tout faire pour que votre environnement soit le plus harmonieux possible.
– Au cours des premiers mois qui ont suivi la naissance de votre bébé, des souvenirs de votre propre enfance sont peut-être remontés à la surface et vous ont ébranlée. Vous vous êtes certainement aussi beaucoup interrogée sur la façon dont votre maman vous avait aimée durant vos premières années. Tout cela n'est pas tou-

jours simple à vivre et parfois le poids de l'histoire prend le dessus. Vous luttez autant que vous le pouvez pour chasser ces souvenirs, pour être encore plus présente auprès de votre enfant. Mais en vain…

– Vous croulez sous le poids de vos nouvelles responsabilités. C'est vous, en effet, et le papa qui, en cas de problème ou simplement pour régler les petits tracas du quotidien, avez le pouvoir de décision. Pas toujours facile !

– Chacun hérite d'une fragilité et celle-ci peut se manifester à tout moment y compris quand, pour l'extérieur, tout est beau et rose.

Ce que vous pouvez vous dire… parce que c'est vrai

– Une mère parfaite n'existe pas. Vous ne pouvez pas être partout et à toutes les places. Sachez renoncer et vous montrer indulgente avec vous-même : votre équilibre en dépend. Et surtout, ne vous fiez pas aux belles images des magazines montrant telle ou telle star rayonnante et en osmose totale avec son bébé. Même si c'est « tendance », ce que vous avez sous les yeux ne sont que des images préparées par une kyrielle de professionnels (maquilleur-coiffeur, styliste, photographe, journaliste, agent…) et la vedette en question ne peut montrer qu'une image resplendissante : personne n'a ni intérêt, ni envie de la surprendre en train de faire la tête…

– Il faut apprendre à déléguer. Si vous ne pouvez pas aller chercher votre fille à la sortie de la crèche trois soirs sur cinq, dites-vous que ce n'est pas grave. Surtout, ne vous mettez pas en tête que vous seule pouvez le faire. Si le papa peut se rendre parfois disponible, essayez de trouver une organisation avec lui. Si cela n'est pas possible, une autre personne que vous aurez choisie ensemble le fera à votre place. Cela vous permettra de courir un peu moins, d'être moins stressée et donc plus disponible pour vous, votre enfant et votre compagnon.

– Si vous ne pouvez être physiquement aux côtés de votre enfant, cela ne veut pas dire que vous n'y êtes pas par la pensée (psychiquement). Dites-lui que, lorsque vous êtes au travail, vous pensez à lui, que vous êtes contente de savoir qu'il est avec une baby-sitter en laquelle vous avez confiance, que vous serez heureuse de le retrouver ce soir.
– Si une autre personne assure le relais, il n'y a aucun risque pour qu'elle prenne votre place dans le cœur de votre enfant. Vous êtes et serez toujours la maman.

Ce que vous pouvez faire

– Méditez les propos énoncés précédemment.
– Parlez avec le père de votre enfant et voyez avec lui de quelle façon il peut vous aider à rompre cette spirale infernale (lui faire lire, par exemple, nos bons conseils – voir ci-dessous).
– Prenez de la distance : si vous avez le sentiment d'avoir tout le temps la tête dans le brouillard, choisissez un interlocuteur (ami, membre de votre famille ou même un professionnel...) qui vous aidera à poser vos valises et à faire le point.

Conseils au papa

Le quotidien devient trop envahissant, la fatigue s'installe et vous ne retrouvez pas celle que vous avez tant aimée. Réagissez...
– Dites-lui clairement qu'elle en fait trop et que vous êtes concrètement prêt à la soutenir et à lui apporter votre aide.
– Déchargez-la le plus possible des tâches ménagères ou, si vous le pouvez, offrez-lui les services d'une femme de ménage.
– Organisez-vous des tête-à-tête, offrez-lui des fleurs. Elle doit se sentir femme, aimable, désirée et surtout pas perçue comme l'intendante « psychorigide » de service.

– Occupez-vous de votre bébé. Donnez-lui le bain, le biberon. Habillez-le. Tous les papas branchés le font et en sont ravis.

Et en plus...

Où trouver un lieu d'écoute ?

– À la PMI (Protection maternelle et infantile) de votre quartier. Psy, assistante sociale, puéricultrice, pédiatre vous apporteront leur soutien. Certaines PMI organisent des rencontres mamans-enfants.

– À l'École des parents qui est un lieu d'écoute et d'accueil pour les mamans et les parents en général. Elle donne aussi des conseils par téléphone et dispose d'antennes en province (voir chapitre 45 *Nous lui achetons tout...*). Fédération nationale de l'École des parents et des éducateurs, 5, impasse du Bon Secours, 75011 Paris. Renseignements : 01 44 93 93 44 70.

– À Allo maman-bébé : 08 36 68 34 36. Ce service vous apportera des conseils et vous indiquera les consultations les plus proches de votre domicile.

– Dans les Maisons vertes (initiées par Françoise Dolto). Des professionnels vous reçoivent avec votre enfant et vous permettent de rencontrer d'autres mamans. Liste sur le Net :
http ://www.enfance.com/Viepratique/carnet/maison%20verte.htm

98

Depuis que je suis maman, je n'ai plus aucune estime de moi... et, en plus, je ne m'éclate même pas au travail

Devenir maman, c'est ce que vous souhaitiez depuis toujours et vous n'avez pas attendu très longtemps pour concrétiser ce rêve. Après une ou deux années de vie active, vous attendiez déjà votre bébé. Mais maintenant que c'est chose faite, vous vous sentez nulle, moche... votre moral est au plus bas.

Qui êtes-vous ?

Vous avez construit votre vie autour du désir d'avoir un enfant. Vous n'avez pas négligé votre formation professionnelle mais vous ne vous êtes pas, pour autant, donnée à fond dans les études. Vous ne vous êtes pas, non plus, établi un plan de carrière précis. Enfin, vous avez vécu une grossesse sereine sans inquiétude particulière.

Ce que vous éprouvez

– Vous sous sentez seule depuis la naissance de votre enfant. Vous avez l'impression que votre compagnon n'a d'yeux que pour votre bébé et qu'il vous a un peu oubliée dans la tourmente de la naissance et des mois qui ont suivi.

– Vous avez le sentiment d'échouer avec votre enfant, avec votre mari, avec vous-même.

• Avec votre enfant. Vous lui êtes toute dévouée et vous vous rendez aussi disponible que possible mais, vous le constatez, il est extrêmement exigeant, ne supporte ni la moindre minute d'attente, ni la moindre contrariété. Du coup, vous avez le sentiment de ne pas être une « bonne mère » et votre désir de rester à ses côtés s'émousse un peu.

• Avec votre compagnon. Vous pensez ne plus avoir grand intérêt à ses yeux. Il ne vous dit plus un mot doux et ne vous complimente jamais sur votre tenue.

• Au travail. Vous ne vous êtes jamais impliquée vraiment à fond dans votre job et vous n'en avez jamais vraiment retiré de satisfaction narcissique. À aucun moment vous ne vous êtes dit que vous étiez brillante, talentueuse...

– Résultat : vous avez le sentiment d'avoir raté votre vie. Vous essuyez une très grande déception et vous vivez peut-être une légère déprime même si les symptômes en tant que tels ne sont pas réellement présents. Mais gare à la glissade vers une dépression plus chronique !

Commencez par renoncer à vos représentations... celle de la femme, de la mère et de l'enfant imaginaire

Vous vous étiez forgé une image très précise de ce que serait votre vie. Mais vos rêves n'ont pas tout à fait rejoint la réalité. Ce que vous tentez de vivre est simplement une fiction dont vous êtes effectivement l'auteur. Cette démarche que vous avez mise en œuvre vous a, d'une certaine façon, interdit de vivre ou de construire votre propre vie. Vous avez agi comme si vous ne faisiez que mettre en mouvement certaines données inscrites en vous depuis votre naissance. Peut-être, à l'adolescence, n'avez-vous pas réussi à vous écarter des images parentales pour vous identifier à d'autres modèles, ce qui vous aurait permis de créer le vôtre. Vous devez maintenant renoncer à ces représentations imaginaires pour accéder à une certaine maturité.

Comment y remédier ?

– Prenez du temps pour réfléchir à votre vie. Seule, mais aussi avec votre compagnon.
– Il faut que vous trouviez en vous la force nécessaire d'exister autrement. Si vous n'y parvenez pas toute seule, n'hésitez pas à amorcer un travail sur vous-même avec l'aide d'un psychologue. Vous vous demanderez si vous avez eu raison d'opter pour ce choix de vie à la lumière de votre histoire personnelle. Même si ce travail vous paraît difficile ou long, sachez qu'il ne peut qu'être bénéfique.
Ce n'est qu'à ce prix que vous deviendrez un sujet à part entière, capable de faire librement des choix et non en répétant, sans réfléchir, le modèle parental. Vous éviterez de prendre votre enfant comme otage de votre propre histoire et lui offrirez une certaine liberté d'être.
– Il est nécessaire aussi que votre compagnon vous rassure dans vos compétences de maman. Vous dire régulièrement qu'il a totalement confiance en vous (« Je trouve que tu t'en occupes très bien ») ne peut que vous regonfler.

99

Je suis sous antidépresseurs depuis la naissance de mon bébé et le retour à la vie professionnelle n'a rien arrangé...

Le matin, vous n'arrivez plus à vous lever pour aller travailler. D'ailleurs, vous n'en avez plus envie. Pour ce qui est de la tenue de la maison, de jouer avec votre enfant ou d'un câlin avec votre compagnon, c'est désormais au-dessus de vos forces. Et vous constatez que la prescription du médecin n'a pas changé grand-chose...

Il n'y a jamais une seule et unique raison !

La naissance d'un enfant donne lieu à un véritable remaniement psychique. Tous les repères relationnels sont bousculés et des éléments de votre propre histoire peuvent remonter à la surface. Si, au cours de votre enfance, vous avez été psychiquement fragilisée (choc, séparation...), le moindre « déraillement » dans votre quotidien peut vous perturber ou même vous conduire à une petite dépression. Mais les origines d'un mal-être sont souvent plurifactorielles. Par exemple, il peut survenir après que vous ayez...

- ... rencontré des difficultés au cours de votre grossesse (obligation de rester allongée, isolement, éloignement de sa famille...) ;
- ... subi un choc psychologique pendant ces neuf mois d'attente (décès d'un proche, rupture avec votre compagnon, catastrophes naturelles, attentat...) ;
- ... accouché prématurément avec les conséquences que cela

peut impliquer (souffrance fœtale, séjour en réanimation, séparation de votre enfant...) ;
• ... découvert chez votre enfant une fragilité somatique dès son plus jeune âge (problème cardiaque, handicap, malformation congénitale...) nécessitant votre présence assidue et vous coupant de tout autre environnement ;
• ... remis en scène psychiquement des difficultés, souffrances, traumatismes (abandon, maltraitance) ou deuils non résolus de votre propre enfance. Cela peut réactiver des conflits avec votre propre mère, altérer la confiance que vous avez en vous et vous empêcher de créer des nouveaux liens de qualité avec votre bébé ;
• ... déjà traversé une période dépressive, souvent avant la grossesse, qui s'était éclipsée avec elle. Les neuf mois ont même souvent été synonymes de plénitude mais, sitôt après la naissance, un fort sentiment de solitude est réapparu ;
• ... rompu avec un rythme de sommeil très régulier. Les nuits entrecoupées par les tétées sont éreintantes et, dans certains cas, elles conduisent à un véritable épuisement des parents. Lorsque le moment du retour à la vie professionnelle survient, les mères qui n'ont pas récupéré ont souvent le sentiment de ne pas être à la hauteur et peuvent perdre confiance en leurs propres capacités ;
• ... souffert d'un certain isolement lié à la présence de l'enfant. Les amies d'antan ne se sentent pas aussi concernées par l'arrivée de votre enfant que vous l'auriez espéré. Du coup, vous vous sentez seule, « lâchée » et ne parvenez pas à renouer avec elles.

Toutes les dépressions ne se ressemblent pas

Certaines dépressions sont passagères. Elles cèdent d'elles-mêmes au bout de quelques semaines ou même quelques mois sans intervention médicamenteuse. Il en est autrement pour la dépression postnatale.
La dépression postnatale (dite du post-partum), qui concerne une

femme sur dix et qui s'installe deux à trois semaines après l'accouchement, va en s'aggravant au fil des semaines. La jeune femme n'arrive pas à trouver sa place ni auprès de son enfant, ni auprès de son conjoint. Elle a le sentiment d'être une mauvaise mère, une mauvaise amante. Elle ne parvient pas non plus à réinvestir le champ professionnel, n'a plus goût à rien et a beau faire tous les efforts du monde, rien n'y change. Elle se sent constamment débordée, fatiguée, coupée du reste du monde et coupable. La jeune femme n'est alors plus dans la capacité de dépasser sa souffrance ni d'être disponible pour son entourage.

Comment se faire aider ?

L'idéal est d'en parler à son généraliste, au pédiatre de son enfant, à son gynécologue. Tous les médecins peuvent prescrire des antidépresseurs qui ont pour effet d'atténuer la tristesse, de faire dormir... Mais il ne s'agit que d'une béquille. En aucun cas, ils ne peuvent donner le désir de s'investir dans sa famille, son enfant, son couple, son travail...
Pour réellement s'en sortir, il est nécessaire de s'offrir un espace de parole auprès d'un psychologue psychothérapeute. Celui-ci ne se donne pas pour objectif premier de supprimer la souffrance mais de chercher avec la personne ses origines et son sens, par rapport aux différents événements de la vie traversés jusqu'à présent. Ce travail n'est pas forcément incompatible avec un traitement médical mais nécessite surtout du temps pour se reconstruire, reprendre confiance en soi et s'ouvrir de nouveau sur l'extérieur.

100

Au travail ou en famille, j'ai l'impression de ne jamais être à la bonne place

Même si vous occupez un poste important, vous n'arrivez pas à vous passionner pour votre emploi. Aujourd'hui, par exemple, vous pensez à la fois à votre aîné que vous n'avez pu accompagner ce matin à l'école mais aussi au petit dernier qui dormait encore et que vous auriez aimé serrer tout contre vous.

Vous avez le sentiment d'échouer et d'en être totalement responsable

Vous vous dites parfois qu'au lieu d'avoir les yeux rivés sur votre ordinateur, vous devriez plutôt être auprès de vos enfants. Vous êtes aussi parfois convaincue que votre absence leur est forcément préjudiciable.

Vous pensiez ressembler à toutes ces superbes femmes médiatisées qui ont à la fois accroché à leur tableau de chasse une très belle insertion professionnelle, un supercouple, des enfants beaux, intelligents, polis... Autant d'images qui vous font pâlir d'envie et qui, aujourd'hui, vous posent question : mais pourquoi n'en est-il pas de même pour vous ? Interrogation à laquelle vous répondez sans hésiter : « Tout est de ma faute. »

Mais pourquoi vous sentez-vous responsable de tout ?

Vous n'avez jamais eu vraiment confiance en vous et vous doutez de tout à chaque instant. Dès que vous prenez une décision, vous la regrettez presque aussitôt et vous vous dites que vous auriez mieux fait d'attendre, qu'avec un peu plus de temps et de réflexion vous auriez sans doute mieux agi... Cette attitude doublée d'un fort sentiment de culpabilité n'est sans doute pas nouvelle.

Dans quel contexte avez-vous grandi ?

– Première hypothèse : peut-être avez-vous eu des parents ambivalents par rapport à votre propre venue au monde ? Ils étaient contents sans l'être vraiment, un peu bousculés par cette naissance qui allait à tout jamais créer une rupture avec leur vie d'avant. Dans une telle situation, les parents ont parfois des propos malheureux (« À cause de toi, j'ai dû arrêter de travailler... »).
– Deuxième hypothèse : votre naissance a coïncidé avec un événement douloureux de la famille (un deuil, une séparation...) et vos parents n'ont pas pu dissocier les deux faits. De façon tout à fait inconsciente, votre identité est étrangement liée à cet événement traumatique et cela se traduit, par exemple, chez votre mère par l'impossibilité de vous considérer en tant que sujet à part entière. C'est d'ailleurs un peu cet état de fait qui vous conduit à penser que vous n'êtes jamais à la bonne place. Comment ne pas douter dans ce contexte de vos propres capacités et aptitudes à être une bonne mère ?
Pour pouvoir s'affirmer, il est nécessaire d'avoir été valorisée par ses parents dans ses compétences, son intelligence, dans sa féminité et dans ses aptitudes à se socialiser.
Une éducation rigide où l'affectif est quasi absent peut éveiller

bien des doutes. Avez-vous vraiment été désirée en tant qu'identité propre ? Pourquoi n'avez-vous pas suscité l'amour de vos parents ? Certains peuvent être déçus par l'évolution ou le comportement de leur enfant s'il n'est pas conforme à ce qu'ils attendaient de lui. Il s'agit là d'une difficulté à faire le deuil de l'enfant imaginaire. Même si vous vous êtes battue pour devenir quelqu'un, vous vous révélez, en certaines circonstances, particulièrement fragile. La moindre petite remarque renforce le doute sur votre capacité à être une bonne mère et vous prouve que vous ne faites pas comme il faudrait.

La seule façon de sortir de ce registre de la culpabilité est d'entreprendre un travail psychologique personnel, approfondi pour comprendre comment cette problématique s'est inscrite en vous. Enfin, sachez que vous risquez de transmettre ce sentiment à votre tour à vos propres enfants si vous laissez les choses en l'état.

Bibliographie

ANZIEU Didier : *Le Moi-peau*, Dunod, 1995.

BADINTER Elisabeth : *XY - De l'identité masculine*, Odile Jacob, 1992.

BETTELHEIM Bruno : *Dialogues avec les mères*, Robert Laffont, 1999.

BOWLBY John : *Attachement et perte* (3 tomes), Puf 1984, 1994 et 2000.

CANAULT Nina : *Comment paye-t-on les fautes de ses ancêtres*, Desclée de Brouwer, 1998.

CYRULNIK Boris : *Sous le signe du lien*, Hachette, 1997.

DOLTO Françoise : *Lorsque l'enfant paraît* (3 tomes), Seuil, 1999.

DOLTO Françoise : *L'Image inconsciente du corps*, Seuil, 1992.

DOLTO Françoise : *L'Enfant du miroir*, Payot, 1992.

DOLTO Françoise : *Sexualité féminine*, Gallimard, 1999.

DOLTO Françoise : *Quand les parents se séparent*, Seuil,1988.

DOLTO Françoise : *Paroles pour les adolescents ou Le complexe du Homard*, LGF, 1992.

DOLTO Françoise : *L'Échec scolaire*, Pocket, 1990.

DOLTO Françoise : *Les Chemins de l'éducation*, Gallimard, 1994.

DOLTO Françoise : *Tout est langage*, Gallimard, 1995.

ELIACHEFF Caroline : *À corps et à cris*, Odile Jacob, 2000.

ELIACHEFF Caroline : *Vies privées : De l'enfant roi à l'enfant victime*, Odile Jacob, 1997.

FERENCZI Sandor : *Psychanalyse : journal clinique*, (tome IV), Payot, 1990,

FILLIOZAT Anne-Marie et Isabelle : *Le Défi des mères*, Dervy 1994.

GIAMPINO Sylviane : *Les Mères qui travaillent sont-elles coupables ?*, Albin Michel, 2000.

FREUD Anna : *Le Traitement psychanalytique des enfants*, Puf, 1989.

FREUD Sigmund : *Trois essais sur la théorie de la sexualité*, Gallimard, 1989.

FREUD Sigmund : *La Vie sexuelle*, Puf, 1999.

FREUD Sigmund : *Névrose, Psychose et Perversion*, Puf, 1992.

FREUD Sigmund : *Totem et Tabou*, Payot, 1992.

KLEIN Mélanie : *La Psychanalyse des enfants*, Puf, 1959.

KREISLER Léon, FAIN Michel, SOULÉ Michel : *L'Enfant et son corps*, Puf, 1987.

KRISTEVA Julia, CLEMENT Catherine : *Le Féminin et le sacré*, Stock, 1998.

LEBOVICI Serge : *Le Nourrisson, la mère et le psychanalyste*, Bayard Éditions-Centurion, 1990.

LE CAMUS Jean : *Le Vrai Rôle du père*, Odile Jacob, 2000.

MANNONI Maud : *Le Premier Rendez-vous avec le psychanalyste*, Gallimard, 1988.

NAOURI Aldo : *Le Couple et l'enfant*, Odile Jacob, 1999.

ORTIGUES Edmond et Marie-Cécile : *Comment se décide une psychothérapie d'enfant ?*, Denoël, 1993.

POROT Maurice : *L'Enfant de remplacement*, Frison-Roche, 1996.

RAIMBAULT Ginette, ELIACHEFF Caroline : *Les Indomptables : figures de l'anorexie*, Odile Jacob 1996.

RAIMBAULT Ginette : *Lorsque l'enfant disparaît*, Odile Jacob, 1999.

SAMI-ALI M. : *Corps réel, corps imaginaire*, Dunod, 1998.

SAMI-ALI M. : *Penser le somatique*, Dunod, 1987.

SEARLES Harold : *L'effort pour rendre l'autre fou*, Gallimard, 1965.

SPITZ René A. : *De la naissance à la parole*, Puf, 1968.

SZEJER Myriam : *Des mots pour naître*, Gallimard, 1997.

THIS Bernard : *Le père, acte de naissance*, Seuil, 1980.

TÜSTIN France : *Le trou noir de la psyché*, Seuil, 1989.

WIDLÖCHER Daniel : *L'interprétation des dessins d'enfant*, Payot, 1981.

WINNICOTT Donald W. : *De la pédiatrie à la psychanalyse*, Payot, 1969.
WINNICOTT Donald W. : *L'enfant et sa famille*, Payot, 1971.
WINNICOTT Donald W. : *L'enfant et le monde extérieur*, Payot, 1972.
WINNICOTT Donald W. : *Jeu et réalité*, Gallimard, 1971.
WINNICOTT Donald W. : *L'enfant, la psyché et le corps*, Payot, 1999.

Publications personnelles d'Anne Gatecel participation à des ouvrages collectifs :

CALZA André, CONTANT Maurice : *Abrégé de psychomotricité*, *in* Masson, janvier 1993.
CALZA André, CONTANT Maurice : *Les troubles psychomoteurs et le thérapeute en psychomotricité*, *in* Masson, janvier 1993.
CADY Sylvie : *Le Corps, la parole et le mouvement* : *Contribution à la psychosomatique de l'enfant*, « Païdos », Bayard Éditions, 1992.

Articles

« A-t-on un corps ? Est-on un corps ? » in *Thérapie Psychomotrice*, n° 118.
« La consultation psychosomatique », in *Pratiques corporelles*, n° 118/119, mars/juin 1998.
« Intervention thérapeutique, acte thérapeutique. Effets thérapeutiques », in *Thérapie Psychomotrice*, n° 114-115.
« Genèse des images du corps à travers l'évolution du dessin d'enfant », in *Thérapie Psychomotrice*, n° 100, 1994.
« Rythmes corporels et interprétation en relaxation psychosomatique », in *Évolutions Psychomotrices*, n° 10, 1991.
« Eau... Apprivoise-moi », in *Thérapie Psychomotrice*, n° 81, 1989.
« Un exemple de la construction de la latéralité dans le fonctionnement psychotique », in *Évolutions Psychomotrices*, n° 2, 1989.

Table des matières

DANS LA MÊME COLLECTION

Intelligent mais peut mieux faire
Jean-Luc Aubert

Quels repères donner à nos enfants dans un monde déboussolé ?
Jean-Luc Aubert

Du berceau à l'école – Les Chemins de la réussite
Jean-Luc Aubert

Une autre école pour votre enfant – Les pédagogies différentes
A. Baudemont/L. Alcoba

Petits tracas et gros soucis de 1 à 7 ans – quoi dire, quoi faire
Christine Brunet/Anne-Cécile Sarfati

Papa, Maman, laissez-moi le temps de rêver !
Etty Buzyn

Vos enfants ne sont pas des grandes personnes
Béatrice Copper-Royer

Doit-on céder aux adolescents ?
Dr Patrick Delaroche

Parents, osez dire non !
Dr Patrick Delaroche

Adolescents à problèmes
Dr Patrick Delaroche

Blessures d'enfance – Les dire, les comprendre, les dépasser
Nicole Fabre

La Vérité sort de la bouche des enfants – Écoutons ce que nos enfants disent
Nicole Fabre

Les Mères qui travaillent sont-elles coupables ?
Sylviane Giampino

Il était une fois le bon Dieu, le Père Noël et les fées – L'enfant et la croyance
Dominique Gobert

Notre enfant d'abord – Du divorce à la médiation familiale
Muriel Laroque/Marie Théault

Papa, Maman, on m'a traité de gros
Elisabeth Lesne

Le Chemin de l'adoption – Le cœur et la raison
Jean-François Mattei

L'Enfant unique – Atouts et pièges
Carl E. Pickhardt

Aidez-moi à trouver mes marques ! – Les repères du tout-petit
Dr Michael Rohr

Toutes les questions que vous vous posez sur l'école maternelle
Nicole du Saussois

Papa, Maman, dites-moi pour de vrai !
Gérard Sévérin

Un bonheur est si vite arrivé – Seul, en couple, en famille
Gérard Sévérin

Aux risques de l'adolescence
Gérard Sévérin

Nos enfants sont-ils heureux à la crèche ?
Anne Wagner/Jacqueline Tarkiel

DANS LA COLLECTION BIBLIOTHÈQUE DE LA FAMILLE

Le Bébé prématuré – l'accueillir, le découvrir, le soutenir
Dr Claude Beyssac-Fargues et Sylvie Syfuss-Arnaud

La Grande Enfance, les 6-11 ans
Sylvette Desmeuzes-Balland

Toutes les questions au pédiatre
Dr Antoine Gallant

Le Guide de l'après-accouchement
Sylvia Gaussen avec Hélène de Gunzbourg

Votre enfant de la naissance à la grande école
Penelope Leach

Le Territoire de votre enfant
Manuel Maindenberg et Mary Canal

Une année dans la vie d'une femme
Maïté Jacquet et Mathilde Nobécourt

Les Compétences du nouveau-né
Dr Marie Thirion
L'Allaitement
Dr Marie Thirion
Le Sommeil, le rêve et l'enfant
Dr Marie Thirion et Marie-Josèphe Challamel
L'Éveil de votre enfant, pour un bébé actif et détendu
Chantal de Truchis-Leneveu
Pourquoi pleurent-ils ? Comprendre le développement de votre enfant de 0 à 1 an
Etty Van Rijt et Franz X. Plooij

Conception graphique : Palimpseste

Cet ouvrage, composé
par I.G.S. - Charente Photogravure
à L'Isle-d'Espagnac,
a été achevé d'imprimer sur Roto-Page
par l'Imprimerie Floch à Mayenne,
pour les Éditions Albin Michel
en août 2000.

N° d'édition : 19155.
N° d'impression : 49282.
Dépôt légal : septembre 2000,
Imprimé en France,